後漢書

宋 范曄撰
唐 李賢等注

第八册

卷六三至卷七三(傳七)

中華書局

後漢書卷六十三

李杜列傳第五十三

李固字子堅，漢中南鄭人，司徒郃之子也。郃在(數)〔方〕術傳。固貌狀有奇表，鼎角匿犀，足履龜文。〔一〕少好學，常步行尋師，不遠千里。〔二〕遂究覽墳籍，結交英賢。四方有志之士，多慕其風而來學。京師咸歎曰：「是復爲李公矣。」〔三〕司隸、益州並命郡舉孝廉，辟司空掾，皆不就。〔四〕

〔一〕鼎角者，頂有骨如鼎足也。匿犀，伏犀也。謂骨當額上入髮際隱起也。足履龜文者二千石，見相書。

〔二〕謝承書曰：「固改易姓名，杖策驅驢，負笈追師三輔，學五經，積十餘年。博覽古今，明於風角、星筭、河圖、讖緯，仰察俯占，窮神知變。每到太學，密入公府，定省父母，不令同業諸生知是郃子。」

〔三〕言復繼其父爲公也。

〔四〕謝承書曰：「五察孝廉，益州再舉茂才，不應。五府連辟，皆辭以疾。」

陽嘉二年，有地動、山崩、火災之異，公卿舉固對策，〔一〕詔又特問當世之敝，爲政所宜。

固對曰：

〔一〕續漢書曰「陽嘉二年，詔公卿舉敦樸之士，衞尉賈建舉固」也。

臣聞王者父天母地，〔一〕寶有山川。〔二〕王道得則陰陽和穆，政化乖則崩震爲灾。斯皆關之天心，效於成事者也。夫化以職成，官由能理。古之進者，有德有命；〔三〕今之進者，唯財與力。伏聞詔書務求寬博，疾惡嚴暴。而今長吏多殺伐致聲名者，必加遷賞；其存寬和無黨援者，輒見斥逐。是以淳厚之風不宣，彫薄之俗未革。雖繁刑重禁，何能有益？前孝安皇帝變亂舊典，封爵阿母，〔四〕因造妖孽，使樊豐之徒乘權放恣，侵奪主威，改亂嫡嗣，〔五〕至令聖躬狼狽，親遇其艱。既拔自困殆，〔六〕龍興即位，天下喁喁，屬望風政。積敝之後，易致中興，誠當沛然思惟善道；〔七〕而論者猶云，方今之事，復同於前。臣伏從山草，痛心傷臆。實以漢興以來，三百餘年，賢聖相繼，十有八主。豈無阿乳之恩？豈忘貴爵之寵？然上畏天威，俯案經典，知義不可，故不封也。今宋阿母〔八〕雖有大功勤謹之德，但加賞賜，足以酬其勞苦；至於裂土開國，實乖舊典。聞阿母體性謙虛，必有遜讓，陛下宜許其辭國之高，使成萬安之福。

〔一〕春秋感精符曰：「人主日月同明，四時合信，故父天母地，兄日姊月。」宋均注曰：「父天於圜丘之祀也，母地於方澤之祭也，兄日於東郊，姊月於西郊。」

〔二〕史記曰：「魏武侯浮西河而下，中河顧而謂吳起曰：『美哉乎河山之固，此魏之寶也。』吳起對曰：『在德不在險。』」

〔三〕命，爵命也。言有德者乃可加爵命也。

〔四〕阿母王聖。

〔五〕謂順帝爲太子時，廢爲濟陰王。

〔六〕殆，危也。

〔七〕沛然，寬廣之意。

〔八〕謂宋娥也。

夫妃后之家所以少完全者，豈天性當然？但以爵位尊顯，專總權柄，天道惡盈，不知自損，故至顛仆。先帝寵遇閻氏，位號太疾，故其受禍，曾不旋時。老子曰：「其進銳，其退速也。」〔一〕今梁氏戚爲椒房，禮所不臣，〔二〕尊以高爵，尚可然也。而子弟羣從，榮顯兼加，永平、建初故事，殆不如此。宜令步兵校尉冀及諸侍中還居黃門之官，使權去外戚，政歸國家，豈不休乎！

〔一〕案：孟子有此文。謝承書亦云孟子，而續漢書復云老子。

〔二〕公羊傳曰：「宋殺其大夫，何以不名？宋三世無大夫，三世內娶也。」何休注云：「內娶，娶大夫女也。言無大夫者三世，禮不臣妻之父母，國內皆臣，無娶道，故絕去大夫名，正其義也。」椒房者，皇后所居，以椒泥塗也。

又詔書所以禁侍中尚書中臣子弟不得爲吏察孝廉者，以其秉威權，容請託故也。

而中常侍在日月之側，聲埶振天下，子弟祿仕，曾無限極。雖外託謙默，不干州郡，而諂僞之徒，望風進舉。今可爲設常禁，同之中臣。

昔館陶公主爲子求郎，〔一〕明帝不許，賜錢千萬。所以輕厚賜，重薄位者，爲官人失才，害及百姓也。竊聞長水司馬武宣、〔二〕開陽城門候羊迪等，〔三〕無它功德，初拜便眞。此雖小失，而漸壞舊章。〔四〕先聖法度，所宜堅守，政教一跌，百年不復。詩云：「上帝板板，下民卒癉。」刺周王變祖法度，故使下民將盡病也。〔五〕

〔一〕館陶公主，光武第三女也。

〔二〕續漢志「長水校尉一人，比二千石，司馬一人，千石，掌宿衞」也。

〔三〕續漢志曰：「城門每門候一人，六百石。」

〔四〕續漢書曰：「中都官，千石、六百石，故事先守一歲，然後補眞。」

〔五〕板，反也。卒，盡也。癉，病也。詩大雅，凡伯刺周厲王反先王之道，下人盡病也。

今陛下之有尚書，猶天之有北斗也。斗爲天喉舌，尚書亦爲陛下喉舌。〔一〕斗斟酌元氣，運平四時。〔二〕尚書出納王命，賦政四海，〔三〕權尊埶重，責之所歸。若不平心，灾眚必至。誠宜審擇其人，以毗聖政。今與陛下共理天下者，外則公卿尚書，內則常侍黃門，譬猶一門之內，一家之事，安則共其福慶，危則通其禍敗。刺史、二千石，外統職事，內受法則。夫表曲者景必邪，源清者流必絜，猶叩樹本，百枝皆動也。周頌曰：「薄言振之，莫不震疊。」〔四〕此言動之於內，而應於外者也。(猶)〔由〕此言之，本朝號令，豈可蹉跌？閒隙一開，則邪人動心；利競暫啓，則仁義道塞。刑罰不能復禁，化導以之寖壞。此天下之紀綱，當今之急務。陛下宜開石室，陳圖書，〔五〕招會羣儒，引問失得，指擿變象，以求天意。其言有中理，即時施行，顯拔其人，以表能者。則聖聽日有所聞，忠臣盡其所知。又宜罷退宦官，去其權重，裁置常侍二人，方直有德者，省事左右；小黃門五人，才智閑雅者，給事殿中。如此，則論者厭塞，升平可致也。臣所以敢陳愚瞽，冒昧自聞者，儻或皇天欲令微臣覺悟陛下。陛下宜熟察臣言，憐赦臣死。

〔一〕春秋合誠圖曰：「天理在斗中，司三公，如人喉在咽，以理舌語。」宋均注曰：「斗爲天之舌口，主出政教。三公主導宣君命，喻於人，則宜如人喉在咽，以理舌口，使言有條理。」

〔二〕春秋保乾圖曰：「天皇於是斟元陳樞，以五易威。」宋均注曰：「威，則也，法也。天皇斟元氣，陳列樞機，受行次之當得也。」

〔三〕賦，布也。

〔四〕韓詩薛君傳曰：「薄，辭也。振，奮也。莫，無也。震，動也。疊，應也。美成王能奮舒文武之道而行之，則天下無不動而應其政教。」

〔五〕前書曰：「司馬遷爲太史令，紬史記石室金匱之書。」紬音抽。

順帝覽其對，多所納用，卽時出阿母還弟舍，諸常侍悉叩頭謝罪，朝廷肅然。以固爲議郎。而阿母宦者疾固言直，因詐飛章以陷其罪，事從中下。大司農黄尙等請之於大將軍梁商，又僕射黄瓊救明固事，久乃得拜議郎。

出爲廣漢雒令，至白水關，解印綬，還漢中，〔一〕杜門不交人事。歲中，梁商請爲從事中郎。商以后父輔政，而柔和自守，不能有所整裁，灾異數見，下權日重。固欲令商先正風化，退辭高滿，乃奏記曰：「春秋褒儀父以開義路，〔二〕貶無駭以閉利門。〔三〕夫義路閉則利門開，利門開則義路閉也。前孝安皇帝內任伯榮、樊豐之屬，〔四〕外委周廣、謝惲之徒，開門受賂，署用非次，天下紛然，怨聲滿道。朝廷初立，頗存淸靜，未能數年，稍復墮損。左右黨進者，日有遷拜，守死善道者，滯涸窮路，〔五〕而未有改敝立德之方。又卽位以來，十有餘年，聖嗣未立，羣下繼望。可令中宮博簡嬪媵，兼採微賤宜子之人，進御至尊，順助天意。若有皇子，母自乳養，無委保妾醫巫，以致飛燕之禍。〔六〕明將軍望尊位顯，當以天下爲憂，崇尙謙省，垂則萬方。而新營祠堂，費功億計，非以昭明令德，崇示淸儉。自數年以來，灾怪屢見，比無雨潤，而沈陰鬱泱。〔七〕宮省之內，容有陰謀。孔子曰：『智者見變思刑，愚者覩怪諱名。』天道無親，可爲祇畏。〔八〕加近者月食旣於端門之側。〔九〕月者，大臣之體也。〔一〇〕夫窮高則危，大滿則溢，月盈則缺，日中則移。〔一一〕凡此四者，自然之數也。天地之心，福謙忌盛，〔一二〕是以賢達功遂身退，〔一三〕全名養壽，無有怵迫之憂。〔一四〕誠令王綱一整，道行忠立，明公踵伯成之高，全不朽之譽，〔一五〕豈與此外戚凡輩耽榮好位者同日而論哉！固狂夫下愚，不達大體，竊感古人一飯之報，〔一六〕況受顧遇而容不盡乎！」商不能用。

〔一〕梁州記曰：「關城西南百八十里有白水關，昔李固解印綬處也。」故關城今在梁州金牛縣西。

〔二〕隱公元年三月，公及邾儀父盟于眛。公羊傳曰：「儀父者何？邾婁之君也。何以稱字？褒之也。曷爲褒之？爲其與〔公〕盟也。」何休注云：「春秋王魯，託隱公爲受命王，因儀父先與隱公盟，假以見褒賞義。」

〔三〕春秋隱公二年，經書「無駭帥師入極」。公羊傳曰：「無駭者何？展無駭也。何以不氏？貶。曷爲貶？疾始滅也。」

〔四〕伯榮，王聖女也。

〔五〕守死善道，論語文。滯涸窮路，以魚爲諭也。

〔六〕趙飛燕，成帝皇后。妹爲昭儀，專寵。成帝貴人曹偉能等生皇子，皆殺之。

〔七〕雲起貌。

〔八〕祇，敬也。言天無親疏，惟善是與，可敬（威）〔畏〕也。書曰：「皇天無親。」

〔九〕旣，盡也。端門，太微宮南門也。

〔一〇〕前書李尋上疏曰：「月者衆陰之長，妃后、大臣、諸侯之象也。」

〔一一〕易豐卦曰：「日中則昃，月盈則食，天地盈虛，與時消息。」史記蔡澤謂范雎曰：「日中則移，月滿則虧」也。

〔二〕易曰：「鬼神害盈而福謙，人道惡盈而好謙。」又曰：「見天地之心。」

〔三〕老子曰：「功成名遂身退，天之道也。」

〔四〕爲利所誘，怵迫於憂勤也。怵音息律反，或音黜。

〔五〕莊子曰：「伯成子高，唐虞時爲諸侯，至禹，去而耕。禹往見之，則耕在野。禹問曰：『昔堯化天下，吾子立爲諸侯，堯授舜，舜授予，子去而耕，其故何也？』子高曰：『昔堯化天下，至公無私，不賞而人自勸，不罰而人自畏。今子賞而不勸，罰而不威，德自此衰，刑自此作。夫子盍行，無留吾事。』俋俋然，耕不顧。」亦見呂氏春秋。

〔六〕謂靈輒也。

永和中，荆州盜賊起，彌年不定，乃以固爲荆州刺史。固到，遣吏勞問境內，赦寇盜前釁，與之更始。於是賊帥夏密等斂其魁黨六百餘人，自縛歸首。固皆原之，遣還，使自相招集，開示威法。半歲閒，餘類悉降，州內清平。

上奏南陽太守高賜等臧穢。賜等懼罪，遂共重賂大將軍梁冀，冀爲千里移檄，〔一〕而固持之愈急。冀遂令徙固爲太山太守。時太山盜賊屯聚歷年，郡兵常千人，追討不能制。固到，悉罷遣歸農，但選留任戰者百餘人，以恩信招誘之。未滿歲，賊皆弭散。

〔一〕言移一日行千里，救之急也。

遷將作大匠。上疏陳事曰：「臣聞氣之清者爲神，人之清者爲賢。養身者以練神爲寶，安國者以積賢爲道。昔秦欲謀楚，王孫圉設壇西門，陳列名臣，秦使懼然，遂爲寢兵。〔一〕

魏文侯師卜子夏，友田子方，軾段干木，故羣俊競至，名過齊桓，秦人不敢闚兵於西河，斯蓋積賢人之符也。〔二〕陛下撥亂龍飛，初登大位，聘南陽樊英、江夏黃瓊、廣漢楊厚、會稽賀純，〔三〕策書嗟歎，待以大夫之位。是以巖穴幽人，智術之士，彈冠振衣，樂欲為用，四海欣然，歸服聖德。厚等在職，雖無奇卓，然夕惕孳孳，志在憂國。臣前在荆州，聞厚、純等以病免歸，誠以悵然，為時惜之。一日朝會，見諸侍中並皆年少，無一宿儒大人可顧問者，誠可歎息。宜徵還厚等，以副羣望。瓊久處議郎，已且十年，衆人皆怪始隆崇，今更滯也。〔四〕光祿大夫周舉，才謨高正，宜在常伯，訪以言議。侍中杜喬，學深行直，當世良臣，久託疾病，可勑令起。」又薦陳留楊倫、〔五〕河南尹存、東平王惲、陳國何臨、〔六〕清河房植等。〔七〕是日有詔徵用倫、厚等，而遷瓊、舉，以固為大司農。

〔一〕秦欲伐楚，使使者往觀楚之寶器。昭奚恤乃為壇，使客東面，自居西面之壇，稱曰：「理百姓，實倉廩，子西在此；奉珪璋，使諸侯，子方在此；守封疆，謹境界，葉公子高在此；理師旅，正兵戎，司馬子反在此；懷霸王之餘義，獵治亂之遺風，昭奚恤在此：惟大國所觀。」使反，言於秦君曰：「楚多賢臣，未可謀也。」事見新序。國語曰，楚王孫圉聘於晉，趙簡子鳴玉以相，問圉曰：「楚之白珩猶在乎，其為寶也幾何？」對曰：「未嘗為寶也。楚人有觀射父，能作訓辭以行諸侯，有左史倚相，道訓典以序百物，此楚國之寶也。若夫古玉、白珩，先王之所玩也，何寶焉！」與此所引不同也。

〔二〕魏文侯受經於子夏，過段干木閭，未嘗不軾也。李克曰：「文侯東得卜子夏、田子方、段干木，此三人者，君皆師之。」又秦欲伐魏，或曰：「魏君賢人是禮，國人稱仁，上下和合，未可圖也。」事見史記也。

〔三〕謝承書曰：「純字仲眞，會稽山陰人。少爲諸生，博極羣藝。十辟公府，三舉賢良方正，五徵博士，四公車徵，皆不就。後徵拜議郎，數陳灾異，上便宜數百事，多見省納。遷江夏太守。」

〔四〕隆，高也。崇，重也。

〔五〕倫見儒林傳。

〔六〕臨字子陵，熙之子，爲平原太守，見百家譜也。

〔七〕楨見黨人篇也。

先是周舉等八使案察天下，多所劾奏，其中並是宦者親屬，輒爲請乞，詔遂令勿考。又舊任三府選令史，光祿試尚書郎，時皆特拜，不復選試。固乃與廷尉吳雄上疏，以爲八使所糾，宜急誅罰，選舉署置，可歸有司。帝感其言，乃更下免八使所舉刺史、二千石，自是稀復特拜，切責三公，明加考察，朝廷稱善。乃復與光祿勳劉宣上言：「自頃選舉牧守，多非其人，至行無道，侵害百姓。又宜止槃遊，專心庶政。」帝納其言，於是下詔諸州劾奏守令以下，政有乖枉，遇人無惠者，免所居官；其姦穢重罪，收付詔獄。

及沖帝即位，以固爲太尉，與梁冀參錄尚書事。明年帝崩，梁太后以楊、徐盜賊盛強，恐驚擾致亂，使中常侍詔固等，欲須所徵諸王侯到乃發喪。固對曰：「帝雖幼少，猶天下之父。今日崩亡，人神感動，豈有臣子反共掩匿乎？昔秦皇亡於沙丘，〔一〕胡亥、趙高隱而不發，卒害扶蘇，以至亡國。〔二〕近北鄉侯薨，閻后兄弟及江京等亦共掩祕，遂有孫程手刃之事。〔三〕此天下大忌，不可之甚者也。」太后從之，即暮發喪。

〔一〕史記曰，始皇東巡道病，崩於沙丘。徐廣曰，趙有沙丘宮，在鉅鹿也。

〔二〕丞相李斯爲始皇崩在外，恐諸公子及天下有變，乃祕之不發喪。獨胡亥、趙高等知陰謀，破去始皇所封書，賜公子扶蘇死，而立胡亥爲太子。胡亥元年，楚、漢並起。

〔三〕江京、劉安等坐省門下，孫程與王康等就斬京、安等，立順帝也。

固以清河王蒜年長有德，欲立之，謂梁冀曰：「今當立帝，宜擇長年高明有德，任親政事者，願將軍審詳大計，察周、霍之立文、宣，〔一〕戒鄧、閻之利幼弱。」〔二〕冀不從，乃立樂安王子纘，年八歲，是爲質帝。時沖帝將北卜山陵，固乃議曰：「今處處寇賊，軍興用費加倍，新創憲陵，賦發非一。帝尚幼小，可起陵於憲陵塋內，依康陵制度，〔三〕其於役費三分減一。」乃從固議。時太后以比遭不造，委任宰輔，固所匡正，每輒從用，其黃門宦者一皆斥遣，天下咸望遂平，而梁冀猜專，每相忌疾。

〔一〕周勃立文帝，霍光立宣帝也。

〔二〕謂鄧太后立殤帝，帝時誕育百餘日，二歲而崩；又立安帝，時年十餘歲。閻太后立北鄉侯，其年薨，又徵諸王子，擬擇立之也。

〔三〕康陵，殤帝陵也。

初，順帝時諸所除官，多不以次，及固在事，奏免百餘人。此等既怨，又希望冀旨，遂共作飛章虛誣固罪曰：「臣聞君不稽古，無以承天；〔一〕臣不述舊，無以奉君。昔堯殂之後，舜仰慕三年，坐則見堯於牆，食則覩堯於羹。〔二〕斯所謂聿追來孝，不失臣子之節者。〔三〕太尉李固，因公假私，依正行邪，離閒近戚，自隆支黨。至於表舉薦達，例皆門徒；及所辟召，靡非先舊。或富室財賂，或子壻婚屬，其列在官牒者凡四十九人。又廣選賈豎，以補令史；募求好馬，臨牎呈試。出入踰侈，輜軿曜日。大行在殯，路人掩涕，固獨胡粉飾貌，搔頭弄姿，〔四〕槃旋偃仰，從容冶步，曾無慘怛傷悴之心。山陵未成，違矯舊政，善則稱己，過則歸君，斥逐近臣，不得侍送，作威作福，莫固之甚。臣聞台輔之位，實和陰陽，琁機不平，寇賊姦軌，〔五〕則責在太尉。〔六〕固受任之後，東南跋扈，兩州數郡，〔七〕千里蕭條，兆人傷損，大化陵遲，而詆疵先主，苟肆狂狷。存無廷爭之忠，沒有誹謗之說。夫子罪莫大於累父，臣惡莫深於毀君。固之過釁，事合誅辟。」〔八〕書奏，冀以白太后，使下其事。太后不聽，得免。

〔一〕書曰：「粵若稽古帝堯。」鄭玄注曰：「稽，同也。古，天也。言能同天而行者帝堯。」

〔二〕太公兵法曰：「帝堯王天下之時，金銀珠玉弗服也，錦繡文綺弗衣也，奇怪異物弗視也，玩好之器弗寶也，淫佚之樂弗聽也，宮垣室屋弗堊色也，榱桷柱楹弗藻飾也，茅茨之蓋弗翦齊也，滋味重累弗食也，溫飯煖羹酸餒不易也。」

〔三〕聿，述也。詩大雅曰：「文王烝哉，遹追來孝。」言文王能述追王季勤孝之行也。

〔四〕西京雜記曰：「武帝遇李夫人，就取玉簪搔頭，自此宮人搔頭皆用玉。」

〔五〕書曰：「琁機玉衡以齊七政。」孔安國注曰：「琁，美玉也。機，衡也。王者正天文之器，可運轉者也。」又曰：「寇賊姦軌。」注曰：「羣行攻劫曰寇，殺人曰賊，在外曰姦，在內曰軌。」

〔六〕續漢志曰「太尉掌四方兵事功課，歲盡則奏殿最而行賞罰」也。

〔七〕謂九江賊徐鳳、馬免等攻燒城邑，廣陵賊張嬰等攻殺江都長。九江、廣陵是荆、楊之地，故云兩州也。

〔八〕據吳祐傳，此章馬融之詞。

冀忌帝聰慧，恐爲後患，遂令左右進鴆。帝苦煩甚，使促召固。固入，前問：「陛下得患所由？」帝尚能言，曰：「食煑餅，今腹中悶，得水尚可活。」時冀亦在側，曰：「恐吐，不可飲水。」語未絕而崩。固伏尸號哭，推舉侍醫。冀慮其事泄，大惡之。

因議立嗣，固引司徒胡廣、司空趙戒，〔一〕先與冀書曰：「天下不幸，仍遭大憂。皇太后聖德當朝，攝統萬機，明將軍體履忠孝，憂存社稷，而頻年之閒，國祚三絕。〔二〕今當立帝，天下重器，誠知太后垂心，將軍勞慮，詳擇其人，務存聖明。然愚情眷眷，竊獨有懷。遠尋先世廢立舊儀，近見國家踐祚前事，未嘗不詢訪公卿，廣求羣議，令上應天心，下合衆望。

且永初以來，政事多謬，地震宮廟，彗星竟天，誠是將軍用情之日。傳曰：『以天下與人易，爲天下得人難。』昔昌邑之立，昏亂日滋，霍光憂愧發憤，悔之折骨。〔三〕自非博陸忠勇，〔四〕延年奮發，大漢之祀，幾將傾矣。〔五〕至憂至重，可不熟慮！悠悠萬事，唯此爲大。國之興衰，在此一舉。」冀得書，乃召三公、中二千石、列侯大議所立。固、廣、戒及大鴻臚杜喬皆以爲清河王蒜明德著聞，又屬最尊親，宜立爲嗣。先是蠡吾侯志當取冀妹，時在京師，冀欲立之。衆論既異，憤憤不得意，而未有以相奪。〔六〕中常侍曹騰等聞而夜往說冀曰：「將軍累世有椒房之親，秉攝萬機，賓客縱横，多有過差。清河王嚴明，若果立，則將軍受禍不久矣。不如立蠡吾侯，富貴可長保也。」冀然其言。明日重會公卿，冀意氣凶凶，而言辭激切。自胡廣、趙戒以下，莫不懾憚之。皆曰：「惟大將軍令。」而固獨與杜喬堅守本議。冀厲聲曰：「罷會。」固意既不從，猶望衆心可立，復以書勸冀。冀愈激怒，乃說太后先策免固，竟立蠡吾侯，是爲桓帝。

〔一〕謝承書「戒字志伯，蜀郡成都人也。戒博學明經講授，舉孝廉，累遷荆州刺史。梁商弟讓爲南陽太守，恃椒房之寵，不奉法，戒到州，劾奏之。遷戒河閒相。以冀部難理，整厲威嚴。遷南陽太守。糾豪傑，恤吏人，奏免中官貴戚子弟爲令長貪濁者。徵拜爲尚書令，出爲河南尹，轉拜太常。永和六年特拜司空」也。

〔二〕順帝崩，沖帝立一年崩，質帝一年崩。

〔三〕昌邑王賀，武帝孫昌邑哀王子也。昭帝崩，霍光立之。

〔四〕霍光封博陸侯。前書音義曰：「博，大。陸，平。取其嘉名，無此縣也。食邑北海、河東也。」

〔五〕霍光召丞相已下議曰：「昌邑王行昏亂，恐危社稷，如何？」羣臣皆驚愕失色。大司農田延年前離席案劍曰：「今日之議，不得旋踵，羣臣後應者，臣請劍斬之！」於是廢立遂定。

〔六〕未有別理而易奪之。

後歲餘，甘陵劉文、魏郡劉鮪各謀立蒜爲天子，梁冀因此誣固與文、鮪共爲妖言，下獄。門生勃海王調貫械上書，證固之枉，河內趙承等數十人亦要鈇鑕詣闕通訴，〔一〕太后明之，乃赦焉。及出獄，京師市里皆稱萬歲。冀聞之大驚，畏固名德終爲己害，乃更據奏前事，遂誅之，時年五十四。〔二〕

〔一〕字林曰：「鈇鑕，椹也。」鑕音質。椹音竹心反。

〔二〕固臨終，勑子孫素棺三寸，幅巾，殯殮於本郡墝埆之地，不得還墓塋，汚先公兆域。見謝承書也。

臨命，與胡廣、趙戒書曰：「固受國厚恩，是以竭其股肱，不顧死亡，志欲扶持王室，比隆文、宣。〔一〕何圖一朝梁氏迷謬，公等曲從，以吉爲凶，成事爲敗乎？漢家衰微，從此始矣。公等受主厚祿，顚而不扶，傾覆大事，後之良史，豈有所私？固身已矣，於義得矣，夫復何言！」廣、戒得書悲慚，皆長歎流涕。

〔一〕文帝、宣帝皆羣臣迎立，能興漢祚。

州郡收固二子基、茲於郾城，皆死獄中。〔一〕小子燮得脫亡命。冀乃封廣、戒而露固尸於四衢，〔二〕令有敢臨者加其罪。固弟子汝南郭亮，〔三〕年始成童，〔四〕遊學洛陽，乃左提章鉞，〔五〕右秉鈇鑕，詣闕上書，乞收固屍。不許，因往臨哭，陳辭於前，遂守喪不去。夏門亭長呵之曰：〔六〕「李、杜二公爲大臣，不能安上納忠，而興造無端。卿曹何等腐生，公犯詔書，干試有司乎？」〔七〕亮曰：「亮含陰陽以生，戴乾履坤。義之所動，豈知性命，何爲以死相懼？」亭長歎曰：「居非命之世，〔八〕天高不敢不跼，地厚不敢不蹐。〔九〕耳目適宜視聽，口不可以妄言也。」太后聞而不誅。南陽人董班亦往哭固，而殉尸不肯去。〔一〇〕太后憐之，乃聽得襚斂歸葬。二人由此顯名，三公並辟。班遂隱身，莫知所歸。

〔一〕續漢書曰，基，偃師長。袁宏紀曰，基字憲公，茲字季公，並爲長史，聞固策免，並弃官亡歸巴漢。南鄭趙子賤爲郡功曹，詔下郡殺固二子。太守知其枉，遇之甚寬，二子託服藥夭，具棺器，欲因出逃。子賤畏法，敕吏驗實，就殺之。

〔二〕爾雅曰：「四達謂之衢。」郭璞注曰：「交通四出者也。」

〔三〕謝承書曰：「亮字恆直，朗陵人也。」

〔四〕成童，年十五也。禮記曰「十五成童，舞象」也。

〔五〕章謂所上章也。蒼頡篇曰：「鉞，斧也。」

〔六〕洛陽北面西頭門，門外有萬壽亭。

〔七〕腐生者，猶言腐儒也。

〔八〕非命謂衰亂之時，人多不得其死也。

〔九〕跼，曲也。蹐，累足也。言天高而有雷霆，地厚而有淪陷，上下皆可畏懼也。詩云「謂天蓋高，不敢不跼，謂地蓋厚，不敢不蹐」也。

〔一〇〕殉，巡也。楚國先賢傳曰：「班字季，宛人也。少遊太學，宗事李固，才高行美，不交非類。嘗耦耕澤畔，惡衣蔬食。聞固死，乃星行奔赴，哭泣盡哀。司隸案狀奏聞，天子釋而不罪。班遂守尸積十日不去。桓帝嘉其義烈，聽許送喪到漢中，赴葬畢而還也。」

固所著章、表、奏、議、教令、對策、記、銘凡十一篇。弟子趙承等悲歎不已，乃共論固言跡，以爲德行一篇。〔一〕

〔一〕謝承書曰：「固所授弟子，潁川杜訪、汝南鄭遂、河內趙承等七十二人，相與哀歎悲憤，以爲眼不復瞻固形容，耳不復聞固嘉訓，乃共論集德行一篇。」

燮字德公。初，固既策罷，知不免禍，乃遣三子歸鄉里。時燮年十三，姊文姬爲同郡趙伯英妻，賢而有智，見二兄歸，具知事本，默然獨悲曰：「李氏滅矣！自太公已來，積德累仁，何以遇此？」〔一〕密與二兄謀豫藏匿燮，託言還京師，人咸信之。有頃難作，下郡收固三子。

二兄受害，文姬乃告父門生王成曰：「君執義先公，有古人之節。今委君以六尺之孤，〔二〕李氏存滅，其在君矣。」成感其義，乃將燮乘江東下，入徐州界內，令變名姓爲酒家傭，〔三〕而成賣卜於市。各爲異人，陰相往來。

〔一〕太公謂祖父郃也。

〔二〕六尺謂年十五以下。

〔三〕謝承書曰：「燮遠遁身於北海劇，託命滕咨家以得免。」與此不同。

燮從受學，酒家異之，意非恆人，以女妻燮。燮專精經學。十餘年閒，梁冀既誅而災眚屢見。明年，史官上言宜有赦令，又當存錄大臣冤死者子孫，於是大赦天下，并求固後嗣。燮乃以本末告酒家，酒家具車重厚遣之，皆不受，遂還鄉里，追服。姊弟相見，悲感傍人。既而戒燮曰：「先公正直，爲漢忠臣，而遇朝廷傾亂，梁冀肆虐，令吾宗祀血食將絕。今弟幸而得濟，豈非天邪！宜杜絕衆人，勿妄往來，慎無一言加於梁氏。加梁氏則連主上，禍重至矣。唯引咎而已。」燮謹從其誨。後王成卒，燮以禮葬之，感傷舊恩，每四節爲設上賓之位而祠焉。

州郡禮命，四府並辟，皆無所就，後徵拜議郎。及其在位，廉方自守，所交皆舍短取長，好成人之美。時潁川荀爽、賈彪，雖俱知名而不相能，燮並交二子，情無適莫，世稱其平

正。〔一〕

〔一〕論語曰：「君子之於天下也，無適也，無莫也，義之與比。」

靈帝時拜安平相。先是安平王續爲張角賊所略，國家贖王得還，朝廷議復其國。燮上奏曰：「續在國無政，爲妖賊所虜，守藩不稱，損辱聖朝，不宜復國。」時議者不同，而續竟歸藩。燮以謗毀宗室，輸作左校。未滿歲，王果坐不道被誅，乃拜燮爲議郎。京師語曰：「父不肯立帝，子不肯立王。」

擢遷河南尹。時旣以貨賂爲官，詔書復橫發錢三億，以實西園。〔一〕燮上書陳諫，辭義深切，帝乃止。先是潁川甄邵諂附梁冀，爲鄴令。有同歲生得罪於冀，亡奔邵，邵僞納而陰以告冀，冀卽捕殺之。邵當遷爲郡守，會母亡，邵且埋屍於馬屋，先受封，然後發喪。邵還至洛陽，燮行塗遇之，使卒投車於溝中，笞捶亂下，大署帛於其背曰「諂貴賣友，貪官埋母」。乃具表其狀。邵遂廢錮終身。燮在職二年卒，時人感其世忠正，咸傷惜焉。

〔一〕事見宦者傳。

杜喬字叔榮，河內林慮人也。〔一〕少爲諸生，舉孝廉，辟司徒楊震府。稍遷爲南郡太守，轉東海相，入拜侍中。

〔一〕續漢書曰：「累祖吏二千石。喬少好學，治韓詩、京氏易、歐陽尚書，以孝稱。雖二千石子，常步擔求師。」林慮，今相州縣也。

漢安元年，以喬守光祿大夫，使徇察兗州。表奏太山太守李固政爲天下第一；陳留太守梁讓、濟陰太守汜宮、濟北相崔瑗等臧罪千萬以上。讓即大將軍梁冀季父，宮、瑗皆冀所善。還，拜太子太傅，遷大司農。

時梁冀子弟五人及中常侍等以無功並封，喬上書諫曰：「陛下越從藩臣，龍飛即位，天人屬心，萬邦攸賴。不急忠賢之禮，而先左右之封，傷善害德，興長佞諛。臣聞古之明君，褒罰必以功過；末世闇主，誅賞各緣其私。今梁氏一門，宦者微孽，〔一〕並帶無功之紱，〔二〕裂勞臣之土，其爲乖濫，胡可勝言！夫有功不賞，爲善失其望；姦回不詰，爲惡肆其凶。故陳資斧而人靡畏，班爵位而物無勸。〔三〕苟遂斯道，豈伊傷政，爲亂而已，喪身亡國，可不慎哉！」書奏不省。

〔一〕孽音魚列反。公羊傳曰：「臣僕庶孽之事。」何休注云：「孽，賤子也，猶樹之有孽生也。」

〔二〕蒼頡篇：「紱，綬也。」

〔三〕易旅卦九四曰：「旅于處，得其資斧。」前書音義曰：「資，利也。」

益州刺史种暠舉劾永昌太守劉君世以金蛇遺梁冀，事發覺，以蛇輸司農。冀從喬借觀之，喬不肯與，冀始爲恨。累遷大鴻臚。時冀小女死，令公卿會喪，喬獨不往，冀又銜之。遷光祿勳。建和元年，代胡廣爲太尉。桓帝將納梁冀妹，冀欲令以厚禮迎之，喬據執舊典，不聽。〔一〕又冀屬喬舉汜宮爲尚書，喬以宮臧罪明著，遂不肯用，因此日忤於冀。先是李固見廢，內外喪氣，羣臣側足而立，唯喬正色無所回橈。〔二〕由是海內歎息，朝野瞻望焉。在位數月，以地震免。宦者唐衡、左悺等因共譖於帝曰：「陛下前當即位，喬與李固抗議言上不堪奉漢宗祀。」〔三〕帝亦怨之。及清河王蒜事起，梁冀遂諷有司劾喬及李固與劉鮪等交通，請逮案罪。而梁太后素知喬忠，但策免而已。〔四〕冀愈怒，使人脅喬曰：「早從宜，妻子可得全。」〔五〕喬不肯。明日冀遣騎至其門，不聞哭者，遂白執繫之，死獄中。妻子歸故郡。與李固俱暴尸於城北，家屬故人莫敢視者。

〔一〕時有司奏曰：「春秋迎王后于紀，在塗則稱后。今大將軍冀女弟宜備禮章，時進徵幣。」奏可。於是悉依孝惠帝納后故事，聘黃金二萬斤，納采鴈璧乘馬，一依舊典。

〔二〕回，邪也。橈，曲也。

〔三〕抗，舉也。

〔四〕續漢書曰：「喬諸生耿伯嘗與鮪同止，冀諷吏執鮪爲喬門生。」

〔五〕從宜，令其自盡也。

喬故掾陳留楊匡聞之，號泣星行到洛陽，乃著故赤幘，託爲夏門亭吏，守衞尸喪，驅護蠅蟲，積十二日，都官從事執之以聞。梁太后義而不罪。匡於是帶鈇鑕詣闕上書，幷乞李、杜二公骸骨。太后許之。成禮殯殮，送喬喪還家，葬送行服，隱匿不仕。匡初好學，常在外黃大澤教授門徒。補蘄長，〔一〕政有異績，遷平原令。時國相徐曾，中常侍璜之兄也，匡恥與接事，託疾牧豕云。〔二〕

〔一〕蘄，今徐州縣也，音機。

〔二〕袁山松書，匡一名章，字叔康也。

論曰：夫稱仁人者，其道弘矣！〔一〕立言踐行，〔二〕豈徒徇名安己而已哉，〔三〕將以定去就之槩，正天下之風，使生以理全，死與義合也。〔四〕夫專爲義則傷生，〔五〕專爲生則騫義，〔六〕專爲物則害智，〔七〕專爲己則損仁。若義重於生，舍生可也；生重於義，全生可也。〔八〕上以殘闇失君道，下以篤固盡臣節。臣節盡而死之，則爲殺身以成仁，去之不爲求生以害仁也。〔九〕順桓之閒，國統三絕，太后稱制，賊臣虎視。李固據位持重，以爭大義，確乎而不可奪。〔一〇〕豈不知守節之觸禍，恥夫覆折之傷任也。〔一一〕觀其發正辭，及所遺梁冀書，雖機失謀乖，猶戀戀而不能已。至矣哉，社稷之心乎！其顧視胡廣、趙戒，猶糞土也。

〔一〕弘，大也。言非一塗也。

〔二〕立其言，必踐而行之。

〔三〕徇，求也。

〔四〕槩，節也。立身之道，唯孝與忠，全生死之義，須得其所。

〔五〕貴義則賤生也。

〔六〕騫，違也。

〔七〕爲物則役智，故爲害。

〔八〕孟子曰：「魚我所欲，熊掌我所欲也。二者不可得兼，舍魚而取熊掌者也。生亦我所欲也，義亦我所欲也。二者不可得兼，舍生而取義者也。」

〔九〕論語：「無求生以害仁，有殺身以成仁。」

〔一〇〕確，堅貌也。易曰：「確乎其不可拔。」論語曰：「臨大節而不可奪。」

〔一一〕易曰：「鼎折足，覆公餗。」言不勝其任。

贊曰：李、杜司職，朋心合力。〔一〕致主文、宣，抗情伊、稷。〔二〕道亡時晦，終離罔極。〔三〕燮同趙孤，〔四〕世載弦直。〔五〕

〔一〕朋猶同也。

〔二〕伊尹、后稷也。

〔三〕離，被也。毛詩曰：「讒人罔極。」

〔四〕趙朔之子趙武。史記曰，晉景公三年，大夫屠岸賈殺趙朔，朔客程嬰、公孫杵臼匿朔遺腹子於中山。居十五年，後景公與韓厥立趙孤，而攻滅屠岸賈也。

〔五〕載，行也。

校勘記

二〇七三頁三行　郤在(數)〔方〕術傳　據集解引錢大昕說改。

二〇七六頁三行　斗爲天喉舌　藝文類聚四十八引續漢書，「斗」上有「北」字，太平御覽五引本書，亦有「北」字。按：校補謂據下文皆止言斗，則「北」字非本有。

二〇七七頁二行　(猶)〔由〕此言之　據殿本改。

二〇七七頁一一行　斟元陳樞　按：殿本「元」下有「氣」字。

二〇七八頁一〇行　羣下繼望　刊誤謂「繼」當作「繫」。今按：繼亦音繫，訓縛，亦維繫之義，見集韻，劉說非。

二〇七八頁一三行　智者見變思刑愚者覩怪諱名　按：集解引惠棟說，謂「刑」通鑑作「形」。胡注，此二語蓋本之緯書。

二〇七八頁一四行 加近者月食既於端門之側 按：殿本「加」作「如」，考證云「如」字本或作「加」。

二〇七九頁五行 爲其與〔公〕盟也 據刊誤補，與公羊傳合。

二〇七九頁一三行 可敬（威）〔畏〕也 據殿本改。

二〇八〇頁一五行 臣聞氣之淸者爲神至安國者以積賢爲道 按：集解引沈欽韓說，謂以上語並見繁露，「神」彼作「精」。校補引柳從辰說，謂袁紀「神」亦作「精」，「練神」作「積精」。

二〇八一頁一行 軾段干木 按：「段」原誤「叚」，逕改正。注同。

二〇八一頁一一行 子方在此 按：集解引沈欽韓說，謂「子方」今新序作「大宗子敖」。

二〇八八頁二行 小子夔 按：「夔」原皆譌「夔」，汲本、殿本同，惟集解本不譌，今逕改正。

二〇八八頁三行 乃左提章鉞 按：集解引沈欽韓說，謂案文「鉞」字衍。

二〇八八頁八行 太后聞而不誅 按：校補引柳從辰說，謂御覽三八五引李固別傳，作「太后聞而誅之」。

二〇八九頁七行 司隸案狀奏聞 按：汲本、殿本「案」作「察」。

二〇九一頁三行 靈帝時拜安平相 按：集解引惠棟說，謂華陽國志「安平」作「東平」。

二〇九一頁九行 先受封然後發喪 按：刊誤謂甄邵還爲郡守，不得言「受封」，或「封」上脫一「璽」字。先受璽封謂拜郡詔也。

二〇九二頁二行 累祖吏二千石 按：校補謂「祖」亦「世」字諱改。

二〇九二頁五行　濟陰太守氾宮　按：殿本「氾」作「汜」。

二〇九二頁一〇行　故陳資斧而人靡畏　李慈銘謂「資」治要作「質」，卽鑕字。今按：注引旅卦以釋資斧，則章懷所見本亦作「資」也。

二〇九三頁三行　聘黃金二萬斤　按：汲本、殿本作「一萬斤」。

二〇九四頁二行　喬故掾陳留楊匡　按：集解引汪文臺說，謂類聚九十七引謝承書，「楊匡」作「楊章」。

二〇九四頁四行　葬送行服　按：王先謙謂「葬送」疑誤倒。

二〇九四頁四行　匡初好學　按：王先謙謂「初」當是「幼」之誤。

後漢書卷六十四

吳延史盧趙列傳第五十四

吳祐字季英，〔一〕陳留長垣人也。父恢，為南海太守。〔二〕祐年十二，隨從到官。恢欲殺青簡以寫經書，〔三〕祐諫曰：「今大人踰越五領，〔四〕遠在海濱，其俗誠陋，然舊多珍怪，上為國家所疑，下為權戚所望。〔五〕此書若成，則載之兼兩。〔六〕昔馬援以薏苡興謗，王陽以衣囊徼名。〔七〕嫌疑之閒，誠先賢所慎也。」恢乃止，撫其首曰：「吳氏世不乏季子矣。」〔八〕及年二十，喪父，居無檐石，而不受贍遺。常牧豕於長垣澤中，〔九〕行吟經書。遇父故人，謂曰：「卿二千石子而自業賤事，縱子無恥，柰先君何？」祐辭謝而已，守志如初。

〔一〕祐音又。續漢書作「佑」。

〔二〕「恢」或作「惔」，音徒濫反。

〔三〕殺青者，以火炙簡令汗，取其青易書，復不蠹，謂之殺青，亦謂汗簡。義見劉向別錄也。

〔四〕領者，西自衡山之南，東至于海，一山之限耳，別標名則有五焉。裴氏廣(川)〔州〕記云：「大庾、始安、臨賀、桂陽、揭陽，是爲五領。」鄧德明南康記曰：「大庾，一也；桂陽甲騎，二也；九眞都龐，三也；臨賀萌渚，四也；始安越城，五也。」裴氏之說則爲審矣。

〔五〕希望其贈遺也。

〔六〕車有兩輪，故稱「兩」也。

〔七〕儌，要也，音工堯反。前書曰，王陽好車馬，衣服鮮明，而遷徙轉移，所載不過囊橐。時人怪其奢，伏其儉，故俗傳王陽能作黃金。

〔八〕季子謂季札也。

〔九〕續漢書曰「年四十餘，乃爲郡吏」也。

後舉孝廉，〔一〕將行，郡中爲祖道，祐越壇共小史雍丘黃眞歡語移時，與結友而別。〔二〕功曹以祐倨，請黜之。太守曰：「吳季英有知人之明，卿且勿言。」眞後亦舉孝廉，除新蔡長，世稱其清節。〔三〕時公沙穆來遊太學，無資糧，乃變服客傭，爲祐賃舂。祐與語大驚，遂共定交於杵臼之閒。

〔一〕陳留耆舊傳曰：「太守冷宏召補文學，宏見異之，擢舉孝廉。」

〔二〕祖道之禮，封土爲軷壇也。五經要義曰：「祖道者，行祭爲道路祈也。」周禮太馭：「掌王玉路以祀，及（祀）〔犯〕軷。」注云：「〔犯〕軷（祀）者，封土象山於路側，以（菩）芻棘栢爲神主祭之，以車轢軷而去。喻無險難。」

〔三〕謝承書曰：「眞字夏甫。」

祐以光祿四行遷膠東侯相。〔一〕時濟北戴宏父爲縣丞，宏年十六，從在丞舍。祐每行園，常聞諷誦之音，奇而厚之，亦與爲友，卒成儒宗，知名東夏，〔二〕官至酒泉太守。〔三〕祐政唯仁簡，以身率物。民有爭訴者，輒閉閤自責，然後斷其訟，以道譬之。或身到閭里，重相和解。自是之後，爭隙省息，吏人懷而不欺。嗇夫孫性私賦民錢，〔四〕市衣以進其父，父得而怒曰：「有君如是，何忍欺之！」促歸伏罪。性慙懼，詣閤持衣自首。祐屏左右問其故，性具談父言。祐曰：「掾以親故，受汙穢之名，所謂『觀過斯知人矣』。」〔五〕使歸謝其父，還以衣遺之。又安丘男子毋丘長與母俱行市，道遇醉客辱其母，長殺之而亡，安丘追蹤於膠東得之。祐呼長謂曰：「子母見辱，人情所恥。然孝子忿必慮難，動不累親。〔六〕今若背親逞怒，〔七〕白日殺人，赦若非義，刑若不忍，將如之何？」長以械自繫，〔八〕曰：「國家制法，囚身犯之。明府雖加哀矜，恩無所施。」祐問長有妻子乎？對曰：「有妻未有子也。」即移安丘逮長妻，妻到，解其桎梏，使同宿獄中，妻遂懷孕。至冬盡行刑，長泣謂母曰：「負母應死，當何以報吳君乎？」乃齧指而吞之，含血言曰：「妻若生子，名之『吳生』，言我臨死吞指爲誓，屬兒以報吳君。」因投繯而死。〔九〕

〔一〕漢官儀曰「四行，敦厚、質樸、遜讓、節儉」也。

〔二〕東夏，東方也。尚書曰「尹茲東夏」也。

〔三〕濟北先賢傳曰「宏字元襄，剛縣人也。年二十二，爲郡督郵，曾以職事見詰，府君欲撻之。宏曰：『今鄙郡遭明府，咸以爲仲尼之君，國小人少，以宏爲顏回，豈聞仲尼有撻顏回之義？』府君異其對，卽日教署主簿」也。

〔四〕續漢書曰：「賦錢五百，爲父市單衣。」

〔五〕論語載孔子之言也。

〔六〕論語孔子曰：「忿思難。」又曰：「一朝之忿，忘其身以及其親，非惑與？」

〔七〕若，汝也。逞，快也。

〔八〕在手曰械。

〔九〕謂以繩爲繯，投之而縊也。繯音胡犬反。

祐在膠東九年，〔一〕遷齊相，大將軍梁冀表爲長史。及冀誣奏太尉李固，祐聞而請見，與冀爭之，不聽。時扶風馬融在坐，爲冀章草，祐因謂融曰：「李公之罪，成於卿手。李公卽誅，卿何面目見天下之人乎？」冀怒而起入室，祐亦徑去。冀遂出祐爲河閒相，因自免歸家，不復仕，躬灌園蔬，以經書教授。年九十八卒。

〔一〕陳留耆舊傳曰：「祐處同僚，無私書之問，上司無牋檄之敬。在膠東，書不入京師也。」

長子鳳，官至樂浪太守；少子愷，新息令；鳳子馮，鮦陽侯相：〔一〕皆有名於世。〔二〕

〔一〕鮦陽，縣，屬汝南郡。音紂。

〔二〕陳留耆舊傳曰：「鳳字君雅，馮字子高。」

延篤字叔堅，南陽犨人也。〔一〕少從潁川唐溪典受左氏傳，〔二〕旬日能諷之，典深敬焉。〔三〕又從馬融受業，博通經傳及百家之言，能著文章，有名京師。

〔一〕犨音昌猶反，故城在汝州魯山縣東南也。

〔二〕先賢行狀曰：「典字季度，爲西鄂長。」風俗通曰：「吳夫槩王奔楚，封堂谿，因以爲氏。」典爲五官中郎將。「唐」與「堂」同也。

〔三〕先賢行狀曰：「篤欲寫左氏傳，無紙，唐溪典以廢牋記與之。篤以牋記紙不可寫傳，乃借本諷之，粮盡辭歸。典曰：『卿欲寫傳，何故辭歸？』篤曰：『已諷之矣。』典聞之歎曰：『嗟乎延生！雖復端木聞一知二，未足爲喻。若使尼父更起於洙、泗，君當編名七十，與游、夏爭匹也。』」

舉孝廉，爲平陽侯相。到官，表龔遂之墓，立銘祭祠，擢用其後於畎畝之閒。〔一〕以師喪弃官奔赴，五府並辟不就。

〔一〕前書龔遂，山陽南平陽人，爲勃海太守。南平陽故城〔在〕今兗州鄒縣。

桓帝以博士徵，拜議郎，與朱穆、邊韶共著作東觀。稍遷侍中。帝數問政事，篤詭辭密對，〔一〕動依典義。遷左馮翊，又徙京兆尹。其政用寬仁，憂恤民黎，擢用長者，與參政事，郡中歡愛，三輔咨嗟焉。先是陳留邊鳳爲京兆尹，亦有能名，郡人爲之語曰：「前有趙張三王，〔三〕後有邊延二君。」

〔一〕穀梁傳曰：「故士造辟而言，詭辭而出。」范甯注云：「辟，君也。詭辭而出，不以實告人也。」

〔二〕前書，趙廣漢、張敞、王遵、王章、王駿俱爲京兆尹也。

時皇子有疾，下郡縣出珍藥，而大將軍梁冀遣客齎書詣京兆，并貨牛黃。〔一〕篤發書收客，曰：「大將軍椒房外家，而皇子有疾，必應陳進醫方，豈當使客千里求利乎？」遂殺之。冀慙而不得言，有司承旨欲求其事。篤以病免歸，教授家巷。

〔一〕吳普本草曰：「牛黃味苦，無毒，牛出入呻者有之。夜有光走角中。牛死，入膽中，如鷄子黃。」神農本草曰：「療驚癇，除邪逐鬼。」

時人或疑仁孝前後之證，篤乃論之曰：「觀夫仁孝之辯，〔一〕紛然異端，互引典文，代取事據，〔二〕可謂篤論矣。〔三〕夫人二致同源，總率百行，〔四〕非復銖兩輕重，必定前後之數也。而如欲分其大較，〔五〕體而名之，則孝在事親，仁施品物。施物則功濟於時，事親則德歸於己。於己則事寡，濟時則功多。推此以言，仁則遠矣。然物有出微而著，事有由隱而章。近取諸身，則耳有聽受之用，目有察見之明，足有致遠之勞，手有飾衞之功，功雖顯外，本之者心也。遠取諸物，則草木之生，始於萌牙，終於彌蔓，枝葉扶疏，榮華紛縟，〔六〕末雖繁蔚，致之者根也。夫仁人之有孝，猶四體之有心腹，〔七〕枝葉之有本根也。聖人知之，故曰：

『夫孝，天之經也，地之義也，人之行也。』〔八〕『君子務本，本立而道生，孝悌也者，其爲仁之本與！』〔九〕然體大難備，物性好偏，故所施不同，事少兩兼者也。如必對其優劣，則仁以枝葉扶疏爲大，孝以心體本根爲先，可無訟也。或謂先孝後仁，非仲尼序回、參之意。〔一〇〕蓋以爲仁孝同質而生，純體之者，則互以爲稱，虞舜、顏回是也。〔一一〕若偏而體之，則各有其目，公劉、曾參是也。〔一二〕夫曾、閔以孝悌爲至德，〔一三〕管仲以九合爲仁功，〔一四〕未有論德不先回、參，考功不大夷吾。以此而言，各從其稱者也。」

〔一〕辯，爭也。

〔二〕代，更也。

〔三〕篤，厚也。

〔四〕二致，仁、孝也。易繫詞曰「殊塗而同歸，百慮而一致」也。

〔五〕較猶略也。

〔六〕說文曰：「縟，繁綵飾也。」

〔七〕四體謂手足也。

〔八〕左氏傳趙簡子問子太叔：「何謂禮？」對曰：「聞諸先大夫子產曰：『夫禮，天之經也，地之義也，人之行也。天地之經，人實則之，則天之明，因地之性。』」孔子取爲孝經之詞也。

〔九〕論語載有若之詞也。

〔一〇〕論語孔子曰：「參也魯，回也其庶乎？」言庶幾於善道也。魯，鈍也。言若先孝後仁，則曾參不得不賢於顏子。

〔一一〕虞舜、顏回純德既備，或仁或孝，但隨其所稱爾。

〔一二〕史記，公劉，后稷曾孫也。能修復后稷之業，務耕種，行地宜，百姓懷之，多從而保歸焉。故公劉以仁紀德，曾參以至孝稱賢，此則各自爲目，不能總兼其美也。

〔一三〕曾參、閔損也。

〔一四〕論語孔子曰：「桓公九合諸侯，不以兵車，管仲之力，如其仁，如其仁。」九合者，謂再會於鄄，兩會于幽，又會檉、首止、戴甯、母洮、葵丘也。

前越嶲太守李文德素善於篤，時在京師，謂公卿曰：「延叔堅有王佐之才，柰何屈千里之足乎？」欲令引進之。篤聞，乃爲書止文德曰：「夫道之將廢，所謂命也。〔一〕流聞乃欲相爲求還東觀，來命雖篤，所未敢當。吾嘗昧爽櫛梳，坐於客堂。〔二〕朝則誦羲、文之易，虞、夏之書，歷公旦之典禮，覽仲尼之春秋。〔三〕夕則消搖內階，詠詩南軒。〔四〕百家衆氏，投閑而作。〔五〕洋洋乎其盈耳也，〔六〕渙爛兮其溢目也，〔七〕紛紛欣欣兮其獨樂也。當此之時，不知天之爲蓋，地之爲輿；〔八〕不知世之有人，己之有軀也。雖漸離擊筑，傍若無人，〔九〕高鳳讀書，不知暴雨，〔一〇〕方之於吾，未足況也。且吾自束脩已來，〔一一〕爲人臣不陷於不忠，爲人子不陷於不孝，上交不諂，下交不黷，〔一二〕從此而歿，下見先君遠祖，可不慙赧。〔一三〕如此而不以善止者，恐如教羿射者也。〔一四〕愼勿迷其本，弃其生也。」

〔一〕論語孔子曰：「道之將行也與？命也。道之將廢也與？命也。」

〔二〕孔安國注尚書曰：「昧，冥也。爽，明也。」

〔三〕周公攝政七年，制禮作樂。班固東都賦曰「今論者但知誦虞、夏之書，詠殷、周之詩，講羲、文之易，論孔氏之春秋」也。

〔四〕楚詞：「高堂邃宇，鏤檻層軒。」王逸注云：「軒，樓板也。」

〔五〕言誦經典之餘，投射閒隙而翫百氏也。

〔六〕洋洋，美也。論語曰：「洋洋乎盈耳哉。」

〔七〕渙爛，文章貌也。

〔八〕宋玉大言賦曰「方地爲輿，員天爲蓋」也。

〔九〕說文曰：「筑，五絃之樂也。」沈約宋書曰：「筑不知誰所造也。史記唯云高漸離擊筑。」案：今筑形似箏，有項有柱。史記，荆軻至燕，日與屠狗及高漸離擊筑，荆軻和而歌於市中，相樂，已而相泣，傍若無人。

〔一〇〕事具逸人傳也。

〔一一〕東脩謂東帶修飾。鄭玄注論語曰「謂年十五已上」也。

〔一二〕易繫詞之文也。

〔一三〕色媿曰赧，音女板反。

〔一四〕史記，有養由基者，善射者也，去柳葉百步而射之，百發而百中之。左右觀者數千人，皆曰「善射」。有一人立其旁，曰：「善，可教射矣。」養由基怒，釋弓搤劍曰：「客安能教我射乎？」客曰：「非吾能教枝左詘右也。夫去柳葉百步而射之，百發百中之，不以善息，少焉氣衰力倦，弓撥矢鉤，一發不中者百發盡息。」此言羿者，蓋以俱善射而稱之焉。

後遭黨事禁錮。〔一〕永康元年，卒于家。鄉里圖其形于屈原之廟。〔二〕

〔一〕錮謂閉塞。

〔二〕屈原，楚大夫，抱忠貞而死。篤有志行文彩，故圖其像而偶之焉。

篤論解經傳，多所駁正，後儒服虔等以爲折中。所著詩、論、銘、書、應訊、表、教令，〔一〕凡二十篇云。

〔一〕訊，問也。蓋荅客難之類。

史弼字公謙，陳留考城人也。父敞，順帝時以佞辯至尚書、郡守。〔一〕弼少篤學，聚徒數百。仕州郡，〔二〕辟公府，遷北軍中候。

〔一〕續漢書曰「敞爲京兆尹，化有能名，尤善條教，見稱於三輔」也。

〔二〕謝承書曰：「弼年二十爲郡功曹，承前太守宋訢穢濁之後，悉條諸生聚斂姦吏百餘人，皆白太守，埽迹還縣，高名由此而興。」

是時桓帝弟渤海王悝素行險辟，僭傲多不法。弼懼其驕悖爲亂，乃上封事曰：「臣聞帝王之於親戚，愛雖隆，必示之以威；體雖貴，必禁之以度。如是，和睦之道興，骨肉之恩遂。昔周襄王恣甘昭公，〔一〕孝景皇帝驕梁孝王，〔二〕而二弟階寵，終用教慢，卒周有播蕩之禍，漢有爰盎之變。竊聞勃海王悝，憑至親之屬，恃偏私之愛，失奉上之節，有僭慢之心，外聚剽輕不逞之徒，〔三〕內荒酒樂，出入無常，所與羣居，皆有口無行，〔四〕或家之弃子，或朝之斥臣，必有羊勝、伍被之變。〔五〕州司不敢彈糾，傅相不能匡輔。陛下隆於友于，不忍遏絕。〔六〕恐遂滋蔓，爲害彌大。〔七〕乞露臣奏，宣示百僚，使臣得於清朝明言其失，然後詔公卿平處其法。法決罪定，乃下不忍之詔。臣下固執，然後少有所許。如是，則聖朝無傷親之譏，勃海有享國之慶。不然，懼大獄將興，使者相望於路矣。臣職典禁兵，備禦非常，而妄知藩國，干犯至戚，罪不容誅。不勝憤懣，謹冒死以聞。」帝以至親，不忍下其事。後悝竟坐逆謀，貶爲癭陶王。

〔一〕甘昭公王子帶，周襄王弟也，食邑於甘，謚曰昭。左傳曰，初，甘昭公有寵於惠后，后將立之，未及而卒。昭公奔齊。王復之，遂以狄師攻王，王出適鄭也。

〔二〕梁孝王，景帝弟，竇太后少子，愛之，賜天子旌旗，出警入蹕。景帝嘗與王宴太后前，曰：「千秋萬歲後傳王。」爰盎諫不許，遂令人刺殺盎也。

〔三〕剽，悍也。逞，快也。謂被侵枉不快之人也。左傳曰：「率羣不逞之人。」剽音疋妙反。

〔四〕有虛言無實行也。

〔五〕前書羊勝勸梁王求漢嗣，伍被勸淮南（子）〔王〕謀反誅也。

〔六〕友，親也。尚書曰：「惟孝友于兄弟。」

〔七〕滋，長；蔓，延也。左氏傳：「無使滋蔓，蔓難圖也。」

所上。弼遷尚書，出爲平原相。時詔書下舉鉤黨，〔一〕郡國所奏相連及者多至數百，唯弼獨無詔書前後切却州郡，〔二〕髡笞掾史。從事坐傳責曰：〔三〕「詔書疾惡黨人，旨意懇惻。青州六郡，其五有黨，〔四〕近國甘陵，亦考南北部，〔五〕平原何理而得獨無？」弼曰：「先王疆理天下，畫界分境，〔六〕水土異齊，風俗不同。〔七〕它郡自有，平原自無，胡可相比？若承望上司，誣陷良善，淫刑濫罰，以逞非理，則平原之人，戶可爲黨。相有死而已，所不能也。」從事大怒，卽收郡僚職送獄，遂舉奏弼。會黨禁中解，弼以俸贖罪得免，〔八〕濟活者千餘人。

〔一〕鉤謂相連也。

〔二〕切，急也。却，退也。

〔三〕續漢志每州皆有從事史及諸曹掾史。傳，客舍也，音知戀反。坐傳舍召弼而責。

〔四〕濟南、樂安、齊國、東萊、平原、北海六郡，青州所管也。青州在齊國臨淄，見漢官儀。

〔五〕桓帝爲蠡吾侯，受學於甘陵周福，及帝卽位，擢福爲尚書。時同郡河南尹房植有名當朝，二家賓客互相譏揣，遂各樹朋徒，漸成尤隙，由是甘陵有南北部。見黨人篇序也。

〔六〕疆，界也。理，正也。左傳曰「先王疆理天下，物土之宜而布其利」也。

〔七〕前書曰「凡人函五常之性，而其剛柔緩急，音聲不同。繫水土之風氣，故謂之風。好惡取舍，動靜無常，隨君上之情欲，故謂之俗」也。

〔八〕（奉）〔俸〕音扶用反。

弼爲政特挫抑彊豪，其小民有罪，多所容貸。遷河東太守，被一切詔書當舉孝廉。弼知多權貴請託，乃豫勑斷絕書屬。〔一〕中常侍侯覽果遣諸生齎書請之，幷求假鹽稅，積日不得通。生乃說以它事謁弼，而因達覽書。弼大怒曰：「太守忝荷重任，當選士報國，爾何人而僞詐無狀！」命左右引出，楚捶數百，府丞、掾史十餘人皆諫於廷，弼不對。遂付安邑獄，卽日考殺之。侯覽大怨，遂詐作飛章下司隸，誣弼誹謗，檻車徵。吏人莫敢近者，唯前孝廉裴瑜送到崤澠之閒，大言於道傍曰：「明府摧折虐臣，選德報國，如其獲罪，足以垂名竹帛，願不憂不懼。」弼曰：「『誰謂荼苦，其甘如薺。』〔二〕昔人刎頸，九死不恨。」〔三〕及下廷尉詔獄，平原吏人奔走詣闕訟之。又前孝廉魏劭毀變形服，詐爲家僮，瞻護於弼。弼遂受誣，事當弃市。劭與同郡人賣郡邸，〔四〕行賂於侯覽，得減死罪一等，論輸左校。時人或譏曰：「平原行貨以免君，無乃蚩乎！」陶丘洪曰：〔五〕「昔文王牖里，閎、散懷金。〔六〕史弼遭患，義夫獻寶。亦何疑焉！」於是議者乃息。刑竟歸田里，稱病閉門不出。數爲公卿所薦，議郎何休又訟弼有幹國之器，宜登台相，徵拜議郎。侯覽等惡之。光和中，出爲彭城相，會病卒。裴瑜位至尙書。〔七〕

〔一〕屬音之欲反。

〔二〕詩衞風也。荼，苦菜也。

〔三〕刎，割也。楚詞曰「雖九死其猶未悔」也。

〔四〕郡邸，若今之寺邸也。

〔五〕青州先賢傳曰：「洪字子林，平原人也。清達博辯，文冠當代。舉孝廉，不行，辟太尉府。年三十卒。」

〔六〕牖里，殷獄名。或作「羑」，亦名羑城，在今相州湯陰縣北。帝王紀：「散宜生、南宮括、閎夭學乎呂尙。尙知三人賢，結朋友之交。及紂囚文王，乃以黃金千鎰與宜生，令求諸物與紂。」史記曰「閎夭之徒乃求有莘美女，驪戎文馬，有熊九駟，它奇怪物，因殷嬖臣費仲獻之於紂，紂大說，乃赦之」也。

〔七〕先賢行狀曰「瑜字雉璜。聰明敏達，觀物無滯。清論所加，必爲成器；醜議所指，沒齒無怨」也。

論曰：夫剛烈表性，鮮能優寬；仁柔用情，多乏貞直。吳季英視人畏傷，發言烝烝，〔一〕似夫儒者；而懷憤激揚，折讓權枉，又何壯也！仁以矜物，義以退身，君子哉！〔二〕語曰：「活千人者子孫必封。」〔三〕史弼頡頏嚴吏，〔四〕終全平原之黨，而其後不大，〔五〕斯亦未可論也。

〔一〕烝烝猶仍也。

〔二〕法言曰：「君子於仁也柔，於義也剛。」

〔三〕前書王翁孺曰：「聞活千人者有封〔子〕孫。吾所活者千人，〔後〕世其興乎？」

〔四〕頡頏猶上下也。

〔五〕不大謂子孫衰替也。左傳晉卜偃曰：「畢萬之後必大。」

盧植字子幹，涿郡涿人也。身長八尺二寸，音聲如鍾。少與鄭玄俱事馬融，能通古今學，好研精而不守章句。融外戚豪家，〔一〕多列女倡歌舞於前。植侍講積年，未嘗轉眄，融以是敬之。學終辭歸，闔門教授。性剛毅有大節，常懷濟世志，不好辭賦，能飲酒一石。

〔一〕融，明德皇后之從姪也。

時皇后父大將軍竇武援立靈帝，初秉機政，朝議欲加封爵。植雖布衣，以武素有名譽，乃獻書以規之曰：「植聞嫠有不恤緯之事，〔一〕漆室有倚楹之戚，〔二〕憂深思遠，君子之情。〔三〕夫士立爭友，義貴切磋。〔四〕書陳『謀及庶人』，〔五〕詩詠『詢于芻蕘』。〔六〕植誦先王之書久矣，敢愛其瞽言哉！〔七〕今足下之於漢朝，猶旦、奭之在周室，建立聖主，四海有繫。論者以爲吾子之功，於斯爲重。天下聚目而視，攢耳而聽，〔八〕謂準之前事，將有景風之祚。〔九〕尋春秋之義，王后無嗣，擇立親長，年均以德，德均則決之卜筮。〔一〇〕今同宗相後，披圖案牒，以次建之，何勳之有？豈橫叨天功以爲己力乎！〔一一〕宜辭大賞，以全身名。又比世祚不競，〔一二〕仍外求嗣，可謂危矣。而四方未寧，盜賊伺隙，恒岳、勃碣，〔一三〕特多姦盜，將有楚人脅比，尹氏立朝之變。〔一四〕宜依古禮，置諸子之官，徵王侯愛子，宗室賢才，外崇訓道之義，內息貪利之心，簡其良能，隨用爵之，彊幹弱枝之道也。」〔一五〕武並不能用。州郡數命，植皆不就。建寧中，徵爲博士，乃始起焉。熹平四年，九江蠻反，四府選植才兼文武，拜九江太守，蠻寇賓服。以疾去官。

〔一〕左傳曰，范獻子曰：「人亦有言，嫠不恤其緯而憂宗周之隕，爲將及焉。」杜預注曰：「嫠，寡婦也。織者常苦緯少，寡婦所宜憂也。」

〔二〕琴操曰：「魯漆室女倚柱悲吟而嘯，鄰人見其心之不樂也，進而問之曰：『有淫心欲嫁之念耶，何吟之悲？』漆室女曰：『嗟乎！嗟乎！子無志，不知人之甚也。昔者楚人得罪於其君，走逃吾東家，馬逸，蹈吾園葵，使吾終年不厭菜；吾西鄰人失羊不還，請吾兄追之，霧濁水出，使吾兄溺死，終身無兄。政之所致也。吾憂國傷人，心悲而嘯，豈欲嫁哉！』自傷懷結而爲人所疑，於是褰裳入山林之中，見女貞之木，喟然歎息，援琴而弦歌以女貞之辭，自經而死。」

〔三〕詩序曰：「憂深思遠，儉而用禮，乃有堯之遺風焉。」

〔四〕孝經曰：「士有爭友，身不陷於不義。」詩云：「如切如磋。」鄭玄注云：「骨曰切，象曰磋。言友之相規誡，如骨象之見切磋。」

〔五〕尚書洪範曰「謀及卿士，謀及庶人」也。

〔六〕詩大雅曰：「先人有言，詢于芻蕘。」毛萇注云：「芻蕘，採薪者也。」

〔七〕無目眹曰瞽。眹音直忍反。

〔八〕前書賈山曰「使天下戴目而視，傾耳而聽」也。

〔九〕景風，解見和紀。

〔一〇〕左傳王子朝曰：「先王之命，王后無嫡，則擇立長。年鈞以德，德鈞以卜，古之制也。」

〔一一〕叨，貪也。左傳曰「貪天之功，以爲己力」也。

〔一二〕競，彊也。

〔一三〕勃，勃海也。碣，碣石山也。

〔一四〕左傳曰，楚公子比，恭王之子也。靈王立，子比奔晉。靈王卒，子比自晉歸楚，立爲君。比弟公子弃疾欲篡其位，夜乃使人周走呼曰：「王至矣。」國人大驚，子比乃自殺。王子朝，周景王之庶子。景王卒，子猛立。尹氏，周卿士，立子朝，奪猛位也。

〔一五〕以樹爲喻也。謂京師爲幹，四方爲枝。前書曰：「漢興，立都長安，徙齊諸田、楚昭、屈、景及諸功臣家於長陵。蓋以彊幹弱枝，非獨爲奉山園也。」

作尚書章句、三禮解詁。〔一〕時始立太學石經，以正五經文字，植乃上書曰：「臣少從通儒故南郡太守馬融受古學，頗知今之禮記特多回穴。〔二〕臣前以周禮諸經，發起粃謬，〔三〕敢率愚淺，爲之解詁，而家乏，無力供繕〔寫〕上。〔四〕願得將能書生二人，共詣東觀，就官財糧，專心研精，合尚書章句，考禮記失得，庶裁定聖典，刊正碑文。古文科斗，近於爲實，而厭抑流俗，降在小學。〔五〕中興以來，通儒達士班固、賈逵、鄭興父子，並敦悅之。〔六〕今毛詩、左氏、周禮各有傳記，其與春秋共相表裏，〔七〕宜置博士，爲立學官，以助後來，以廣聖意。」

〔一〕詁，事也。言解其事意。

〔二〕回穴猶紆曲也。

〔三〕粃，粟不成。諭義之乖僻也。

〔四〕繕，善也。言家貧不能善寫而上也。

〔五〕古文謂孔子壁中書也。形似科斗，因以爲名。前書謂文字爲「小學」也。

〔六〕興子衆也，自有傳。左傳曰「郄穀悅禮樂而敦詩書」也。

〔七〕表裏言義相須而成也。前書云：「河圖、洛書相爲經緯，八卦、九章相爲表裏。」

會南夷反叛，以植嘗在九江有恩信，拜爲廬江太守。植深達政宜，務存清靜，弘大體而已。

歲餘，復徵拜議郎，與諫議大夫馬日磾、議郎蔡邕、楊彪、韓説等並在東觀，校中書五經記傳，補續漢記。〔一〕帝以非急務，轉爲侍中，遷尚書。光和元年，有日食之異，植上封事諫曰：「臣聞五行傳『日晦而月見謂之朓，王侯其舒』。〔二〕此謂君政舒緩，故日食晦也。春秋傳曰『天子避位移時』，〔三〕言其相掩不過移時。而閒者日食自巳過午，既食之後，雲霧晻曖。比年地震，彗孛互見。臣聞漢以火德，化當寬明。近色信讒，忌之甚者，如火畏水故也。案今年之變，皆陽失陰侵，消禦災凶，宜有其道。謹略陳八事：一曰用良，二曰原禁，〔四〕三曰禦癘，〔五〕四曰備寇，五曰修禮，六曰遵堯，七曰御下，八曰散利。用良者，宜使州郡覈舉賢良，〔六〕隨方委用，責求選舉。原禁者，凡諸黨錮，多非其罪，可加赦恕，申宥回枉。〔七〕禦癘者，宋后家屬，並以無辜委骸橫尸，不得收葬，疫癘之來，皆由於此。宜敕收拾，以安游魂。〔八〕備寇者，侯王之家，賦稅減削，愁窮思亂，必致非常，宜使給足，以防未然。脩禮者，應徵有道之人，若鄭玄之徒，陳明洪範，攘服災咎。遵堯者，今郡守刺史一月數遷，宜依黜陟，以章能否，縱不九載，可滿三歲。〔九〕御下者，請謁希爵，一宜禁塞，〔一〇〕遷舉之事，責成主者。散利者，天子之體，理無私積，宜弘大務，蠲略細微。」〔一一〕帝不省。

〔一〕言中書以別於外也。

〔二〕五行傳，劉向所著。朓者，月行速在日前，故早見。劉向以爲君舒緩則臣（孎）〔驕〕慢，故日行遲而月行速也。

〔三〕左氏傳曰：「日過分未至三辰有災，於是乎君不舉，避移時。」杜預注曰：「避正寢，過日食時也。」

〔四〕原其所禁而有之也。

〔五〕防禦疫癘之氣。

〔六〕覈，實也。

〔七〕回，邪也。

〔八〕后以王甫、程阿所搆，憂死，父及兄弟並被誅。靈帝後夢見桓帝怒曰「宋皇后何罪而絕其命？已訴於天，上帝震怒，罪在難救」也。

〔九〕書曰：「三載考績，黜陟幽明。」孔安國注曰：「三年考功，三考九年，能否幽明有別，升進其明者，黜退其幽者。」此皆唐堯之法也。

〔一〇〕希，求也。

〔一一〕蠲，除也。

中平元年，黃巾賊起，四府舉植，拜北中郎將，持節，以護烏桓中郎將宗員副，將北軍五校士，發天下諸郡兵征之。連戰破賊帥張角，斬獲萬餘人。角等走保廣宗，植築圍鑿塹，造作雲梯，垂當拔之。帝遣小黃門左豐詣軍觀賊形埶，或勸植以賂送豐，植不肯。豐還言於帝曰：「廣宗賊易破耳。盧中郎固壘息軍，以待天誅。」帝怒，遂檻車徵植，減死罪一等。

及車騎將軍皇甫嵩討平黃巾，盛稱植行師方略，嵩皆資用規謀，濟成其功。以其年復爲尚書。

帝崩，大將軍何進謀誅中官，乃召并州牧董卓，以懼太后。植知卓凶悍難制，必生後患，固止之。進不從。及卓至，果陵虐朝廷，乃大會百官於朝堂，議欲廢立。羣僚無敢言，植獨抗議不同。卓怒罷會，將誅植，語在卓傳。植素善蔡邕，邕前徙朔方，植獨上書請之。邕時見親於卓，故往請植事。又議郎彭伯諫卓曰：「盧尚書海內大儒，人之望也。今先害〔之〕，天下震怖。」卓乃止，但免植官而已。

植以老病求歸，懼不免禍，乃詭道從轘轅出。〔一〕卓果使人追之，到懷，不及。遂隱於上谷，不交人事。冀州牧袁紹請爲軍師。初平三年卒。臨困，勑其子儉葬於土穴，不用棺椁，附體單帛而已。所著碑、誄、表、記凡六篇。

〔一〕詭，詐也。轘轅道在今洛州緱氏縣東南也。

建安中，曹操北討柳城，過涿郡，〔一〕告守令曰：「故北中郎將盧植，名著海內，學爲儒宗，士之楷模，國之楨幹也。昔武王入殷，封商容之閭；鄭喪子產，仲尼隕涕。〔二〕孤到此州，嘉其餘風。春秋之義，賢者之後，宜有殊禮。〔三〕亟遣丞掾除其墳墓，〔四〕存其子孫，并致薄醊，〔五〕以彰厥德。」子毓，知名。〔六〕

〔一〕魏志曰，建安十二年，操北征烏桓，涉鮮卑，討柳城，登白狼山也。

〔二〕左傳曰：「仲尼聞子產死，出涕曰：『古之遺愛也。』」

〔三〕公羊傳曰：「君子之善善也長，惡惡也短。惡惡止其身，善善及子孫。賢者子孫，故君子爲之諱也。」

〔四〕亟，急也。

〔五〕醊，祭酹也，音張芮反。

〔六〕魏志曰：「毓字子家，十歲而孤，以學行稱，仕魏至侍中、吏部尚書。時舉中書郎，詔曰：『得其人與不，在盧生耳。選舉莫取有名，如畫地爲餅，不可啖也。』毓對曰：『名不足以致異人，而可以得常士。常士畏教慕善，然後有名也。』」

論曰：風霜以別草木之性，〔一〕危亂而見貞良之節，〔二〕則盧公之心可知矣。夫蠭蠆起懷，雷霆駭耳，雖賁、育、荆、諸之倫，〔三〕未有不冘豫奪常者也。〔四〕當植抽白刃嚴閤之下，追帝河津之閒，排戈刃，赴戕折，〔五〕豈先計哉？君子之於忠義，造次必於是，顛沛必於是也。〔六〕

〔一〕論語曰：「歲寒然後知松柏之後彫也。」

〔二〕老子曰：「國家昏亂有忠臣。」

〔三〕孟賁，多力者也；夏育，勇者也：並衞人。荆，荆軻也。諸，專諸也。

〔四〕冘，人行貌也，音淫。言冘豫不能自定也。奪謂易其常分者也。

〔五〕事見何進傳。杜預注左傳曰：「戕者，卒暴之名也。」

〔六〕孔子曰：「君子無終食之閒違仁，造次必於是，顚沛必於是。」馬融注云：「造次，急遽也。顚沛，僵仆也。雖急遽僵仆，不違仁也。」

趙岐字邠卿，京兆長陵人也。初名嘉，生於御史臺，因字臺卿，〔一〕後避難，故自改名字，示不忘本土也。岐少明經，有才蓺，娶扶風馬融兄女。融外戚豪家，岐常鄙之，不與融相見。〔二〕仕州郡，以廉直疾惡見憚。年三十餘，有重疾，臥蓐七年，〔三〕自慮奄忽，乃爲遺令勑兄子曰：「大丈夫生世，遯無箕山之操，〔四〕仕無伊、呂之勳，天不我與，復何言哉！可立一員石於吾墓前，刻之曰：『漢有逸人，姓趙名嘉。有志無時，命也柰何！』」其後疾瘳。

〔一〕以其祖爲御史，故生於臺也。

〔二〕三輔決錄注曰：「岐娶馬敦女宗姜爲妻。敦兄子融嘗至岐家，多從賓與從妹宴飲作樂，日夕乃出。過問趙處士所在。岐亦厲節，不以妹壻之故屈志於融也。與其友書曰：『馬季長雖有名當世，而不持士節，三輔高士未曾以衣裾襒其門也。』岐曾讀周官二義不通，一往造之，賤融如此也。」

〔三〕蓐，寢蓐也。聲類曰：「蓐，薦也。」

〔四〕易曰：「遯而亨，君子以遠小人。」王弼注：「遯之義，避內而之外者也。」箕山，許由所隱處也。

永興二年，辟司空掾，議二千石得去官爲親行服，朝廷從之。其後爲大將軍梁冀所辟，爲陳損益求賢之策，冀不納。舉理劇，爲皮氏長。〔一〕會河東太守劉祐去郡，而中常侍左悺兄勝代之，岐恥疾宦官，卽日西歸。京兆尹延篤復以爲功曹。

〔一〕皮氏故城在今絳州龍門縣西。決錄曰「岐爲長，抑彊討姦，大興學校」也。

先是中常侍唐衡兄玹爲京兆虎牙都尉，〔一〕郡人以玹進不由德，皆輕侮之。岐及從兄襲又數爲貶議，玹深毒恨。〔二〕延熹元年，玹爲京兆尹，岐懼禍及，乃與從子戩逃避之。玹果收岐家屬宗親，陷以重法，盡殺之。〔三〕岐遂逃難四方，江、淮、海、岱，靡所不歷。自匿姓名，賣餅北海市中。時安丘孫嵩年二十餘，遊市見岐，察非常人，停車呼與共載。岐懼失色，嵩乃下帷，令騎屏行人。密問岐曰：「視子非賣餅者，又相問而色動，不有重怨，卽亡命乎？我北海孫賓石，闔門百口，埶能相濟。」岐素聞嵩名，卽以實告之，遂以俱歸。嵩先入白母曰：「出行，乃得死友。」迎入上堂，饗之極歡。藏岐複壁中數年，岐作戹屯歌二十三章。

〔一〕玹音玄。

〔二〕決錄注：「襲字元嗣。先是杜伯度、崔子玉以工草書稱于前代，襲與羅暉拙書，見蚩於張伯英。英頗自矜高，與朱賜書云『上比崔、杜不足，下方羅、趙有餘』也。

〔三〕決錄注曰：「岐長兄謦，州都官從事，早亡。次兄無忌，字世卿，部河東從事，爲玹所殺。」戩音翦。

後諸唐死滅，因赦乃出。三府聞之，同時並辟。九年，乃應司徒胡廣之命。會南匈奴、烏桓、鮮卑反叛，公卿舉岐，擢拜幷州刺史。岐欲奏守邊之策，未及上，會坐黨事免，因撰次以爲禦寇論。〔一〕

〔一〕決錄注曰：「是時綱維不攝，閹豎專權，岐擬前代連珠之書四十章上之，留中不出。」

靈帝初，復遭黨錮十餘歲。中平元年，四方兵起，詔選故刺史、二千石有文武才用者，徵岐拜議郎。車騎將軍張溫西征關中，請補長史，別屯安定。大將軍何進舉爲敦煌太守，行至襄武，〔一〕岐與新除諸郡太守數人俱爲賊邊章等所執。賊欲脅以爲帥，岐詭辭得免，展轉還長安。〔二〕

〔一〕縣名，屬隴西郡。

〔二〕決錄注曰「岐還至陳倉，復遇亂兵，裸身得免，在草中十二日不食」也。

及獻帝西都，復拜議郎，稍遷太僕。及李傕專政，使太傅馬日磾撫慰天下，以岐爲副。日磾行至洛陽，表別遣岐宣揚國命，所到郡縣，百姓皆喜曰：「今日乃復見使者車騎。」是時袁紹、曹操與公孫瓚爭冀州，紹及操聞岐至，皆自將兵數百里奉迎，岐深陳天子恩德，宜罷兵安人之道，又移書公孫瓚，爲言利害。紹等各引兵去，皆與岐期會洛陽，奉迎車駕。岐南到陳留，得篤疾，經涉二年，期者遂不至。

興平元年，詔書徵岐，會帝當還洛陽，先遣衞將軍董承修理宮室。岐謂承曰：「今海內分崩，唯有荆州境廣地勝，西通巴蜀，南當交阯，年穀獨登，兵人差全。岐雖迫大命，猶志報國家，欲自乘牛車，南說劉表，可使其身自將兵來衞朝廷，與將軍并心同力，共獎王室。此安上救人之策也。」承卽表遣岐使荆州，督租糧。岐至，劉表卽遣兵詣洛陽助修宮室，軍資委輸，前後不絕。時孫嵩亦寓於表，表不爲禮，岐乃稱嵩素行篤烈，因共上爲青州刺史。岐以老病，遂留荆州。

曹操時爲司空，舉以自代。光祿勳桓典、少府孔融上書薦之，於是就拜岐爲太常。年九十餘，建安六年卒。先自爲壽藏，〔一〕圖季札、子產、晏嬰、叔向四像居賓位，又自畫其像居主位，皆爲讚頌。勑其子曰：「我死之日，墓中聚沙爲牀，布簟白衣，散髮其上，覆以單被，卽日便下，下訖便掩。」岐多所述作，著孟子章句、三輔決錄傳於時。〔二〕

〔一〕壽藏謂塚壙也。稱壽者，取其久遠之意也。猶如壽宮、壽器之類。冢在今荆州古郢城中也。

〔二〕決錄序曰：「三輔者，本雍州之地，世世徙公卿吏二千石及高貲，皆以陪諸陵。五方之俗雜會，非一國之風，不但繫於詩秦、豳也。其爲士好高尚義，貴於名行。其俗失則趣埶進權，唯利是視。余以不才，生於西土，耳能聽而聞故老之言，目能視〔而〕見衣冠之疇，心能識而觀其賢愚。常以玄冬，夢黃髮之士，姓玄名明，字子眞，與余寤言，言必有中，善否之間，無所依違，命操筆者書之。近從建武以來，曁于斯今，其人既亡，行乃可書，玉石朱紫，由此定矣，故謂之決錄矣。」

贊曰：吳翁溫愛，義干剛烈。〔一〕延、史字人，風和恩結。梁使顯刑，誣黨潛絕。子幹兼姿，逢掖臨師。〔二〕邪卿出疆，專命朝威。〔三〕

〔一〕謂以義干梁冀爭李固也。

〔二〕禮記孔子曰：「丘少居魯，衣逢掖之衣。」鄭玄注曰：「逢猶大也。爲大掖之衣，此君子有道藝者所衣也。」相承本作縫，義亦通。

〔三〕疆，界也。左傳曰：「大夫出疆，苟利社稷，專之可也。」

校勘記

二〇九九頁七行　常牧豕於長垣澤中　按：集解引惠棟說，謂袁紀作「長羅澤」。水經注云圈稱言長垣縣有羅亭，故長羅縣也，後漢并長垣。有長羅澤，季英牧豕處。

二〇九九頁一三行　裴氏廣〔川〕〔州〕記　據殿本考證改。

二一〇〇頁一行　桂陽甲騎九眞都龐　按：集解引沈欽韓說，謂水經注「甲騎」作「騎田」，「都龐」作「部龍」。又按：汲本「都龐」作「都寵」。

二一〇〇頁一四行　及（祀）〔犯〕軷　據殿本改。按：殿本考證謂「犯」字監本誤「祀」，據周禮大馭文改正。

二一〇〇頁一五行　〔犯〕軷（祀）者　據殿本改。

二一〇〇頁一五行　以〔菩〕芻棘栢爲神主　據刊誤補，與周禮鄭注合。

二一〇一頁六行　觀過斯知人矣　按：殿本「人」作「仁」，疑後人據論語改。錢大昕謂古書仁人二字多通用，然以「人」義爲長。

二一〇一頁七行　安丘男子毋丘長　按：「毋」原譌「母」，逕據殿本改正。

二一〇一頁一〇行　明府雖加哀矝　汲本、殿本「矝」作「矜」。按：段注說文作「矝」，云从矛令聲。

二一〇二頁一行　年二十二　按：殿本作「年三十二」。

二一〇三頁一行　延篤字叔堅　按：集解引汪文臺說，謂御覽四百五十二引謝承書，云「字叔固」。

二一〇三頁一行　旬日能諷之　按：殿本「諷」下有「誦」字。

二一〇三頁七行　嗟乎延生　按：「乎」原作「呼」，逕據汲本、殿本改。

二一〇三頁二行　南平陽故城〔在〕今兗州鄒縣　據汲本、殿本補。

二一〇五頁一行　其爲仁之本與　按：集解引錢大昕說，謂葛本「仁」作「人」，今本論語作「仁」，初學記友悌部、御覽人事部引論語俱作「人」；與有子先言「其爲人也孝弟」，後言「其爲人之本」，首尾相應，亦當以「人」爲長也。

二〇六頁一〇行　坐於客堂　按：集解引沈欽韓說，謂「客」一本作「容」，是也。隱蔽自障者皆謂之容。堂前有屏蔽之設，故曰容堂。

二〇八頁一三行　悉條諸生聚斂姦吏　按：殿本考證謂「生」字疑衍。

二〇九頁一行　桓帝弟渤海王悝　何焯校本改「渤」爲「勃」。按：下文皆作「勃」，故何氏改爲一律。

二一〇頁三行　伍被勸淮南（子）〔王〕謀反誅也　據汲本、殿本改。

二一一頁五行　（奉）〔俸〕音扶用反　據汲本、殿本改，與正文合。

二一一頁八行　生乃說以它事譎㢸　按：刊誤謂案文「說」字當作「詭」，謂詭譎也。

二一一頁一〇行　侯覽大怨　按：殿本「怨」作「怒」。

二一二頁八行　洪字子林　按：殿本「林」作「休」。

二一二頁一四行　似夫儒者　汲本、殿本「儒」作「懦」。按：說文儒，柔也。儒有懦弱義，非譌字。

二一三頁三行　聞活千人者有封〔子〕孫　據殿本補。

二一三頁三行　〔後〕世其興乎　據汲本、殿本補。

二一六頁二行　發起粃謬　按：集解引惠棟說，謂「粃謬」疑「紕繆」之訛。

二一六頁三行　無力供繕〔寫〕上　據汲本、殿本補。

二一一七頁三行　攘服災咎　汲本、殿本「攘」作「禳」。按：攘禳通。

二一一八頁一行　眺者月行速在日前　按：「日」原譌「目」，逕據汲本、殿本改正。

二一一八頁一行　君舒緩則臣（嫶）〔驕〕慢　據汲本、殿本改。

二一一八頁七行　后以王甫程阿所搆　按：「甫」原譌「封」，逕據汲本、殿本改正。

二一一九頁六行　今先害〔之〕　刊誤謂案文少「之」字，不成文理。又集解引惠棟說，謂先賢傳云「今先害之」。今據補。

二一二一頁五行　趙岐字邠卿　按：此傳「岐」字原本皆作「歧」，汲本同。王先謙謂殿本「歧」作「岐」，古書通作，以「岐」爲是。今一律依殿本改爲「岐」。

二一二一頁七行　年三十餘有重疾　按：御覽五百一引「三十餘」作「四十餘」。

二一二五頁一行　目能視〔而〕見衣冠之疇　據汲本補。

二一二五頁一行　常以玄冬夢黃髮之士　集解引惠棟說，謂據御覽三百九十九卷引「玄冬」下有「修夜思而未之得也忽然而寢」十二字，「夢」下有「此」字。今按：御覽「士」作「叟」。

二一二五頁一行　字子眞　按：惠棟謂御覽引「字」下有「曰」字。

二一二五頁二行　言必有中　按：惠棟謂御覽引此下有「予授其人子眞評之析微通理」十二字。

後漢書卷六十五

皇甫張段列傳第五十五

皇甫規字威明，安定朝那人也。祖父棱，度遼將軍。父旗，扶風都尉。

永和六年，西羌大寇三輔，圍安定，征西將軍馬賢將諸郡兵擊之，不能克。規雖在布衣，見賢不卹軍事，審其必敗，乃上書言狀。尋而賢果爲羌所沒。郡將知規有兵略，乃命爲功曹，使率甲士八百，與羌交戰，斬首數級，賊遂退卻。舉規上計掾。其後羌衆大合，攻燒隴西，朝廷患之。規乃上疏求乞自効，曰：「臣比年以來，數陳便宜。羌戎未動，策其將反，馬賢始出，頗知必敗。誤中之言，在可考校。臣每惟賢等擁衆四年，未有成功，懸師之費且百億計，〔一〕出於平人，回入姦吏。〔二〕故江湖之人，羣爲盜賊，青、徐荒飢，襁負流散。夫羌戎潰叛，不由承平，皆由邊將失於綏御。乘常守安，則加侵暴，苟競小利，則致大害，微勝則虛張首級，軍敗則隱匿不言。軍士勞怨，困於猾吏，進不得快戰以徼功，退不得溫飽以全命，餓死溝渠，暴骨中原。徒見王師之出，不聞振旅之聲。〔三〕酋豪泣血，驚懼生變。是以安不能久，敗則經年。臣所以摶手叩心而增歎者也。願假臣兩營二郡，〔四〕屯列坐食之兵五千，出其不意，與護羌校尉趙沖共相首尾。土地山谷，臣所曉習；兵埶巧便，臣已更之。可不煩方寸之印，尺帛之賜，高可以滌患，下可以納降。若謂臣年少官輕，不足用者，凡諸敗將，非官爵之不高，年齒之不邁。〔五〕臣不勝至誠，沒死自陳。」時帝不能用。

〔一〕懸猶停也。

〔二〕平人，齊人也。

〔三〕振，整；旅，衆也。穀梁傳曰「出曰治兵，入曰振旅」也。

〔四〕兩營謂馬賢及趙沖等。二郡，安定、隴西也。

〔五〕邁，往也。

沖質之閒，梁太后臨朝，規舉賢良方正。對策曰：

伏惟孝順皇帝，初勤王政，紀綱四方，幾以獲安。後遭姦僞，威分近習，〔一〕畜貨聚馬，戲謔是聞；又因緣嬖倖，受賂賣爵，輕使賓客，交錯其閒，天下擾擾，從亂如歸。〔二〕故每有征戰，鮮不挫傷，官民並竭，上下窮虛。臣在關西，竊聽風聲，未聞國家有所先後，〔三〕而威福之來，咸歸權倖。陛下體兼乾坤，聰哲純茂。攝政之初，拔用忠貞，其餘維綱，多所改正。遠近翕然，望見太平。而地震之後，霧氣白濁，日月不光，旱魃爲虐，〔四〕大賊從横，流血丹野，庶品不安，譴誡累至，殆以姦臣權重之所致也。其常侍尤無狀者，亟便黜遣，〔五〕披埽凶黨，收入財賄，以塞痛怨，以荅天誡。

〔一〕近習，諸佞倖親近小人也。禮記曰：「雖有貴戚近習。」

〔二〕左傳曰「人患王之無厭也，故從亂如歸」也。

〔三〕先後謂進退也。言國家不安有褒貶進退，而權倖之徒反爲禍福也。

〔四〕詩大雅曰：「旱魃爲虐，如惔如焚。」魃，旱神也。

〔五〕無狀者，謂無善狀。

今大將軍梁冀、河南尹不疑，處周、邵之任，爲社稷之鎮，加與王室世爲姻族，〔一〕今日立號雖尊可也，〔二〕實宜增脩謙節，輔以儒術，省去遊娛不急之務，割減廬第無益之飾。夫君者舟也，人者水也。〔三〕羣臣乘舟者也，將軍兄弟操檝者也。若能平志畢力，以度元元，所謂福也。如其怠弛，將淪波濤。可不慎乎！夫德不稱祿，猶鑿墉之趾，以益其高。豈量力審功安固之道哉？凡諸宿猾、酒徒、戲客，皆耳納邪聲，口出諂言，甘心逸遊，唱造不義。亦宜貶斥，以懲不軌。令冀等深思得賢之福，失人之累。又在位素餐，尚書怠職，有司依違，莫肯糾察，故使陛下專受諂諛之言，不聞戶牖之外。臣誠知阿諛有福，深言近禍，豈敢隱心以避誅責乎！臣生長邊遠，希涉紫庭，怖慴失守，言不盡心。

〔一〕梁商女爲順帝后，后女弟又爲桓帝后。冀即商子，故曰代姻也。

〔二〕可猶宜也。

〔三〕家語孔子曰：「夫君者舟也，人者水也。水可載舟，亦以覆舟。君以此思危，則可知也。」

梁冀忿其刺己，以規爲下第，拜郎中。託疾免歸，州郡承冀旨，幾陷死者再三。遂以詩、易教授，門徒三百餘人，積十四年。後梁冀被誅，旬月之閒，禮命五至，皆不就。

時太山賊叔孫無忌侵亂郡縣，中郎將宗資討之未服。公車特徵規，拜太山太守。規到官，廣設方略，寇賊悉平。延熹四年秋，叛羌零吾等與先零別種寇鈔關中，護羌校尉段熲坐徵。〔一〕後先零諸種陸梁，覆沒營塢。〔二〕規素悉羌事，志自奮効，乃上疏曰：「自臣受任，志竭愚鈍，實賴兗州刺史牽顥之清猛，中郎將宗資之信義，得承節度，幸無咎譽。今猾賊就滅，太山略平，復聞羣羌並皆反逆。臣生長邠岐，年五十有九，昔爲郡吏，再更叛羌，豫籌其事，有誤中之言。臣素有固疾，恐犬馬齒窮，不報大恩，願乞冗官，備單車一介之使，勞來三輔，宣國威澤，以所習地形兵埶，佐助諸軍。臣窮居孤危之中，坐觀郡將，已數十年矣。自鳥鼠至于東岱，其病一也。〔三〕力求猛敵，不如清平；勤明吳、孫，未若奉法。〔四〕前變未遠，臣誠戚之。〔五〕是以越職，盡其區區。」

〔一〕頹擊羌，坐爲涼州刺史郭閎留兵不進下獄。

〔二〕說文曰：「塢，小障也。一曰庳城也。」音烏古反。

〔三〕郡將，郡守也。鳥鼠，山名，在今渭州西，卽先零羌寇鈔處也。東岱謂泰山，叔孫無忌反處也。皆由郡守不加綏撫，致使反叛，其疾同也。

〔四〕吳起，魏將也。孫武，吳將也。言若求猛(敵)〔將〕，不如撫以靑平之政；明習兵書，不如郡守奉法，使之無反也。

〔五〕慼，憂也。前變謂羌反。

至冬，羌遂大合，朝廷爲憂。三公舉規爲中郎將，持節監關西兵，討零吾等，破之，斬首八百級。先零諸種羌慕規威信，相勸降者十餘萬。明年，規因發其騎共討隴右，而道路隔絕，軍中大疫，死者十三四。規親入菴廬，巡視將士，三軍感悅。東羌遂遣使乞降，涼州復通。

先是安定太守孫儁受取狼籍，屬國都尉李翕、督軍御史張禀多殺降羌，涼州刺史郭閎、漢陽太守趙熹並老弱不堪任職，而皆倚恃權貴，不遵法度。規到州界，悉條奏其罪，或免或誅。羌人聞之，翕然反善。沈氐大豪滇昌、飢恬等十餘萬口，復詣規降。

規出身數年，持節爲將，擁衆立功，還督鄉里，既無它私惠，而多所舉奏，又惡絕宦官，不與交通，於是中外並怨，遂共誣規貨賂羣羌，令其文降。〔一〕天子璽書誚讓相屬。規懼不免，上疏自訟曰：「四年之秋，戎醜蠢戾，〔一〕爰自西州，侵及涇陽，〔二〕舊都懼駭，朝廷西顧。明詔不以臣愚駑，急使軍就道。〔四〕幸蒙威靈，遂振國命，羌戎諸種，大小稽首，輒移書營郡，以訪誅納，〔五〕所省之費，一億以上。以爲忠臣之義，不敢告勞，〔六〕故恥以片言自及微效。然比方先事，庶免罪悔。〔七〕前踐州界，先奏郡守孫儁，次及屬國都尉李翕、督軍御史張稟；旋師南征，又上涼州刺史郭閎、漢陽太守趙熹，陳其過惡，執據大辟。凡此五臣，支黨半國，其餘墨綬，下至小吏，所連及者，復有百餘。吏託報將之怨，子思復父之恥，載贄馳車，懷糧步走，交搆豪門，競流謗讟，云臣私報諸羌，謝其錢貨。〔八〕若臣以私財，則家無擔石；如物出於官，則文簿易考。就臣愚惑，信如言者，前世尚遺匈奴以宮姬，〔九〕鎮烏孫以公主。〔一〇〕今臣但費千萬，以懷叛羌。則良臣之才略，兵家之所貴，將有何罪，負義違理乎？自永初以來，將出不少，覆軍有五，動資巨億。有旋車完封，寫之權門，〔一一〕而名成功立，厚加爵封。今臣還督本土，糺舉諸郡，絕交離親，戮辱舊故，衆謗陰害，固其宜也。臣雖汙穢，廉絜無聞，今見覆沒，恥痛實深。傳稱『鹿死不擇音』，謹冒昧略上。」〔一二〕

〔一〕蠢，動也。戾，乖也。

〔二〕以文簿虛降，非眞心也。

〔三〕縣名，屬安定郡，其故城在今原州平源縣南也。

〔四〕就猶上也。

〔五〕訪，問也。規言羌種既服，臣即移書軍營及郡，勘問誅殺幷納受多少之數目也。

〔六〕詩小雅曰：「密勿從事，不敢告勞。無罪無辜，讒口嗸嗸。」

〔七〕先事謂前輩敗將也。

〔八〕謝猶讎也。

〔九〕元帝賜呼韓邪單于待詔掖庭王嬙爲閼氏也。

〔一〇〕武帝以江都王建女細君妻烏孫王昆莫爲夫人也。

〔一一〕言覆軍之將，旋師之日，多載珍寶，封印完全，便入權門。

〔一二〕左傳曰「鹿死不擇音，挺而走險，急何能擇」也。

其年冬，徵還拜議郎。論功當封。而中常侍徐璜、左悺欲從求貨，數遣賓客就問功狀，規終不荅。璜等忿怒，陷以前事，下之於吏。官屬欲賦斂請謝，規誓而不聽，遂以餘寇不絕，坐繫廷尉，論輸左校。〔一〕諸公及太學生張鳳等三百餘人詣闕訟之。會赦，歸家。

〔一〕漢官儀曰，左校署屬將作大匠也。

徵拜度遼將軍，至營數月，上書薦中郎將張奐以自代。曰：「臣聞人無常俗，而政有治亂；兵無強弱，而將有能否。伏見中郎將張奐，才略兼優，宜正元帥，以從衆望。若猶謂愚臣宜充軍事者，願乞冗官，以爲奐副。」朝庭從之，以奐代爲度遼將軍，規爲使匈奴中郎將。

及奐遷大司農，規復代爲度遼將軍。

規爲人多意筭，自以連在大位，欲退身避第，數上病，不見聽。會友人上郡太守王旻喪還，規縞素越界，到下亭迎之。因令客密告并州刺史胡芳，言規擅遠軍營，公違禁憲，當急舉奏。芳曰：「威明欲避第仕塗，故激發我耳。〔一〕吾當爲朝廷愛才，何能申此子計邪！」遂無所問。及黨事大起，天下名賢多見染逮，規雖爲名將，素譽不高。自以西州豪桀，恥不得豫，乃先自上言：「臣前薦故大司農張奐，是附黨也。又臣昔論輸左校時，太學生張鳳等上書訟臣，是爲黨人所附也。臣宜坐之。」朝廷知而不問，時人以爲規賢。

〔一〕言欲歸第避仕宦之塗也。

在事數歲，北邊威服。永康元年，徵爲尚書。其夏日食，詔公卿舉賢良方正，下問得失。規對曰：「天之於王者，如君之於臣，父之於子也。誡以災妖，使從福祥。陛下八年之中，三斷大獄，〔一〕一除內嬖，〔二〕再誅外臣。〔三〕而災異猶見，人情未安者，殆賢愚進退，威刑所加，有非其理也。前太尉陳蕃、劉矩，〔四〕忠謀高世，廢在里巷；劉祐、馮緄、〔五〕趙典、尹勳，正直多怨，流放家門；李膺、王暢、孔翊，絜身守禮，終無宰相之階。至於鉤黨之釁，事起無端，〔六〕虐賢傷善，哀及無辜。今興改善政，易於覆手，而羣臣杜口，鑒畏前害，互相瞻顧，莫肯正言。伏願陛下暫留聖明，容受謇直，則前責可弭，後福必降。」對奏，不省。

〔一〕謂誅梁冀，誅鄧萬、鄧會，誅李膺等黨事也。

〔二〕無德而寵曰嬖，謂廢鄧皇后也。

〔三〕殺桂陽太守任胤，殺南陽太守成瑨、太原太守劉質等也。

〔四〕漢官儀曰：「矩字叔方。」

〔五〕古本反。

〔六〕鉤，引也。謂李膺等事也。

遷規弘農太守，封壽成亭侯，邑二百戶，讓封不受。再轉爲護羌校尉。熹平三年，以疾召還，未至，卒于穀城，年七十一。所著賦、銘、碑、讚、禱文、弔、章表、教令、書、檄、牋記，凡二十七篇。

論曰：孔子稱「其言之不怍，則其爲之也難」。〔一〕察皇甫規之言，其心不怍哉！夫其審己則干祿，見賢則委位，故干祿不爲貪，而委位不求讓；稱己不疑伐，而讓人無懼情。故能功成於戎狄，身全於邦家也。

〔一〕怍，慙也。

張奐字然明，敦煌(酒)〔淵〕泉人也。〔一〕父惇，爲漢陽太守。奐少遊三輔，師事太尉朱寵，學歐陽尚書。初，牟氏章句浮辭繁多，〔二〕有四十五萬餘言，奐減爲九萬言。後辟大將軍梁冀府，乃上書桓帝，奏其章句，詔下東觀。以疾去官，復舉賢良，對策第一，擢拜議郎。

〔一〕(酒)〔淵〕泉，縣名，地多泉水，故城在今(陽)〔瓜〕州晉昌縣東北也。

〔二〕時牟卿受書於張堪，爲博士，故有牟氏章句。

永壽元年，遷安定屬國都尉。初到職，而南匈奴左薁鞬臺耆、且渠伯德等七千餘人寇美稷，東羌復舉種應之，而奐壁唯有二百許人，聞卽勒兵而出。軍吏以爲力不敵，叩頭爭止之。奐不聽，遂進屯長城，收集兵士，遣將王衞招誘東羌，因據龜茲，〔一〕使南匈奴不得交通東羌。諸豪遂相率與奐和親，共擊薁鞬等，連戰破之。伯德惶恐，將其衆降，郡界以寧。

〔一〕龜茲音丘慈，縣名，屬上郡。前書音義曰「龜茲國人來降之，因以名縣」也。

羌豪帥感奐恩德，上馬二十匹，先零酋長又遺金鐻八枚。奐並受之，〔一〕而召主簿於諸羌前，以酒酹地曰：〔二〕「使馬如羊，不以入廄；使金如粟，不以入懷。」悉以金馬還之。〔三〕羌性貪而貴吏清，前有八都尉率好財貨，爲所患苦，及奐正身絜己，威化大行。

〔一〕郭璞注山海經云：「鐻音渠，金(食)〔銀〕器名。」未詳形制也。

〔二〕以酒沃地謂之酹。音力外反。

〔三〕如羊如粟，喻多也。

遷使匈奴中郎將。時休屠各〔一〕及朔方烏桓並同反叛，燒度遼將軍門，〔二〕引屯赤阬，烟火相望。兵衆大恐，各欲亡去。奐安坐帷中，與弟子講誦自若，軍士稍安。乃潛誘烏桓陰與和通，遂使斬屠各渠帥，襲破其衆。諸胡悉降。

〔一〕屠音直於反。

〔二〕時度遼將軍屯五原。

延熹元年，鮮卑寇邊，奐率南單于擊之，斬首數百級。

明年，梁冀被誅，奐以故吏免官禁錮。奐與皇甫規友善，奐既被錮，凡諸交舊莫敢爲言，唯規薦舉前後七上。在家四歲，復拜武威太守。平均徭賦，率厲散敗，常爲諸郡最，河西由是而全。其俗多妖忌，凡二月、五月產子及與父母同月生者，悉殺之。奐示以義方，嚴加賞罰，風俗遂改，百姓生爲立祠。舉尤異，遷度遼將軍。數載閒，幽、并清靜。

九年春，徵拜大司農。鮮卑聞奐去，其夏，遂招結南匈奴、烏桓數道入塞，或五六千騎，或三四千騎，寇掠緣邊九郡，殺略百姓。秋，鮮卑復率八九千騎入塞，誘引東羌與共盟詛。於是上郡沈氏、安定先零諸種共寇武威、張掖，緣邊大被其毒。朝廷以爲憂，復拜奐爲護匈奴中郎將，以九卿秩督幽、并、涼三州及度遼、烏桓二營，〔一〕兼察刺史、二千石能否，賞賜甚厚。匈奴、烏桓聞奐至，因相率還降，凡二十萬口。奐但誅其首惡，餘皆慰納之。唯鮮卑出塞去。

〔一〕明帝永平八年，初置度遼將軍，屯五原郡曼栢縣，漢官儀曰「烏丸校尉屯上谷郡甯縣」，故曰二營。

永康元年春，東羌、先零五六千騎寇關中，圍祋祤，掠雲陽。夏，復攻沒兩營，殺千餘人。冬，羌岸尾、摩蟞等〔一〕脅同種復鈔三輔。奐遣司馬尹端、董卓並擊，大破之，斬其酋豪，首虜萬餘人，三州清定。論功當封，奐不事宦官，故賞遂不行，唯賜錢二十萬，除家一人爲郞。並辭不受，而願徙屬弘農華陰。舊制邊人不得內移，唯奐因功特聽，故始爲弘農人焉。

〔一〕蟞音必薛反。

建寧元年，振旅而還。時竇太后臨朝，大將軍竇武與太傅陳蕃謀誅宦官，事泄，中常侍曹節等於中作亂，以奐新徵，不知本謀，矯制使奐與少府周靖率五營士圍武。武自殺，蕃因見害。奐遷少府，又拜大司農，以功封侯。奐深病爲節所賣，上書固讓，封還印綬，卒不肯當。

明年夏，青蛇見於御坐軒前，〔一〕又大風雨雹，霹靂拔樹，詔使百僚各言災應。奐上疏曰：「臣聞風爲號令，動物通氣。〔二〕木生於火，相須乃明。蛇能屈申，配龍騰蟄。〔三〕順至爲休徵，逆來爲殃咎。陰氣專用，則凝精爲雹。故大將軍竇武、太傅陳蕃，或志寧社稷，或方直不回，前以讒勝，並伏誅戮，海內默默，人懷震憤。昔周公葬不如禮，天乃動威。〔四〕今武、蕃忠貞，未被明宥，妖眚之來，皆爲此也。宜急爲改葬，徙還家屬。其從坐禁錮，一切蠲除。又皇太后雖居南宮，而恩禮不接，朝臣莫言，遠近失望。宜思大義顧復之報。」〔五〕天子深納奐言，以問諸黃門常侍，左右皆惡之，帝不得自從。

〔一〕軒，殿檻闌板也。

〔二〕翼氏風角曰：「凡風者天之號令，所以譴告人君者也。」

〔三〕易曰「龍蛇之蟄，以存身也」。愼子曰「騰蛇游霧，飛龍乘雲，雲罷霧散，與蚯蚓同」也。

〔四〕尚書大傳：「周公薨，成王欲葬之於成周，天乃雷雨以風，禾卽盡偃，大木斯拔，國人大恐。王葬周公於畢，示不敢臣也。」

〔五〕顧，旋視也。復，反覆也。小雅曰：「父兮生我，母兮鞠我，顧我復我，出入腹我。」

轉奐太常，與尚書劉猛、刁韙、衞良同薦王暢、李膺可參三公之選，而曹節等彌疾其言，遂下詔切責之。奐等皆自囚廷尉，數日乃得出，並以三月俸贖罪。司隸校尉王寓，出於宦官，欲借寵公卿，以求薦舉，百僚畏憚，莫不許諾，唯奐獨拒之。寓怒，因此遂陷以黨罪，禁錮歸田里。

奐前爲度遼將軍，與段熲爭擊羌，不相平。及熲爲司隸校尉，欲逐奐歸敦煌，將害之。

奐憂懼，奏記謝潁曰：「小人不明，得過州將，千里委命，以情相歸。〔一〕足下仁篤，照其辛苦，使人未反，復獲郵書。恩詔分明，前以寫白，而州期切促，郡縣惶懼，屏營延企，側待歸命。父母朽骨，孤魂相託，若蒙矜憐，壹惠咳唾，則澤流黄泉，施及冥寞，非奐生死所能報塞。夫無毛髮之勞，而欲求人丘山之用，此淳于髡所以拍髀仰天而笑者也。〔二〕誠知言必見譏，然猶未能無望。何者？朽骨無益於人，而文王葬之；〔三〕死馬無所復用，而燕昭寶之。〔四〕黨同文、昭之德，豈不大哉！〔五〕凡人之情，冤則呼天，窮則叩心。今呼天不聞，叩心無益，誠自傷痛。俱生聖世，獨爲匪人。〔六〕孤微之人，無所告訴。如不哀憐，便爲魚肉。〔七〕企心東望，無所復言。」潁雖剛猛，省書哀之，卒不忍也。時禁錮者多不能守靜，或死或徙。奐閉門不出，養徒千人，著尚書記難三十餘萬言。

〔一〕漢官儀曰：「司隸州部河南雒陽，管三輔、三河、弘農七郡。」所以奐屈於潁，稱曰「州將」焉。

〔二〕拍音片百反。髀音步弟反。史記，楚發兵伐齊，齊威王使淳于髡齎百金，車馬十駟，之趙請救。髡仰天大笑，冠纓索絕。王曰：「先生少之乎？」髡曰：「今者臣從東方來，見道傍有禳田者，操一豚蹏，酒一盂，而祝曰：『甌窶滿篝，汙邪滿車，五穀蕃熟，穰穰滿家。』臣見其所持者狹，所求者奢，故笑。」於是王乃益以黄金千鎰、白璧十雙、車馬百駟也。

〔三〕新序曰：「文王作靈臺，掘得死人骨，吏以聞。文王曰：『葬之。』吏曰：『此無主矣。』文王曰：『有天下者、天下之主也；有一國者，一國之主也。寡人固其主焉。』令吏以棺葬之。天下聞之，曰：『文王賢矣，澤及朽骨，又況人乎。』」

〔四〕新序曰：「燕昭王即位，卑身求賢。謂郭隗曰：『齊因孤國之亂而襲燕，然得賢士與共國，以雪先王之醜，孤之願也。先生視可者，得身事之。』隗曰：『臣聞古之人君，有以千金求千里馬者，三年不得，涓人言於君請求之，君遣焉。三月，得千里馬，馬已死，乃以五百金買其首以報。君大怒曰：「所求者生馬，安市死馬而捐五百金乎？」對曰：「死馬且市之，況生馬乎？天下必以王爲能市馬，馬今至矣。」不出朞年，千里馬至者二。今王誠欲必致士，從隗始。隗且見事，況賢於隗者乎？』於是王爲隗築宮而師之。樂毅自魏往，鄒衍自齊往，劇辛自趙往，士爭歸燕焉。」

〔五〕黨音佗朗反。

〔六〕詩小雅曰「哀我征夫，獨爲匪人」也。

〔七〕言將爲人所吞噬也。

奐少立志節，嘗與士友言曰：「大丈夫處世，當爲國家立功邊境。」及爲將帥，果有勳名。董卓慕之，使其兄遺縑百匹。奐惡卓爲人，絕而不受。光和四年卒，年七十八。遺命曰：「吾前後仕進，十要銀艾，〔一〕不能和光同塵，爲讒邪所忌。〔二〕通塞命也，始終常也。但地底冥冥，長無曉期，而復纏以纊緜，牢以釘密，爲不喜耳。幸有前窀，朝殞夕下，措屍靈牀，幅巾而已。奢非晉文，〔三〕儉非王孫，〔四〕推情從意，庶無咎吝。」諸子從之。武威多爲立祠，世世不絕。所著銘、頌、書、教、誡述、志、對策、章表二十四篇。

〔一〕銀印綠綬也，以艾草染之，故曰艾也。

〔二〕老子曰「和其光，同其塵」也。

〔三〕陸翽鄴中記曰：「永嘉末，發齊桓公墓，得水銀池金蠶數十箔，珠襦、玉匣、繒綵不可勝數。」左傳曰：「晉文公朝王，請隧。王不許，曰：『王章也，未有代德而有二王，亦叔父之所惡也。』」晉文既臣，請用王禮，是其奢也。

〔四〕武帝時，楊王孫死，誡其子爲布囊盛屍，入地七尺，脫去其囊，以身親土。

長子芝，字伯英，最知名。〔一〕芝及弟昶，字文舒，並善草書，至今稱傳之。

〔一〕王愔文志曰：「芝少持高操，以名臣子勤學，文爲儒宗，武爲將表。太尉辟，公車有道徵，皆不至，號張有道。尤好草書，學崔、杜之法，家之衣帛，必書而後練。臨池學書，水爲之黑。下筆則爲楷則，號怱怱不暇草書，爲世所寶，寸紙不遺，韋仲將謂之『草聖』也。」

初，奐爲武威太守，其妻懷孕，夢帶奐印綬登樓而歌。訊之占者，曰：「必將生男，復臨茲邦，命終此樓。」既而生子猛，以建安中爲武威太守，殺刺史邯鄲商，州兵圍之急，猛恥見擒，乃登樓自燒而死，卒如占云。

論曰：自鄛鄉之封，中官世盛，〔一〕暴恣數十年閒，四海之內，莫不切齒憤盈，願投兵於其族。陳蕃、竇武奮義草謀，徵會天下，名士有識所共聞也，而張奐見欺豎子，揚戈以斷忠

烈。〔二〕雖恨毒在心，辭爵謝咎。詩云：「啜其泣矣，何嗟及矣！」〔三〕

〔一〕宦者鄭衆封鄛鄉侯也。

〔二〕與被曹節等矯制，使率五營士圍殺陳蕃、竇武等。

〔三〕詩國風也。啜，泣貌也，音知劣反。

段熲字紀明，武威姑臧人也。其先出鄭共叔段，西域都護會宗之從曾孫也。〔一〕熲少便習弓馬，尚遊俠，輕財賄，長乃折節好古學。初舉孝廉，爲憲陵園丞、陽陵令，〔二〕所在〔有〕能政。

〔一〕〔會〕宗字子松，天水上邽人，元帝時爲西域都護。死，城郭諸國爲發喪立祠。

〔二〕憲陵，順帝陵；陽陵，景帝陵。漢官儀曰「丞秩三百石，令秩六百石」也。

遷遼東屬國都尉。時鮮卑犯塞，熲卽率所領馳赴之。既而恐賊驚去，乃使驛騎詐齎璽書詔熲，熲於道僞退，潛於還路設伏。虜以爲信然，乃入追熲。熲因大縱兵，悉斬獲之。坐詐璽書伏重刑，以有功論司寇。刑竟，徵拜議郎。

時太山、琅邪賊東郭竇、公孫舉等聚衆三萬人，破壞郡縣，遣兵討之，連年不克。永壽二年，桓帝詔公卿選將有文武者，司徒尹（訟）〔頌〕薦熲，〔一〕乃拜爲中郎將。擊寶、舉等，大破斬之，獲首萬餘級，餘黨降散。封熲爲列侯，賜錢五十萬，除一子爲郎中。

〔一〕漢官儀曰：「（訟）〔頌〕字公孫，鞏人也。」

延熹二年，遷護羌校尉。會燒當、燒何、當煎、勒姐等八種羌〔一〕寇隴西、金城塞，熲將兵及湟中義從羌萬二千騎出湟谷，擊破之。追討南度河，使軍吏田晏、夏育募先登，懸索相引，復戰於羅亭，大破之，斬其酋豪以下二千級，獲生口萬餘人，虜皆奔走。

〔一〕姐音紫且反。

明年春，餘羌復與燒何大豪寇張掖，攻沒鉅鹿塢，殺屬國吏民，又招同種千餘落，并兵晨奔熲軍。熲下馬大戰，至日中，刀折矢盡，虜亦引退。熲追之，且鬬且行，晝夜相攻，割肉食雪，四十餘日，遂至河首積石山，出塞二千餘里，斬燒何大帥，首虜五千餘人。又分兵擊石城羌，斬首溺死者千六百人。燒當種九十餘口詣熲降。又雜種羌屯聚白石，〔一〕熲復進擊，首虜三千餘人。冬，勒姐、零吾種圍允街，〔二〕殺略吏民，熲排營救之，斬獲數百人。

〔一〕白石，山，在今蘭州狄道縣東。
〔二〕允音鈆。街音階。

四年冬，上郡沈氏、隴西牢姐、烏吾諸種羌共寇并涼二州，熲將湟中義從討之。涼州刺史郭閎貪共其功，稽固熲軍，使不得進。〔一〕義從役久，戀鄉舊，皆悉反叛。郭閎歸罪於熲，熲坐徵下獄，輸作左校。羌遂陸梁，覆沒營塢，轉相招結，唐突諸郡，於是吏人守闕訟熲以千數。朝廷知熲爲郭閎所誣，詔問其狀。熲但謝罪，不敢言枉，京師稱爲長者。起於徒中，復拜議郎，遷并州刺史。

〔一〕稽固猶停留也。

時滇那等諸種羌五六千人寇武威、張掖、酒泉，燒人廬舍。六年，寇埶轉盛，涼州幾亡。冬，復以熲爲護羌校尉，乘驛之職。明年春，羌封僇、良多、滇那等〔一〕酋豪三百五十五人率三千落詣熲降。當煎、勒姐種猶自屯結。冬，熲將萬餘人擊破之，斬其酋豪，首虜四千餘人。

〔一〕僇音良逐反，又力救反。

八年春，熲復擊勒姐種，斬首四百餘級，降者二千餘人。夏，進軍擊當煎種於湟中，熲兵敗，被圍三日，用隱士樊志張策，潛師夜出，鳴鼓還戰，大破之，首虜數千人。熲遂窮追，展轉山谷閒，自春及秋，無日不戰，虜遂飢困敗散，北略武威閒。

熲凡破西羌，斬首二萬三千級，獲生口數萬人，馬牛羊八百萬頭，降者萬餘落。封熲都鄉侯，邑五百戶。

永康元年，當煎諸種復反，合四千餘人，欲攻武威，熲復追擊於鸞鳥，大破之，〔一〕殺其渠帥，斬首三千餘級，西羌於此弭定。

〔一〕鳥音爵，縣名，屬武威郡，故城在今涼州昌松縣北也。

而東羌先零等，自覆沒征西將軍馬賢後，朝廷不能討，遂數寇擾三輔。其後度遼將軍皇甫規、中郎將張奐招之連年，既降又叛。桓帝詔問熲曰：「先零東羌造惡反逆，而皇甫規、張奐各擁強衆，不時輯定。欲熲移兵東討，未識其宜，可參思術略。」熲因上言曰：「臣伏見先零東羌雖數叛逆，而降於皇甫規者，已二萬許落，善惡既分，餘寇無幾。今張奐躊躇久不進者，當慮外離內合，兵往必驚。且自冬踐春，屯結不散，人畜疲羸，自亡之埶，徒更招降，坐制強敵耳。臣以爲狼子野心，難以恩納，〔二〕埶窮雖服，兵去復動。唯當長矛挾脅，白刃加頸耳。計東種所餘三萬餘落，居近塞內，路無險折，非有燕、齊、秦、趙從橫之埶，而久亂幷、涼，累侵三輔，西河、上郡，已各內徙，安定、北地，復至單危，自雲中、五原，西至漢陽二千餘里，匈奴、種羌，並擅其地，是爲癰疽伏疾，留滯脅下，如不加誅，轉就滋大。今若以騎五千，步萬人，車三千兩，三冬二夏，足以破定，無慮用費爲錢五十四億。〔三〕如此，則可令羣羌破盡，匈奴長服，內徙郡縣，得反本土。伏計永初中，諸羌反叛，十有四年，用二百四十億；永和之末，復經七年，用八十餘億。費耗若此，猶不誅盡，餘孽復起，于茲作害。今不暫疲人，則永寧無期。臣庶竭駑劣，伏待節度。」帝許之，悉聽如所上。

〔一〕左傳晉叔向母曰「狼子野心」也。

〔二〕無慮，都凡也。

建寧元年春，熲將兵萬餘人，齎十五日糧，從彭陽直指高平，〔一〕與先零諸種戰於逢義山。虜兵盛，熲衆恐。熲乃令軍中張鏃利刃，長矛三重，挾以強弩，列輕騎爲左右翼。激怒兵將曰：「今去家數千里，進則事成，走必盡死，努力共功名！」因大呼，衆皆應聲騰赴，熲馳騎於傍，突而擊之，虜衆大潰，斬首八千餘級，獲牛馬羊二十八萬頭。

〔一〕彭陽、高平，並縣名，屬安定郡。彭陽縣即今原州彭原縣也。高平縣今原州也。

時竇太后臨朝，下詔曰：「先零東羌歷載爲患，熲前陳狀，欲必埽滅。涉履霜雪，兼行晨夜，身當矢石，感厲吏士。曾未浹日，凶醜奔破，〔一〕連尸積俘，掠獲無筭。洗雪百年之逋負，以慰忠將之亡魂。〔二〕功用顯著，朕甚嘉之。須東羌盡定，當幷錄功勤。今且賜熲錢二十萬，以家一人爲郎中。」勑中藏府調金錢綵物，增助軍費。拜熲破羌將軍。

〔一〕浹，帀也。浹音子牒反。謂帀十二辰也。

〔二〕東觀記曰，太后詔云「此以慰种光、馬賢等亡魂」也。

夏，熲復追羌出橋門，至走馬水上。〔一〕尋聞虜在奢延澤，〔二〕乃將輕兵兼行，一日一夜二百餘里，晨及賊，擊破之。餘虜走向落川，復相屯結。熲乃分遣騎司馬田晏將五千人出其東，假司馬夏育將二千人繞其西。羌分六七千人攻圍晏等，晏等與戰，羌潰走。熲急進，與晏等共追之於令鮮水上。〔三〕熲士卒飢渴，乃勒衆推方奪其水，〔四〕虜復散走。熲遂與相連綴，且鬬且引，及於靈武谷。〔五〕熲乃被甲先登，士卒無敢後者。羌遂大敗，弃兵而走。追之三日三夜，士皆重繭。〔六〕既到涇陽，〔七〕餘寇四千落，悉散入漢陽山谷閒。

〔一〕東觀記段熲（曰）傳〔曰〕「出橋門谷」也。

〔二〕即上郡奢延縣界也。

〔三〕令鮮，水名，在今甘州張掖縣界。一名合黎水，一名羌谷水也。

〔四〕推方謂方頭競進也。

〔五〕靈武，縣名，有谷，在今靈州懷遠縣西北。

〔六〕繭，足下傷起形如繭也。淮南子曰「申包胥會繭重胝」也。

〔七〕縣名，屬安定郡。

時張奐上言：「東羌雖破，餘種難盡，熲性輕果，慮負敗難常。宜且以恩降，可無後悔。」詔書下熲。熲復上言：「臣本知東羌雖衆，而輭弱易制，所以比陳愚慮，思爲永寧之筭。而中郎將張奐，說虜強難破，宜用招降。聖朝明監，信納瞽言，故臣謀得行，奐計不用。事埶相反，遂懷猜恨。信叛羌之訴，飾潤辭意，云臣兵累見折衄，〔一〕又言羌一氣所生，不可誅盡，〔二〕山谷廣大，不可空靜，血流汙野，傷和致災。臣伏念周秦之際，戎狄爲害，中興以來，羌寇最盛，誅之不盡，雖降復叛。今先零雜種，累以反覆，攻沒縣邑，剽略人物，發冢露尸，禍及生死，上天震怒，假手行誅。〔三〕昔邢爲無道，衞國伐之，師興而雨。〔四〕臣動兵涉夏，連獲甘澍，歲時豐稔，人無疵疫。上占天心，不爲災傷；〔五〕下察人事，衆和師克。〔六〕自橋門以西，落川以東，故(宮)〔官〕縣邑，更相通屬，非爲深險絕域之地，車騎安行，無應折衄。案奐爲漢吏，身當武職，駐軍二年，不能平寇，虛欲修文戢戈，招降獷敵，〔七〕誕辭空說，僭而無徵。何以言之？昔先零作寇，趙充國徙令居內，〔八〕煎當亂邊，馬援遷之三輔，〔九〕始服終叛，至今爲鯁。〔一〇〕故遠識之士，以爲深憂。今傍郡戶口單少，數爲羌所創毒，而欲令降徒與之雜居，是猶種枳棘於良田，養虺蛇於室內也。故臣奉大漢之威，建長久之策，欲絕其本根，不使能殖。〔一一〕本規三歲之費，用五十四億，今適朞年，所耗未半，而餘寇殘燼，將向殄滅。〔一二〕臣每奉詔書，軍不內御，〔一三〕願卒斯言，一以任臣，臨時量宜，不失權便。」

〔一〕傷敗曰衄，音女六反。

〔二〕言羌亦稟天之一氣所生，誅之不可盡也。

〔三〕假，借也。尚書曰「皇天降災，假手于我有命」也。

〔四〕左傳曰「衞大旱，卜有事於山川，不吉。甯莊子曰：『昔周飢，克殷而年豐。今邢方無道，天欲衞伐邢乎？』從之，師興而雨」也。

〔五〕占，候也。

〔六〕克，勝也。左傳曰「師克在和不在衆」也。

〔七〕獷，惡皃也，音谷猛反。

〔八〕宣帝時，充國擊西羌，徙之於金城郡也。

〔九〕遷置天水、隴西、扶風，見西羌傳也。

〔一〇〕「鯁」與「梗」同。梗，病也。大雅云：「至今爲梗。」

〔一一〕殖，生也。左傳曰：「爲國家者，見惡如農夫之務去草焉，絕其本根，勿使能殖。」

〔一二〕杜預注左傳曰：「燼，火餘木也。」

〔一三〕御，制御也。淮南子曰「國不可從外理，軍不可從中御」也。

二年，詔遣謁者馮禪說降漢陽散羌。頻以春農，百姓布野，羌雖暫降，而縣官無廩，必當復爲盜賊，不如乘虛放兵，埶必殄滅。夏，頻自進營，去羌所屯凡亭山四五十里，遣田晏、夏育將五千人據其山上。羌悉衆攻之，厲聲問曰：「田晏、夏育在此不？湟中義從羌悉在何面？今日欲決死生。」軍中恐，晏等勸激兵士，殊死大戰，遂破之。羌衆潰，東奔，復聚射虎谷，分兵守諸谷上下門。頻規一舉滅之，不欲復令散走，乃遣千人於西縣結木爲柵，廣二十步，長四十里，遮之。〔一〕分遣晏、育等將七千人，銜枚夜上西山，結營穿塹，去虜一里許。又遣司馬張愷等將三千人上東山。虜乃覺之，遂攻晏等，分遮汲水道。熲自率步騎進擊水上，羌却走，因與愷等挾東西山，縱兵擊破之，羌復敗散。熲追至谷上下門窮山深谷之中，處處破之，斬其渠帥以下萬九千級，獲牛馬驢騾氈裘廬帳什物，不可勝數。馮禪等所招降四千人，分置安定、漢陽、隴西三郡，於是東羌悉平。

〔一〕西縣屬天水郡，故城在今秦州上邽縣西南也。

凡百八十戰，斬三萬八千六百餘級，獲牛馬羊騾驢駱駝四十二萬七千五百餘頭，費用四十四億，軍士死者四百餘人。更封新豐縣侯，邑萬戶。熲行軍仁愛，士卒疾病者，親自瞻省，手爲裹創。在邊十餘年，未嘗一日蓐寢。〔一〕與將士同苦，故皆樂爲死戰。

〔一〕郭璞曰：「蓐，席也。」言身不自安。

三年春，徵還京師，將秦胡步騎五萬餘人，及汗血千里馬，生口萬餘人。詔遣大鴻臚持節慰勞於鎬。〔一〕軍至，拜侍中。轉執金吾河南尹。有盜發馮貴人冢，坐左轉諫議大夫，再遷司隸校尉。

〔一〕鎬，水名，在今長安縣西。

熲曲意宦官，故得保其富貴，遂黨中常侍王甫，枉誅中常侍鄭颯、董騰等，增封四千戶，幷前萬四千戶。

明年，代李咸爲太尉，其冬病罷，復爲司隸校尉。數歲，轉潁川太守，徵拜太中大夫。光和二年，復代橋玄爲太尉。在位月餘，會日食自劾，有司舉奏，詔收印綬，詣廷尉。時司隸校尉陽球奏誅王甫，幷及潁，就獄中詰責之，遂飲鴆死，家屬徙邊。後中常侍呂強上疏，追訟潁功，靈帝詔潁妻子還本郡。

初，潁與皇甫威明、張然明，並知名顯達，京師稱爲「涼州三明」云。

贊曰：山西多猛，「三明」儷蹤。〔一〕戎騑糾結，塵斥河、潼。〔二〕規、奐審策，亟遏囂凶。文會志比，更相爲容。段追兩狄，束馬縣鋒。紛紜騰突，谷靜山空。

〔一〕儷，偶也。前書班固曰：「秦漢以來，山東出相，山西出將。」若白起、王翦、李廣、辛慶忌之流，皆山西人也。

〔二〕潼，谷名。谷有水，曰潼水，即潼關。

校勘記

二一三九頁七行　規乃上疏求乞自劾　按：殿本無「乞」字，王先謙謂無「乞」字是。

二一三二頁一行　流血丹野　殿本「丹」作「川」，校補引錢大昭說，謂閩本作「川」。按：集解引周壽昌說，謂丹野猶赤地也，本書公孫瓚傳有「流血丹水」語，與此同，作「丹」爲是。

二二三一頁五行　言國家不妄有褒貶進退　校補謂案文「妄」當作「聞」。

二二三一頁八行　護羌校尉段熲坐徵　按「段」字原皆譌「叚」，逕改正，後如此不悉出校記。

二二三二頁一行　臣生長邠岐　按：「岐」原譌「歧」，逕據汲本、殿本改正。

二二三三頁五行　若求猛（敵）〔將〕　據汲本、殿本改。

二二三三頁一三行　沈氏大豪滇昌飢恬等十餘萬口　按：集解引惠棟說，謂袁紀作「二十餘萬口」。

二二三四頁二行　急使軍就道　按：刊誤謂「軍」上少一字，或「督」或「領」也。

二二三五頁一五行　才略兼優　按：「兼」原譌「廉」，逕據汲本、殿本改正。

二二三六頁二行　欲退身避第　按：集解引錢大昕說，謂「第」當作「弟」，避弟謂己避位而弟得辟召也，此事見風俗通過譽篇，下文「避第仕途」亦「弟」字之譌。

二二三六頁五行　及黨事大起至時人以爲規賢　按：校補謂此文九十一字當在「讓封不受」下。以所敍乃張奐已坐黨禁錮歸田里後事，故稱奐爲故大司農。據奐傳，奐之被禁錮，先因災應上疏追訟竇武、陳蕃，及言皇太后恩禮不接，觸宦官忌，事已在靈帝建寧二年四月矣，不應反列於桓帝永康元年前也。

二二三六頁七行　時人以爲規賢　按：刊誤謂案文當作「以規爲賢」。

二二三七頁一行　誅鄧萬　按：校補謂鄧萬卽鄧萬世，章懷避唐諱，省去一「世」字。

二二三八頁一行　敦煌(酒)〔淵〕泉人也　按：集解引錢大昕說，謂酒泉郡名，非縣名，當作「淵泉」。漢志敦煌郡有淵泉縣，晉志作「深泉」，蓋避唐諱。章懷本亦當作「深」，後人妄改爲「酒」耳。胡注通鑑云奐敦煌淵泉人，胡所見本尚未譌也。今據改。注同。

二二三八頁四行　(陽)〔瓜〕州晉昌縣　汲本、殿本「陽」作「永」。按：刊誤謂「永」當作「瓜」。集解引錢大昕說，謂閩本「永」作「陽」，攷唐書地理志，晉昌縣屬瓜州，永陽二字俱誤。今據改。

二二三八頁五行　時牟卿受書於張堪　按：集解引洪亮吉說，謂「張」字應作「周」字。

二二三八頁一四行　金(食)〔銀〕器名　集解引洪頤煊說，謂中山經郭注，鏤，金銀器之名。李注「食」當是「銀」字之譌。今據改。

二二四一頁八行　天乃雷雨以風　按：汲本、殿本「雨」作「電」。

二二四二頁一三行　穰穰滿家　按：「穰穰」原譌「穰穰」，逕據汲本、殿本改正。

二二四三頁五行　乃以五百金買其首以報　按：校補引柳從辰說，謂今新序「首」作「骨」。案北史隱逸傳崔賾荅豫章王書「燕求馬首，辥養鷄鳴」，知古本原有作「首」者。南史鄭鮮之傳「燕昭市骨而駿足至」，則仍作「骨」。且孔融與魏武論盛孝章書已云「燕君市駿馬之骨」，是作「骨」亦由來已久。疑新序自有南北本之別，唐起北方，章懷所據蓋是北本。

二二四三頁一六行　奢非晉文　按：集解引惠棟說，謂「晉」續漢書作「桓」，據注引齊桓公事，疑本書亦元是「桓」字。

二二四四頁八行　王愷文志　按：殿本「文志」作「文字志」。

二二四五頁六行　所在〔有〕能政　據刊誤補。

二二四五頁八行　〔會〕宗字子松　據殿本補。

二二四六頁一行　司徒尹（訟）〔頌〕薦熲　通鑑胡注謂桓帝紀「訟」作「頌」，作「頌」爲是。今據改。注同。

二二四六頁一〇行　首虜五千餘人　按：「千」原譌「十」，逕據汲本、殿本改正。

二二四六頁一一行　燒當種九十餘口詣熲降　按：刊誤謂燒當一種不止九十餘口，其種中九十口降亦不足記，「十」當作「千」。

二二四八頁八行　徒更招降　按：「徒」字疑譌，通鑑作「欲」。

二二四九頁五行　乃令軍中張鏃利刃　刊誤謂案文鏃非可張，未知何字。按：殿本考證謂通鑑「張」作「長」。

二二五〇頁六行　段熲（曰）傳〔曰〕　據汲本改。

二二五一頁六行　故（宮）〔官〕縣邑更相通屬　據汲本改。按：刊誤謂案文「宮」當作「官」，舊屯田營壁皆是故官也。

二一五三頁六行　西縣屬天水郡　按：集解引洪亮吉說，謂「天水」應作「漢陽」，明帝永平十七年所改也。

後漢書卷六十六

陳王列傳第五十六

陳蕃字仲舉，汝南平輿人也。祖河東太守。蕃年十五，嘗閑處一室，而庭宇蕪穢。父友同郡薛勤來候之，謂蕃曰：「孺子何不洒埽以待賓客？」蕃曰：「大丈夫處世，當埽除天下，安事一室乎！」勤知其有清世志，甚奇之。

初仕郡，舉孝廉，除郎中。遭母憂，弃官行喪。服闋，刺史周景辟別駕從事，〔一〕以諫爭不合，投傳而去。〔二〕後公府辟舉方正，皆不就。

〔一〕續漢志曰：「別駕從事，校尉行部奉引，總錄衆事。」

〔二〕投，弃也。傳謂符也，音丁戀反。

太尉李固表薦，徵拜議郎，再遷爲樂安太守。〔一〕時李膺爲青州刺史，名有威政，屬城聞風，皆自引去，蕃獨以清績留。郡人周璆，高絜之士。〔二〕前後郡守招命莫肯至，唯蕃能致焉。字而不名，特爲置一榻，去則縣之。璆字孟玉，臨濟人，有美名。民有趙宣葬親而不閉埏隧，〔三〕因居其中，行服二十餘年，鄉邑稱孝，州郡數禮請之。郡內以薦蕃，蕃與相見，問及妻子，而宣五子皆服中所生。蕃大怒曰：「聖人制禮，賢者俯就，不肖企及。〔四〕且祭不欲數，以其易黷故也。〔五〕況乃寢宿冢藏，而孕育其中，誑時惑衆，誣汙鬼神乎？」遂致其罪。

〔一〕續漢志曰，樂安本名千乘，和帝更名也。

〔二〕璆音仇。

〔三〕埏隧，今人墓道也。杜預注左傳云：「掘地通路曰隧。」

〔四〕禮記曰：「三年之喪，可復父母之恩也。賢者俯而就之，不肖者企而及之。」

〔五〕黷，媟也。禮記曰：「祭不欲數，數則煩，煩則不敬。」

大將軍梁冀威震天下，時遣書詣蕃，有所請託，不得通，使者詐求謁，蕃怒，笞殺之，坐左轉脩武令。稍遷，拜尚書。

時零陵、桂陽山賊爲害，公卿議遣討之，又詔下州郡，一切皆得舉孝廉、茂才。蕃上疏駮之曰：「昔高祖創業，萬邦息肩，撫養百姓，同之赤子。〔一〕今二郡之民，亦陛下赤子也。致令赤子爲害，豈非所在貪虐，使其然乎？宜嚴勑三府，隱覈牧守令長，其有在政失和，侵暴百姓者，卽便舉奏，更選淸賢奉公之人，能班宣法令情在愛惠者，可不勞王師，而羣賊弭息矣。又三署郎吏二千餘人，三府掾屬過限未除，但當擇善而授之，簡惡而去之。豈煩一切之詔，以長請屬之路乎！」以此忤左右，故出爲豫章太守。性方峻，不接賓客，士民亦畏其高。〔二〕徵爲尚書令，送者不出郭門。

〔一〕尚書曰：「若保赤子，唯人其康乂。」

〔二〕蕃喪妻，鄉人畢至，唯許子將不往，曰：「仲舉性峻，峻則少通，故不造也。」

遷大鴻臚。會白馬令李雲抗疏諫，桓帝怒，當伏〔重〕誅。蕃上書救雲，坐免歸田里。

復徵拜議郎，數日遷光祿勳。時封賞踰制，內寵猥盛，蕃乃上疏諫曰：「臣聞有事社稷者，社稷是爲；有事人君者，容悅是爲。今臣蒙恩聖朝，備位九列，見非不諫，則容悅也。夫諸侯上象四七，垂燿在天，下應分土，藩屏上國。〔一〕高祖之約，非功臣不侯。而聞追錄河南尹鄧萬世父遵之微功，更爵尚書令黃儁先人之絕封，近習以非義授邑，左右以無功傳賞，授位不料其任，裂土莫紀其功，至乃一門之內，侯者數人，故緯象失度，陰陽謬序，稼用不成，民用不康。臣知封事已行，言之無及，誠欲陛下從是而止。又比年收斂，十傷五六，萬人飢寒，不聊生活，而采女數千，食肉衣綺，脂油粉黛，不可貲計。〔二〕鄙諺言『盜不過五女門』，以女貧家也。今後宮之女，豈不貧國乎！是以傾宮嫁而天下化，〔三〕楚女悲而西宮災。〔四〕且聚而不御，必生憂悲之感，以致幷隔水旱之困。夫獄以禁止姦違，官以稱才理物。若法虧於平，官失其人，則王道有缺。而令天下之論，皆謂獄由怨起，爵以賄成。夫不有臭穢，則蒼蠅不飛。陛下宜採求失得，擇從忠善。尺一選舉，委尚書三公，〔五〕使褒責誅賞，各有所歸，豈不幸甚！」帝頗納其言，爲出宮女五百餘人，但賜儁爵關內侯，而萬世南鄉侯。

〔一〕上象四七，謂二十八宿各主諸侯之分野，故曰下應分土，言皆以輔王室也。

〔二〕貲，量也。

〔三〕帝王紀曰「紂作傾宮，多采美女以充之。武王伐殷，乃歸傾宮之女於諸侯」也。

〔四〕公羊傳曰：「西宮災。」何休注云：「時僖公爲齊桓所脅，以齊媵爲嫡，楚女廢居西宮，而不見恤，悲愁怨曠所生。」

〔五〕尺一謂板長尺一，以寫詔書也。

延熹六年，車駕幸廣（城）〔成〕校獵。〔一〕蕃上疏諫曰：「臣聞人君有事於苑囿，唯仲秋西郊，順時講武，殺禽助祭，以敦孝敬。如或違此，則爲肆縱。故皋陶戒舜『無教逸遊』，〔二〕周公戒成王『無槃于遊田』。〔三〕虞舜、成王猶有此戒，況德不及二主者乎！夫安平之時，尚宜有節，況當今之世，有三空之戹哉！田野空，朝廷空，倉庫空，是謂三空。加兵戎未戢，四方離散，是陛下焦心毀顏，坐以待旦之時也。豈宜揚旗曜武，騁心輿馬之觀乎！又（前）秋〔前〕多雨，民始種麥。今失其勸種之時，而令給驅禽除路之役，非賢聖恤民之意也。齊景公欲觀於海，放乎琅邪，晏子爲陳百姓惡聞旌旗輿馬之音，舉首嚬眉之感，景公爲之不行。周穆王欲肆車轍馬跡，祭公謀父爲誦祈招之詩，以止其心。誠惡逸遊之害人也。」〔四〕書奏不納。

〔一〕廣（城）〔成〕，苑名，在今汝州梁縣西也。

〔二〕尚書咎繇謨曰：「無敎逸欲有邦。」

〔三〕尚書無逸篇之言。

〔四〕祭公，祭國公，爲周卿士。謀父，名也。祈招，逸詩也。左傳曰：「昔周穆王欲肆其心，周行天下，將皆必有車轍馬跡焉。祭公謀父作祈招之詩以止王心。其詩曰：『祈招之愔愔，式昭德音，思我王度，式如玉，式如金。刑人之力，而無醉飽之心。』」

自蕃爲光祿勳，與五官中郎將黃琬共典選舉，不偏權富，而爲埶家郎所譖訴，坐免歸。頃之，徵爲尚書僕射，轉太中大夫。八年，代楊秉爲太尉。蕃讓曰：「『不愆不忘，率由舊章，』〔一〕臣不如太常胡廣。齊七政，訓五典，臣不如議郎王暢。聰明亮達，文武兼姿，臣不如弛刑徒李膺。」帝不許。

〔一〕詩大雅也。言成王令德，不過誤，不遺失，循用舊典文章，謂周公之禮法也。

中常侍蘇康、管霸等復被任用，遂排陷忠良，共相阿媚。大司農劉祐、廷尉馮緄、〔一〕河南尹李膺，皆以忤旨，爲之抵罪。蕃因朝會，固理膺等，請加原宥，升之爵任。言及反覆，誠辭懇切。帝不聽，因流涕而起。時小黃門趙津、南陽大猾張（氾）〔汜〕等，奉事中官，乘埶犯法，二郡太守劉瓆、成瑨考案其罪，雖經赦令，而並竟考殺之。宦官怨恚，有司承旨，遂奏瓆、瑨罪當弃市。又山陽太守翟超，沒入中常侍侯覽財產，東海相黃浮，誅殺下邳令徐宣，超、浮並坐髡鉗，輸作左校。蕃與司徒劉矩、司空劉茂共諫請瓆、瑨、超、浮等，帝不悅。有司劾奏之，矩、茂不敢復言。蕃乃獨上疏曰：「臣聞齊桓修霸，務爲內政；〔二〕春秋於魯，小惡必書。〔三〕宜先自整勑，後以及人。今寇賊在外，四支之疾；內政不理，心腹之患。臣寢不能寐，食不能飽，實憂左右日親，忠言以疏，內患漸積，外難方深。陛下超從列侯，繼承天位。〔四〕小家畜產百萬之資，子孫尚恥愧失其先業，況乃產兼天下，受之先帝，而欲懈怠以自輕忽乎？誠不愛己，不當念先帝得之勤苦邪？前梁氏五侯，毒徧海內，〔五〕天啓聖意，收而戮之，天下之議，冀當小平。明鑒未遠，覆車如昨，而近習之權，復相扇結。小黃門趙津、大猾張(氾)〔汜〕等，肆行貪虐，姦媚左右，前太原太守劉瓆、南陽太守成瑨，糾而戮之。雖言赦後不當誅殺，原其誠心，在乎去惡。至於陛下，有何悁悁？〔六〕而小人道長，營惑聖聽，遂使天威爲之發怒。如加刑讁，已爲過甚，況乃重罰，令伏歐刀乎！又前山陽太守翟超、東海相黃浮，奉公不橈，疾惡如讎，超沒侯覽財物，浮誅徐宣之罪，並蒙刑坐，不逢赦恕。覽之從橫，沒財已幸；宣犯釁過，死有餘辜。昔丞相申屠嘉召責鄧通，洛陽令董宣折辱公主，而文帝從而請之，光武加以重賞，〔七〕未聞二臣有專命之誅。而今左右羣豎，惡傷黨類，妄相交搆，致此刑譴。聞臣是言，當復嘑訴。陛下深宜割塞近習豫政之源，引納尚書朝省之事，公卿大官，五日壹朝，〔八〕簡練清高，斥黜佞邪。如是天和於上，地洽於下，休禎符瑞，豈遠乎哉！陛下雖厭毒臣言，凡人主有自勉強，敢以死陳。」帝得奏愈怒，竟無所納。朝廷衆庶莫不怨之。宦官由此疾蕃彌甚，選舉奏議，輒以中詔譴卻，長（吏）〔史〕已下多至抵罪。猶以蕃名臣，不敢加害。璜字文理，高唐人。〔九〕瑨字幼平，陝人。並有經術稱，處位敢直言，多所搏擊，知名當時，皆死於獄中。

〔一〕音古本反。

〔二〕國語曰：「桓公問管仲曰：『安國可乎？』對曰：『未可。君若正卒伍，修甲兵，大國亦如之。若欲速得志於天下諸侯，則可以隱令，可以寄政。』公曰：『隱令寄政若何？』對曰：『作內政而寄軍令焉。』」

〔三〕公羊傳莊公四年，公及齊人狩于郜，譏其與讎狩也。僖公二十年，新作南門，譏其奢也。故曰「小惡必書」也。

〔四〕言桓帝以蠡吾侯即位。

〔五〕五侯謂胤、讓、淑、忠、戟五人，與冀同時誅。事見冀傳也。

〔六〕說文曰：「悁悁，恚忿。」

〔七〕文帝時，太中大夫鄧通愛幸，居上旁有怠嫚禮。丞相申屠嘉入朝，因見之，爲檄召通。通至，嘉曰：「通小臣，戲殿上，大不敬，當斬。」通頓首，首盡出血。文帝使使召通，而謝丞相曰「吾弄臣，君釋之」也。湖陽公主蒼頭白日殺人，匿主家，吏追不得。公主出，宣駐車叩馬，以刀畫地數主。主言於帝，帝賜宣錢三十萬。語見董宣傳。

〔八〕宣帝五日一聽事，自丞相已下，各敷奏其言。

〔九〕高唐，縣名，今博州縣也。

九年，李膺等以黨事下獄考實。蕃因上疏極諫曰：「臣聞賢明之君，委心輔佐；亡國之主，諱聞直辭。故湯武雖聖，而興於伊呂；桀紂迷惑，亡在失人。〔一〕由此言之，君爲元首，臣爲股肱，同體相須，共成美惡者也。〔二〕伏見前司隸校尉李膺、太僕杜密、太尉掾范滂等，正身無玷，死心社稷。以忠忤旨，横加考案，或禁錮閉隔，或死徙非所。杜塞天下之口，聾盲一世之人，與秦焚書阬儒，何以爲異？〔三〕昔武王克殷，表閭封墓，〔四〕今陛下臨政，先誅忠賢。遇善何薄？待惡何優？夫讒人似實，巧言如簧，〔五〕使聽之者惑，視之者昏。夫吉凶之効，存乎識善；成敗之機，在於察言。人君者，攝天地之政，秉四海之維，舉動不可以違聖法，進退不可以離道規。謬言出口，則亂及八方，何況髡無罪於獄，殺無辜於市乎！昔禹巡狩蒼梧，見市殺人，下車而哭之曰：『萬方有罪，在予一人！』故其興也勃焉。〔六〕又青、徐炎旱，五穀損傷，民物流遷，茹菽不足。〔七〕而宮女積於房掖，國用盡於羅紈，外戚私門，貪財受賂，所謂『祿去公室，政在大夫』。〔八〕昔春秋之末，周德衰微，數十年閒無復災眚者，天所弃也。〔九〕天之於漢，悢悢無已，〔一〇〕故殷勤示變，以悟陛下。除妖去孽，實在脩德。臣位列台司，憂責深重，不敢尸祿惜生，坐觀成敗。如蒙採錄，使身首分裂，異門而出，所不恨也。」〔一一〕帝諱其言切，託以蕃辟召非其人，遂策免之。

〔一〕關龍逢，桀臣。王子比干，紂諸父。二人並諫，悉皆誅死。

〔二〕前書曰「君爲元首，臣爲股肱，明其一體相須而成」也。

〔三〕秦始皇時，丞相李斯上言曰：「天下已定，百姓力農。今諸生好古，惑亂黔首，臣請史官非秦記及天下敢有藏詩、書、百家語者，悉燒之。」事見史記。衞宏詔定古文官書序曰：「秦既焚書，患苦天下不從所改更，而諸生到者拜爲郎，前後七百人。乃密令種瓜於驪山阬谷中溫處，瓜實，詔博士說之，人人不同。乃令就視，爲伏機，諸生賢儒皆至焉，方相難不決，因發機從上填之以土，皆壓之，終乃無聲。」今新豐縣溫湯處號愍儒鄉。湯西有馬谷，西岸有阬，古老相傳以爲秦阬儒處也。

〔四〕史記武王克殷，命畢公表商容之閭，閎夭封比干之墓也。

〔五〕詩小雅曰：「巧言如簧，顏之厚矣。」簧，笙簧也。言讒人之口以喻笙簧也。

〔六〕說苑曰：「禹見罪人，下車泣而問之。左右曰：『夫罪人不順，故使殺焉，君王何爲痛之至此也！』禹曰：『堯舜之人，皆以堯舜之心爲心。今寡人爲君也，百姓各自以其心，是以痛之。』」書曰：「百姓有罪，在予一人。」左傳曰：「禹湯罪己，其興也勃焉。桀紂罪人，其亡也忽焉。」杜預注曰：「勃，盛也。」

〔七〕廣雅曰：「茹，食也。」

〔八〕論語孔子之言也。

〔九〕春秋感精符曰：「魯哀公政亂，絕無日食，天不譴告也。」

〔一〇〕恨恨猶眷眷也。

〔二〕穀梁傳曰「公會齊侯于頰谷，齊人使優施舞於魯之幕下。孔子曰：『笑君者罪當死。』使司馬行法焉，首足異門而出」也。

永康元年，帝崩。竇后臨朝，詔曰：「夫民生樹君，使司牧之，必須良佐，以固王業。〔一〕前太尉陳蕃，忠清直亮。其以蕃爲太傅，錄尚書事。」時新遭大喪，國嗣未立，諸尚書畏懼權官，託病不朝。蕃以書責之曰：「古人立節，事亡如存。〔二〕今帝祚未立，政事日蹙，諸君柰何委荼蓼之苦，息偃在牀？〔三〕於義不足，焉得仁乎！」諸尚書惶怖，皆起視事。

〔一〕前書谷永曰「臣聞天生蒸人，不能相持，爲立王者以統理之(故)」也。

〔二〕言人主雖亡，法度尚存，當行之與不亡時同，故曰「如存」。前書爰盎曰「主在與在，主亡與亡」也。

〔三〕詩國風曰：「誰謂荼苦，其甘如薺。」周頌曰：「未堪家多難，予又集于蓼。」

靈帝卽位，竇太后復優詔蕃曰：「蓋褒功以勸善，表義以厲俗，無德不報，大雅所歎。〔一〕太傅陳蕃，輔弼先帝，出內累年。〔二〕忠孝之美，德冠本朝；謇愕之操，華首彌固。〔三〕今封蕃高陽鄉侯，食邑三百戶。」蕃上疏讓曰：「使者卽臣廬，授高陽鄉侯印綬，〔四〕臣誠悼心，不知所裁。臣聞讓，身之文，德之昭也，然不敢盜以爲名。竊惟割地之封，功德是爲。臣孰自思省，前後歷職，無它異能，合亦食祿，不合亦食祿。臣雖無素絜之行，竊慕『君子不以其道得之，不居也』。〔五〕若受爵不讓，掩面就之，〔六〕使皇天震怒，災流下民，於臣之身，亦何所寄？顧惟陛下哀臣朽老，戒之在得。」〔七〕竇太后不許，蕃復固讓，章前後十上，竟不受封。

〔一〕詩大雅曰：「無言不讎，無德不報。」

〔二〕內音納。尙書曰「出納朕命」也。

〔三〕齊宣王對閭丘卬曰：「夫士亦華髮墮顚而後可用。」見新序。

〔四〕卽，就也。

〔五〕論語孔子曰：「富與貴是人之所欲，不以其道得之，不處也。」

〔六〕詩小雅曰「受爵不讓，至于已斯亡。」注云：「爵祿不以相讓，故怨禍及之」也。

〔七〕論語孔子曰：「及其老也，血氣既衰，戒之在得。」注云：「得，貪也。」

初，桓帝欲立所幸田貴人爲皇后。蕃以田氏卑微，竇族良家，爭之甚固。帝不得已，乃立竇后。及后臨朝，故委用於蕃。蕃與后父大將軍竇武，同心盡力，徵用名賢，共參政事，天下之士，莫不延頸想望太平。而帝乳母趙嬈，旦夕在太后側，〔一〕中常侍曹節、王甫等與共交搆，諂事太后。太后信之，數出詔命，有所封拜，及其支類，多行貪虐。蕃常疾之，志誅中官，會竇武亦有謀。蕃自以既從人望而德於太后，必謂其志可申，乃先上疏曰：「臣聞言不直而行不正，則爲欺乎天而負乎人。危言極意，則羣凶側目，禍不旋踵。鈞此二者，臣寧得禍，不敢欺天也。今京師囂囂，道路諠譁，言侯覽、曹節、公乘昕、王甫、鄭颯等與趙夫人諸女尙書並亂天下。〔二〕附從者升進，忤逆者中傷。〔三〕方今一朝羣臣，如河中木耳，汎汎東西，耽祿畏害。陛下前始攝位，順天行誅，蘇康、管霸並伏其辜。是時天地淸明，人鬼歡喜，柰何數月復縱左右？元惡大姦，莫此之甚。今不急誅，必生變亂，傾危社稷，其禍難量。願出臣章宣示左右，並令天下諸姦知臣疾之。」太后不納，朝廷聞者莫不震恐。蕃因與竇武謀之，語在武傳。

〔一〕嬈音乃了反。

〔二〕趙夫人卽趙嬈也。女尙書，宮內官也。

〔三〕前書劉向上書論王鳳曰「稱譽者登進，忤恨者誅傷」也。

及事泄，曹節等矯詔誅武等。蕃時年七十餘，聞難作，將官屬諸生八十餘人，並拔刃突入承明門，攘臂呼曰：「大將軍忠以衞國，黃門反逆，何云竇氏不道邪？」王甫時出，與蕃相迕，〔一〕適聞其言，而讓蕃曰：「先帝新弃天下，山陵未成，竇武何功，兄弟父子，一門三侯？又多取掖庭宮人，作樂飲讌，旬月之閒，貲財億計。大臣若此，是爲道邪？公爲棟梁，枉橈阿黨，復焉求賊！」遂令收蕃。蕃拔劒叱甫，甫兵不敢近，乃益人圍之數十重，遂執蕃送黃門北寺獄。黃門從官騶〔二〕蹋踧蕃曰：「死老魅！復能損我曹員數，奪我曹稟假不？」卽日害之。徙其家屬於比景，宗族、門生、故吏皆斥免禁錮。

〔一〕迕猶遇也。

〔二〕騶，騎士也。

蕃友人陳留朱震，時爲銍令，〔一〕聞而弃官哭之，收葬蕃尸，匿其子逸於甘陵界中。事覺繫獄，合門桎梏。震受考掠，誓死不言，故逸得免。後黃巾賊起，大赦黨人，乃追還逸，官至魯相。

〔一〕銍，縣，屬沛郡。

震字伯厚，初爲州從事，奏濟陰太守單匡臧罪，并連匡兄中常侍車騎將軍超。桓帝收匡下廷尉，以譴超，超詣獄謝。三府諺曰：「車如雞栖馬如狗，疾惡如風朱伯厚。」

論曰：桓、靈之世，若陳蕃之徒，咸能樹立風聲，抗論惛俗。而驅馳嶮阸之中，與刑人腐夫同朝爭衡，〔一〕終取滅亡之禍者，彼非不能絜情志，違埃霧也。〔二〕愍夫世士以離俗爲高，而人倫莫相恤也。以遯世爲非義，故屢退而不去；以仁心爲己任，雖道遠而彌厲。〔三〕及遭際會，協策竇武，自謂萬世一遇也。懔懔乎伊、望之業矣！〔四〕功雖不終，然其信義足以攜持民心。漢世亂而不亡，百餘年閒，數公之力也。

〔一〕前書班固曰：「相與提衡。」音義云：「衡，平也。言二人齊也。」

〔二〕違，避也。

〔三〕論語曰：「仁以爲己任，不亦重乎！死而後已，不亦遠乎！」

〔四〕懍懍，有風采之貌也。

王允字子師，太原祁人也。〔一〕世仕州郡爲冠蓋。同郡郭林宗嘗見允而奇之，曰：「王生一日千里，王佐才也。」〔二〕遂與定交。

〔一〕祁，今并州縣也。

〔二〕史記曰，田光謂燕太子丹曰：「臣聞騏驥壯盛之時，一日千里；至其老也，駑馬先之。」

年十九，爲郡吏。時小黃門晉陽趙津貪橫放恣，爲一縣巨患，允討捕殺之。而津兄弟諂事宦官，因緣譖訴，桓帝震怒，徵太守劉瓆，遂下獄死。允送喪還平原，終畢三年，然後歸家。復還仕，郡人有路佛者，少無名行，而太守王球召以補吏，允犯顏固爭，球怒，收允欲殺之。刺史鄧盛聞而馳傳辟爲別駕從事。允由是知名，而路佛以之廢弃。

允少好大節，有志於立功，常習誦經傳，朝夕試馳射。三公並辟，以司徒高第爲侍御史。中平元年，黃巾賊起，特選拜豫州刺史。辟荀爽、孔融等爲從事，上除禁黨。討擊黃巾別帥，大破之，與左中郎將皇甫嵩、右中郎將朱儁等受降數十萬。於賊中得中常侍張讓賓客書疏，與黃巾交通，允具發其姦，以狀聞。靈帝責怒讓，讓叩頭陳謝，竟不能罪之。而讓懷協忿怨，以事中允。〔一〕明年，遂傳下獄。〔二〕

〔一〕中，傷也。

〔二〕傳，逮也。

會赦，還復刺史。旬日閒，復以它罪被捕。司徒楊賜以允素高，不欲使更楚辱，〔一〕乃遣客謝之曰：「君以張讓之事，故一月再徵。凶慝難量，幸爲深計。」〔二〕又諸從事好氣決者，共流涕奉藥而進之。允厲聲曰：「吾爲人臣，獲罪於君，當伏大辟以謝天下，豈有乳藥求死乎！」投杯而起，出就檻車。既至廷尉，左右皆促其事，朝臣莫不歎息。大將軍何進、太尉袁隗、司徒楊賜共上疏請之曰：「夫內視反聽，則忠臣竭誠；寬賢矜能，則義士厲節。〔三〕是以孝文納馮唐之說，〔四〕晉悼宥魏絳之罪。〔五〕允以特選受命，誅逆撫順，曾未期月，州境澄清。方欲列其庸勳，請加爵賞，而以奉事不當，當肆大戮。責輕罰重，有虧衆望。臣等備位宰相，不敢寢默。誠以允宜蒙三槐之聽，以昭忠貞之心。」〔六〕書奏，得以減死論。是冬大赦，而允獨不在宥，三公咸復爲言。至明年，乃得解釋。是時宦者橫暴，睚眦觸死。〔七〕允懼不免，乃變易名姓，轉側河內、陳留閒。〔八〕

〔一〕更，經也。楚，苦痛。

〔二〕深計謂令自死。

〔三〕內視，自視也。反聽，自聽也。言皆恕己，不責於人也。

〔四〕文帝時，魏尚爲雲中守，下吏免。馮唐爲郎中署長，奏言曰：「臣聞魏尚爲雲中守，上功首虜差六級，陛下下之吏，削其爵。愚以爲陛下法太明，賞太輕，罰太重。」帝卽日赦尚復爲雲中太守。

〔五〕左傳曰，晉悼公之弟楊干亂行於曲梁，魏絳戮其僕。公怒之。絳曰：「臣聞師衆以順爲武，軍事有死無犯爲敬。臣懼其死，以及楊干，無所逃罪。」公曰：「寡人有弟不能敎訓，使干大命，寡人之過也。子無重寡人之過。」與之禮食，使佐新軍。

〔六〕周禮朝士職，三槐、九棘，公卿於下聽訟，故曰「三槐之聽」。

〔七〕睚音五懈反。眦音士懈反。前書曰：「原涉好殺，睚眦於塵中，觸死者甚多。」

〔八〕轉側猶去來也。

及帝崩，乃奔喪京師。時大將軍何進欲誅宦官，召允與謀事，請爲從事中郎，轉河南尹。獻帝卽位，拜太僕，再遷守尚書令。

初平元年，代楊彪爲司徒，守尚書令如故。及董卓遷都關中，允悉收斂蘭臺、石室圖書秘緯要者以從。既至長安，皆分別條上。又集漢朝舊事所當施用者，一皆奏之。經籍具存，允有力焉。時董卓尚留洛陽，朝政大小，悉委之於允。允矯情屈意，每相承附，卓亦推心，不生乖疑，故得扶持王室於危亂之中，臣主內外，莫不倚恃焉。

允見卓禍毒方深，篡逆已兆，密與司隸校尉黃琬、尚書鄭公業等謀共誅之。乃上護羌校尉楊瓚行左將軍事，執金吾士孫瑞爲南陽太守，並將兵出武關道，以討袁術爲名，實欲分路征卓，而後拔天子還洛陽。卓疑而留之，允乃引內瑞爲僕射，瓚爲尚書。

二年，卓還長安，錄入關之功，封允爲溫侯，食邑五千戶。固讓不受。士孫瑞說允曰：「夫執謙守約，存乎其時。公與董太師並位俱封，而獨崇高節，豈和光之道邪？」〔一〕允納其言，乃受二千戶。

〔一〕老子曰：「和其光，同其塵。」

三年春，連雨六十餘日，允與士孫瑞、楊瓚登臺請霽，復結前謀。〔一〕瑞曰：「自歲末以來，太陽不照，霖雨積時，月犯執法，〔二〕彗孛仍見，晝陰夜陽，霧氣交侵，此期應促盡，內發者勝。幾不可後，公其圖之。」允然其言，乃潛結卓將呂布，使爲內應。會卓入賀，呂布因刺殺之。語在卓傳。〔三〕

〔一〕說文曰：「霽，雨止也。」郭璞曰：「南陽人呼雨止曰霽。」

〔二〕執法，星名。史記曰「太微南四星曰執法」也。

〔三〕帝時疾愈，故入賀也。

允初議赦卓部曲，呂布亦數勸之。既而疑曰：「此輩無罪，從其主耳。今若名爲惡逆而特赦之，適足使其自疑，非所以安之之道也。」呂布又欲以卓財物班賜公卿、將校，允又不從。而素輕布，以劍客遇之。布亦負其功勞，多自誇伐，既失意望，漸不相平。允性剛稜疾惡，〔一〕初懼董卓豺狼，故折節圖之。卓既殲滅，自謂無復患難，及在際會，每乏溫潤之色，杖正持重，不循權宜之計，是以羣下不甚附之。

〔一〕稜，威稜也，力登反。

董卓將校及在位者多涼州人，允議罷其軍。或說允曰：「涼州人素憚袁氏而畏關東。今若一旦解兵（關東），則必人人自危。可以皇甫義眞爲將軍，就領其衆，因使留陝以安撫之，而徐與關東通謀，以觀其變。」允曰：「不然。關東舉義兵者，皆吾徒耳。今若距險屯陝，雖安涼州，而疑關東之心，甚不可也。」時百姓訛言，當悉誅涼州人，遂轉相恐動。其在關中者，皆擁兵自守。更相謂曰：「丁彥思、蔡伯喈但以董公親厚，並尚從坐。今既不赦我曹，而欲解兵，今日解兵，明日當復爲魚肉矣。」卓部曲將李傕、郭汜等先將兵在關東，因不自安，遂合謀爲亂，攻圍長安。城陷，呂布奔走。布駐馬青瑣門外，〔一〕招允曰：「公可以去乎？」允曰：「若蒙社稷之靈，上安國家，吾之願也。如其不獲，則奉身以死之。朝廷幼少，恃我而已，〔二〕臨難苟免，吾不忍也。努力謝關東諸公，勤以國家爲念。」

〔一〕前書音義曰：「以青畫戶邊鏤中，天子制也。」

〔二〕朝廷謂天子也。

初，允以同郡宋翼爲左馮翊，王宏爲右扶風。是時三輔民庶熾盛，兵穀富實，李傕等欲卽殺允，懼二郡爲患，乃先徵翼、宏。宏遣使謂翼曰：「郭汜、李傕以我二人在外，故未危王公。今日就徵，明日俱族。計將安出？」翼曰：「雖禍福難量，然王命所不得避也。」宏曰：「義兵鼎沸，在於董卓，況其黨與乎！若舉兵共討君側惡人，山東必應之，此轉禍爲福之計也。」翼不從。宏不能獨立，遂俱就徵，下廷尉。傕乃收允及翼、宏，并殺之。

允時年五十六。長子侍中蓋、次子景、定及宗族十餘人皆見誅害，唯兄子晨、陵得脫歸鄉里。天子感慟，百姓喪氣，莫敢收允尸者，唯故吏平陵令趙戩弃官營喪。〔一〕

〔一〕戩音翦。

王宏字長文，少有氣力，不拘細行。初爲弘農太守，考案郡中有事宦官買爵位者，雖位至二千石，皆掠考收捕，遂殺數十人，威動鄰界。素與司隸校尉胡种有隙，及宏下獄，种遂迫促殺之。宏臨命詬〔一〕曰：「宋翼豎儒，不足議大計。〔二〕胡种樂人之禍，禍將及之。」种後眠輒見宏以杖擊之，因發病，數日死。

〔一〕詬，罵也，音火豆反。

〔三〕豎者，言賤劣如僮豎。

後遷都於許，帝思允忠節，使改殯葬之，遣虎賁中郎將奉策弔祭，賜東園祕器，贈以本官印綬，送還本郡。封其孫黑爲安樂亭侯，食邑三百戶。

士孫瑞字君策，扶風人，頗有才謀。瑞以允自專討董卓之勞，故歸功不侯，所以獲免於難。後爲國三老、光祿大夫。每三公缺，楊彪、皇甫嵩皆讓位於瑞。興平二年，從駕東歸，爲亂兵所殺。

趙戩字叔茂，長陵人，性質正多謀。初平中，爲尚書，典選舉。董卓數欲有所私授，戩輒堅拒不聽，言色强厲。卓怒，召將殺之，衆人悚慄，而戩辭貌自若。卓悔，謝釋之。長安之亂，客於荆州，劉表厚禮焉。及曹操平荆州，乃辟之，執戩手曰：「恨相見晚。」卒相國鍾繇長史。〔一〕

〔一〕鍾繇字元常，魏太祖時爲相國。

論曰：士雖以正立，亦以謀濟。若王允之推董卓而引其權，伺其閒而斃其罪，當此之時，天下懸解矣。〔一〕而終不以猜忤爲釁者，知其本於忠義之誠也。故推卓不爲失正，分權不爲苟冒，伺閒不爲狙詐。及其謀濟意從，則歸成於正也。

〔一〕莊子曰：「斯所謂帝之縣解。」縣解喻安泰也。

贊曰：陳蕃蕪室，志清天綱。人謀雖緝，幽運未當。〔一〕言觀殄瘁，曷非云亡？〔二〕子師圖難，晦心傾節。〔三〕功全元醜，身殘餘孽。時有隆夷，事亦工拙。〔四〕

〔一〕緝，合也。易下繫曰：「人謀鬼謀。」言蕃設謀雖合，而冥運未符也。

〔二〕殄，盡也。瘁，病也。言國將殄瘁，豈不由賢人云亡乎？詩大雅曰「人之云亡，邦國殄瘁」也。

〔三〕謂矯性屈意於董卓。

〔四〕誅卓爲工，被殺爲拙也。

校勘記

二二六〇頁七行 埏隧今人墓道也 按：汲本「人」作「入」。

二二六〇頁二行 稍遷拜尚書 按：校補謂案文「拜」上當有「召」字。

二二六二頁六行 當伏〔重〕誅 據汲本、殿本補。

二二六三頁一行 而令天下之論 按：刊誤謂案文「令」當作「今」。

二二六三頁九行 車駕幸廣（城）〔成〕校獵 按：集解引錢大昕說，謂「城」當作「成」，馬融上廣成頌，即此。

今據改。注同。

二六二頁一〇行　無斁逸遊　按：「斁」原譌「放」，逕據汲本、殿本改正。

二六二頁一二行　有三空之戹哉　按：校補引柳從辰說，謂御覽四五二引本書，「戹」作「危」。

二六二頁一三行　又(前)秋〔前〕多雨　據殿本改。

二六三頁一〇行　文武秉姿　按：刊誤謂姿是姿貌，此當作「資」。

二六三頁一五行　時小黃門趙津　按：錢大昕謂據王允傳稱「小黃門晉陽趙津」，此傳「小黃門」下無「晉陽」字，則「二郡」文不可通矣。

二六三頁一五行　南陽大猾張(汜)〔氾〕　據汲本、殿本改。下同。按：岑晊傳作「張汎」，汎與氾同。

二六四頁一行　而並竟考殺之　按：刊誤謂案漢、魏鞫獄皆云「考竟」，此誤倒。

二六四頁三行　蕃與司徒劉矩　集解引惠棟說，謂考異云時胡廣爲司徒，非矩也，棟案劉愷傳，考異非也。今按：劉矩未嘗爲司徒，考異說是。劉愷傳亦誤，參閱劉愷傳校記。

二六四頁一二行　營惑聖聽　按：何焯校本改「營」爲「熒」。

二六五頁四行　長(吏)〔史〕已下多至抵罪　刊誤謂案文「吏」當作「史」，太尉府有長史，故因蕃見譴也。今據改。

二六五頁五行　瑨字幼平陝人　按：「陝」原譌「陜」，逕據汲本改正。

二六七頁二行　說苑曰　汲本、殿本「菀」作「苑」。按：菀苑通。

二六八頁七行　不能相持　殿本「持」作「治」。案：「治」作「持」，避唐諱改。

二六八頁七行　爲立王者以統理之(故)也　據殿本删，與前書谷永傳合。

二六八頁八行　法度尙存　按：汲本、殿本「存」作「在」。

二六八頁一五行　使皇天震怒　按：「震」原譌「振」，逕據汲本、殿本改正。

二七一頁七行　幷連匡兄中常侍車騎將軍超　按：校補謂宦者傳又謂匡爲超弟之子。

二七一頁一一行　而人倫莫相恤也　按：李慈銘謂治要「莫」下有「能」字，當據增。

二七一頁一一行　及遭際會　按：李慈銘謂治要「遭」下有「値」字，當據增。

二七二頁一〇行　復還仕郡人有路佛者　按：張森楷謂「郡」下當更有一「郡」字。

二七二頁一三行　上除禁黨　按：李慈銘謂「禁黨」當作「黨禁」。

二七三頁二行　而讓懷協忿怨　汲本、殿本「協」作「挾」。按：協挾古字通，黨錮傳「懷經協術」，黃瓊傳「黃門協邪」，皆借「協」爲「挾」也。

二七三頁三行　明年遂傳下獄　按：校補引柳從辰說，謂「明年」二字衍，蓋黃巾起事及允之討擊黃巾別帥，發張讓之姦，皆中平元年二三月事，下獄會赦，還復刺史，旬日閒復以它罪被捕，仍不出元年三月也。

二七三頁九行　太尉袁隗司徒楊賜　通鑑考異謂隗、賜時皆不爲此官，恐誤。按：通鑑繫此事於中平元年冬十二月，故考異云然。柳從辰謂隗、賜之與何進共上疏請，乃在元年二三月閒，其時袁隗爲司徒，楊賜爲太尉，不過官名互誤耳。

二七六頁八行　今若一旦解兵（關東）　刊誤謂案文多「關東」二字。今據删。按：集解引王補說，謂通鑑作「解兵開關」。

二七六頁一一行　丁彦思蔡伯喈但以董公親厚並尙從坐　按：集解引洪亮吉說，謂丁彦思不知何人，陳、范二史于卓傳俱不載，裴松之注極詳，亦不及此。又引王補說，謂通鑑無「丁彦思」三字。

二七八頁三行　封其孫黑爲安樂亭侯　按：校補引柳從辰說，謂袁紀「黑」作「異」。

二七八頁四行　士孫瑞字君策　按：集解引惠棟說，謂「策」一作「榮」，見三輔決錄。

後漢書卷六十七

黨錮列傳第五十七

孔子曰：「性相近也，習相遠也。」言嗜惡之本同，而遷染之塗異也。〔一〕夫刻意則行不肆，牽物則其志流。〔二〕是以聖人導人理性，裁抑宕佚，愼其所與，節其所偏，雖情品萬區，質文異數，至於陶物振俗，其道一也。〔三〕叔末澆訛，王道陵缺，〔四〕而猶假仁以效己，憑義以濟功。舉中於理，則強梁褫氣；片言違正，則厮臺解情。蓋前哲之遺塵，有足求者。〔五〕

〔一〕嗜猶好也。惡音烏故反。言人好惡，各有本性，遷染者，由其所習。尚書曰：「唯人生厚，因物有遷。」墨子曰：「墨子見染絲者，泣而歎曰：『染於蒼則蒼，染於黃則黃，故染不可不愼也。非獨染絲然也，國亦有染。湯染於伊尹，故王天下；殷紂染於惡來，故國殘身死，爲天下僇。』」

〔二〕刻意，刻削其意不得自恣也。莊子曰：「刻意尙行，離時異俗。」行音下孟反。肆猶放縱也。牽物謂爲物所牽制，則其志流宕忘反也。淮南子曰：「非拘繫牽連於物，而不與推移也。」

〔三〕陶謂陶冶以成之。管子曰：「夫法之制人，猶陶之於埴，冶之於金也。」埴音植。

〔四〕叔末猶季末也。謂當春秋之時。

〔五〕褫猶奪也，音直紙反。厮臺，賤人也。齊侯伐楚，楚子使與師言曰：「君處北海，寡人處南海，唯是風馬牛不相及也，不虞君之涉吾地也。何故？」管仲對曰：「爾貢苞茅不入，王祭不供，無以縮酒，寡人是徵。」對曰：「貢之不入，寡君之罪也。」遂使屈完與齊盟于召陵。此強梁褫氣也。又晉呂甥、郤芮將焚公宮而殺晉侯，寺人披請見，公使讓之，且辭曰：「汝爲惠公來求殺余，命汝三宿，汝中宿而至。雖君有命，何其速也？」對曰：「臣謂君之入也，其知之矣。若猶未也，又將及難。君命無二，古之制也。除君之惡，唯力是視，蒲人狄人，余何有焉。今君即位，其無蒲、狄乎？」此爲厮臺解情也。並見左傳。

霸德既衰，狙詐萌起。〔一〕彊者以決勝爲雄，弱者以詐劣受屈。至有畫半策而綰萬金，開一說而錫琛瑞。〔二〕或起徒步而仕執珪，解草衣以升卿相。〔三〕士之飾巧馳辯，以要能釣利者，不期而景從矣。〔四〕自是愛尙相奪，與時回變，其風不可留，其敝不能反。

〔一〕霸德衰謂六國時也。狙音七余反。廣雅曰：「狙，獮猴也。」以其多詐，故比之也。

〔二〕蘇秦說趙王，賜白璧百雙，黃金萬鎰。虞卿一見趙王，賜白璧一雙，黃金百鎰。見史記及戰國策。

〔三〕史記曰，楚惠王言「莊舄，越之鄙細人也，今仕楚執珪，貴富矣」。解草衣謂范雎、蔡澤之類。

〔四〕韓子李斯曰「韓非飾辯詐謀，以釣利於秦」也。賈誼過秦曰「贏糧而景從」也。

及漢祖杖劍，武夫勃興，憲令寬賒，文禮簡闊，緒餘四豪之烈，人懷陵上之心，〔一〕輕死重氣，怨惠必讎，令行私庭，權移匹庶，任俠之方，成其俗矣。〔二〕自武帝以後，崇尙儒學，懷經協術，所在霧會，至有石渠分爭之論，黨同伐異之說，守文之徒，盛於時矣。〔三〕至王莽專僞，終於篡國，忠義之流，恥見纓紼，遂乃榮華丘壑，甘足枯槁。〔四〕雖中興在運，漢德重開，而保身懷方，彌相慕襲，去就之節，重於時矣。〔五〕逮桓靈之閒，主荒政繆，國命委於閹寺，士子羞與爲伍，故匹夫抗憤，處士橫議，遂乃激揚名聲，互相題拂，品覈公卿，裁量執政，婞直之風，於斯行矣。〔六〕

〔一〕四豪謂信陵君魏公子無忌、平原君趙勝、春申君黃歇、孟嘗君田文。前書班固曰：「游談者以四豪爲稱首。」

〔二〕前書音義曰：「相與信爲任，同是非爲俠，所謂權行州域，力折公侯者也。」

〔三〕武帝詔求賢良，於是公孫弘、董仲舒等出焉。宣帝時，集諸儒於石渠閣，講論六藝。召五經名儒太子太傅蕭望之等大議殿中，平公羊、穀梁同異，同已者朋黨之，異己者攻伐之。劉歆書曰：「黨同門，妒道眞。」

〔四〕謂龔勝、薛方、郭欽、蔣詡之類，並隱居不應莽召。

〔五〕謂逢萌、嚴光、周黨、向長之屬。

〔六〕婞，狠也，音邢鼎反。

夫上好則下必甚，矯枉故直必過，其理然矣。〔一〕若范滂、張儉之徒，清心忌惡，終陷黨議，不其然乎？

〔一〕禮記曰：「下之事上也，不從其所令，從其所行。上好是物，下必有甚者矣。」矯，正也。正枉必過其直，見孟子。

初，桓帝爲蠡吾侯，受學於甘陵周福，及卽帝位，擢福爲尙書。時同郡河南尹房植有名當朝，鄉人爲之謠曰：「天下規矩房伯武，因師獲印周仲進。」二家賓客，互相譏揣，〔一〕遂各樹朋徒，漸成尤隙，由是甘陵有南北部，黨人之議，自此始矣。後汝南太守宗資任功曹范滂，南陽太守成瑨亦委功曹岑晊，〔二〕二郡又爲謠曰：「汝南太守范孟博，南陽宗資主畫諾。南陽太守岑公孝，弘農成瑨但坐嘯。」〔三〕因此流言轉入太學，諸生三萬餘人，郭林宗、賈偉節爲其冠，〔四〕並與李膺、陳蕃、王暢更相褒重。學中語曰：「天下模楷李元禮，不畏強禦陳仲舉，天下俊秀王叔茂。」又渤海公族進階、〔五〕扶風魏齊卿，並危言深論，不隱豪強。〔六〕自公卿以下，莫不畏其貶議，屣履到門。

〔一〕初委反。

〔二〕音質。

〔三〕謝承書曰「成瑨少脩仁義，篤學，以清名見。舉孝廉，拜郎中，遷南陽太守。郡舊多豪強，中官黃門磐（牙）〔互〕境界。瑨下車，振威嚴以檢攝之。是時桓帝乳母、中官貴人外親張子禁，怙恃貴埶，不畏法網，功曹岑晊勸使捕子禁付宛獄，笞殺之。桓帝徵瑨，下獄死。宗資字叔都，南陽安衆人也。家代爲漢將相名臣。祖父均，自有傳。資少在京師，學孟氏易、歐陽尚書。舉孝廉，拜議郎，補御史中丞、汝南太守。署范滂爲功曹，委任政事，推功於滂，不伐其美。任善之名，聞於海內」也。

〔四〕冠猶首也。

〔五〕公族，姓也，名進階。風俗通曰：「晉成公立嫡子爲公族大夫。」韓無忌號公族穆子，見左氏傳。

〔六〕危言謂不畏危難而直言也。論語孔子曰：「邦有道，危言危行。」

時河內張成善說風角，推占當赦，遂教子殺人。李膺爲河南尹，督促收捕，既而逢宥獲免，膺愈懷憤疾，竟案殺之。初，成以方伎交通宦官，帝亦頗誶其占。成弟子牢脩因上書誣告膺等養太學遊士，交結諸郡生徒，更相驅馳，共爲部黨，誹訕朝廷，疑亂風俗。〔一〕於是天子震怒，班下郡國，逮捕黨人，布告天下，使同忿疾，遂收執膺等。其辭所連及陳寔之徒二百餘人，或有逃遁不獲，皆懸金購募。使者四出，相望於道。明年，尚書霍諝、城門校尉竇武並表爲請，帝意稍解，乃皆赦歸田里，禁錮終身。而黨人之名，猶書王府。

〔一〕說文曰：「誹，謗也。」蒼頡篇曰：「訕，非也。」

自是正直廢放，邪枉熾結，海內希風之流，遂共相摽搒，〔一〕指天下名士，爲之稱號。上曰「三君」，次曰「八俊」，次曰「八顧」，次曰「八及」，次曰「八廚」，猶古之「八元」、「八凱」也。竇武、劉淑、陳蕃爲「三君」。君者，言一世之所宗也。李膺、荀翌、杜密、王暢、劉祐、魏朗、趙典、朱寓爲「八俊」。俊者，言人之英也。郭林宗、宗慈、巴肅、夏馥、范滂、尹勳、蔡衍、羊陟爲「八顧」。顧者，言能以德行引人者也。張儉、岑晊、劉表、陳翔、孔昱、苑康、檀(敷)〔敷〕、翟超爲「八及」。及者，言其能導人追宗者也。〔二〕度尚、張邈、王考、劉儒、胡母班、秦周、蕃嚮、王章爲「八廚」。〔三〕廚者，言能以財救人者也。

〔一〕希，望也。摽搒猶相稱揚也。「搒」與「牓」同，古字通。

〔二〕導，引也。宗謂所宗仰者。

〔三〕蕃，姓也，音皮。

又張儉鄉人朱並，承望中常侍侯覽意旨，上書告儉與同鄉二十四人別相署號，共爲部黨，圖危社稷。以儉及檀彬、褚鳳、張肅、薛蘭、馮禧、魏玄、徐乾爲「八俊」，田林、張隱、劉表、薛郁、王訪、劉祗、宣靖、公緒恭爲「八顧」，〔一〕朱楷、田槃、疎耽、薛敦、宋布、唐龍、嬴咨、宣褒爲「八及」，刻石立墠，共爲部黨，而儉爲之魁。〔二〕靈帝詔刊章捕儉等。〔三〕大長秋曹節因此諷有司奏捕前黨故司空虞放、太僕杜密、長樂少府李膺、司隸校尉朱寓、潁川太守巴肅、沛相荀翌、河內太守魏朗、山陽太守翟超、任城相劉儒、太尉掾范滂等百餘人，皆死獄中。餘或先歿不及，或亡命獲免。自此諸爲怨隙者，因相陷害，睚眦之忿，濫入黨中。〔四〕又州郡承旨，或有未嘗交關，亦離禍毒。其死徙廢禁者，六七百人。

〔一〕公緒，姓也。

〔二〕墠，除地於中爲壇。墠音禪。魁，大帥也。

〔三〕刊，削。不欲宣露並名，故削除之，而直捕儉等。

〔四〕睚音五懈反。廣雅曰：「睚，裂也。」眦音才賜反。前書音義曰：「瞋目皃也。」史記曰：「睚眦之隙必報。」

熹平五年，永昌太守曹鸞上書大訟黨人，言甚方切。帝省奏大怒，卽詔司隸、益州檻車收鸞，送槐里獄掠殺之。於是又詔州郡更考黨人門生故吏父子兄弟，其在位者，免官禁錮，爰及五屬。〔一〕

〔一〕謂斬衰、齊衰、大功、小功、緦麻也。

光和二年，上祿長和海〔一〕上言：「禮，從祖兄弟別居異財，恩義已輕，服屬疏末。而今黨人錮及五族，旣乖典訓之文，有謬經常之法。」〔二〕帝覽而悟之，黨錮自從祖以下，皆得解釋。

〔一〕上祿，縣，屬武都郡，今成州縣也。

〔二〕左氏傳曰：「父子兄弟，罪不相及。」

中平元年，黃巾賊起，中常侍呂彊言於帝曰：「黨錮久積，人情多怨。若久不赦宥，輕與張角合謀，爲變滋大，悔之無救。」帝懼其言，乃大赦黨人，誅徙之家皆歸故郡。其後黃巾遂盛，朝野崩離，綱紀文章蕩然矣。〔一〕

〔一〕詩大雅蕩篇序曰：「厲王無道，天下蕩蕩，無綱紀文章。」鄭玄注云：「蕩蕩，法度廢壞之皃也。」

凡黨事始自甘陵、汝南，成於李膺、張儉，海內塗炭，二十餘年，諸所蔓衍，皆天下善士。三君、八俊等三十五人，其名迹存者，並載乎篇。陳蕃、竇武、王暢、劉表、度尙、郭林宗別有傳。荀翌附祖淑傳。張邈附呂布傳。胡母班附袁紹傳。王考字文祖，東平壽張人，冀州刺史；秦周字平王，陳留平丘人，北海相；蕃嚮字嘉景，魯國人，郎中；王璋字伯儀，東萊曲城人，少府卿：〔一〕位行並不顯。翟超，山陽太守，事在陳蕃傳，字及郡縣未詳。朱寓，沛人，與杜密等俱死獄中。唯趙典名見而已。

〔一〕曲城，縣，故城在今萊州掖縣東北也。

劉淑字仲承，河閒樂成人也。祖父稱，司隸校尉。淑少學明五經，遂隱居，立精舍講授，諸生常數百人。州郡禮請，五府連辟，並不就。永興二年，司徒种暠舉淑賢良方正，辭以疾。桓帝聞淑高名，切責州郡，使輿病詣京師。淑不得已而赴洛陽，對策爲天下第一，拜議郎。又陳時政得失，災異之占，事皆效驗。再遷尙書，納忠建議，多所補益。又再遷侍中、虎賁中郎將。上疏以爲宜罷宦官，辭甚切直，帝雖不能用，亦不罪焉。以淑宗室之賢，特加敬異，每有疑事，常密諮問之。靈帝卽位，宦官譖淑與竇武等通謀，下獄自殺。

李膺字元禮，潁川襄城人也。祖父脩，安帝時爲太尉。〔一〕父益，趙國相。膺性簡亢，無所交接，〔二〕唯以同郡荀淑、陳寔爲師友。

〔一〕漢官儀曰：「脩字伯游。」

〔二〕亢，高也。

初舉孝廉，爲司徒胡廣所辟，舉高第，再遷青州刺史。守令畏威明，多望風弃官。復徵，再遷漁陽太守。尋轉蜀郡太守，以母老乞不之官。〔一〕轉護烏桓校尉。鮮卑數犯塞，膺常蒙矢石，每破走之，虜甚憚懾。〔二〕以公事免官，還居綸氏，教授常千人。〔三〕南陽樊陵求爲門徒，膺謝不受。陵後以阿附宦官，致位太尉，爲節〔志〕者所羞。〔四〕荀爽嘗就謁膺，因爲其御，既還，喜曰：「今日乃得御李君矣。」其見慕如此。

〔一〕謝承書曰：「出補蜀郡太守，修庠序，設條教，明法令，威恩並行。蜀之珍玩，不入於門。益州紀其政化，朝廷舉能理劇，轉烏桓校尉。」

〔二〕謝承書曰：「膺常率步騎臨陣交戰，身被創夷，拭血進戰，遂破寇，斬首二千級。」

〔三〕綸氏，縣，屬潁川郡，故城今陽城縣也。

〔四〕漢官儀曰：「樊陵字德雲。」

永壽二年，鮮卑寇雲中，桓帝聞膺能，乃復徵爲度遼將軍。先是羌虜及疏勒、龜茲，數出攻鈔張掖、酒泉、雲中諸郡，百姓屢被其害。自膺到邊，皆望風懼服，先所掠男女，悉送還塞下。自是之後，聲振遠域。

延熹二年徵，再遷河南尹。時宛陵大姓羊元羣罷北海郡，臧罪狼藉，郡舍溷軒有奇巧，乃載之以歸。〔一〕膺表欲按其罪，元羣行賂宦豎，膺反坐輸作左校。

〔一〕溷軒，廁屋。

初，膺與廷尉馮緄、大司農劉祐等共同心志，糾罰姦倖，緄、祐時亦得罪輸作。司隸校尉應奉上疏理膺等曰：「昔秦人觀寶於楚，昭奚恤莅以羣賢；〔一〕梁惠王瑋其照乘之珠，齊威王荅以四臣。〔二〕夫忠賢武將，國之心膂。竊見左校弛刑徒前廷尉馮緄、大司農劉祐、河南尹李膺等，執法不撓，誅舉邪臣，肆之以法，〔三〕衆庶稱宜。昔季孫行父親逆君命，逐出莒僕，於舜之功二十之一。〔四〕今膺等投身彊禦，畢力致罪，陛下既不聽察，而猥受譖訴，遂令忠臣同愆元惡。自春迄冬，不蒙降恕，遐邇觀聽，爲之歎息。夫立政之要，記功忘失，是以武帝捨安國於徒中，〔五〕宣帝徵張敞於亡命。〔六〕緄前討蠻荊，均吉甫之功。〔七〕祐數臨督司，有不吐茹之節。〔八〕膺著威幽、并，遺愛度遼。今三垂蠢動，王旅未振。易稱『雷雨作解，君子以赦過宥罪』。〔九〕乞原膺等，以備不虞。」書奏，乃悉免其刑。

〔一〕新序曰：「秦欲伐楚，使〔使〕者往觀楚之寶器。楚王聞之，召昭奚恤問焉。對曰：『此欲觀吾國之得失而圖之，寶器在於賢臣。』遂使恤應之。乃爲東面之壇一，爲南面之壇四，爲西面之壇一。秦使者至，恤曰：『君，客也，請就上位東面，子西南面，太宰子方次之，葉公子高次之，司馬子反次之。』恤自居西面之壇，稱曰：『客觀楚國之寶器。所寶者，賢臣也。理百姓，實倉廩，使人各得其所，子西在此。奉珪璋，使諸侯，解忿悁之難，交兩國之懽，使無兵革之憂，太宰子方在此。守封壃，謹境界，不侵鄰國，鄰亦不侵，葉公子高在此。理師旅，正兵戎，以當強敵，提枹鼓以動百萬之衆，使皆赴湯火，蹈白刃，出萬死不顧，司馬子反在此。若懷霸王之餘義，獵理亂之遺風，昭奚恤在此。惟大國所觀。』秦使者瞿然無以對，恤遂揖衣而去。使反，言秦君曰：『楚多賢臣，未可謀也。』

〔二〕瑋猶美也。史記曰，魏惠王問齊威王曰：「王亦有寶乎？」威王曰：「無有。」魏王曰：「寡人之國雖小，尙有徑寸珠照車前後十二乘者十枚，柰何以萬乘之國而無寶乎！」威王曰：「寡人所以爲寶者與王異。吾臣有檀子者，使守南城，楚人不敢爲寇。吾臣有盼子者，使守高堂，則趙人不敢東漁於河。吾臣有黔夫者，使守徐州，於是燕人祭北門，趙人祭西門，從者七千餘家。吾臣有種首者，使備盜賊，則道不拾遺。以此爲寶，將以照千里，豈直十二乘哉？」魏王慙，不懌而去。

〔三〕肆，陳也。

〔四〕紀太子僕殺紀公，以其寶玉來奔，納諸宣公，公命與之邑，季文子使司寇出之境。公問其故，對曰：「孝敬忠信爲吉德，盜賊藏姦爲凶德。夫莒僕，則其孝敬，〔則〕弑君父矣，則其忠信，則竊寶玉矣，其人則盜賊也，是以去之。舜舉十六相，去四凶，有大功二十而爲天子。今行父雖未獲一吉人，去一凶矣，於舜之功，二十之一也。」見左傳。

〔五〕景帝時，韓安國爲梁大夫，坐法抵罪。後梁內史缺，起徒中爲二千石，拜爲內史。臣賢案：此言武帝，誤也。

〔六〕張儉爲京兆尹，坐殺人亡命歸家。冀州亂，徵儉爲冀州刺史。

〔七〕詩小雅曰：「顯允方叔，征伐玁狁，蠻荆來威。」鄭玄注云：「方叔先與吉甫征伐玁狁，今特往伐蠻荆，皆使來服於宣王之威，美其功之多也。」緄以順帝時討長沙武陵蠻夷有功，故以比之。

〔八〕謂祐奏梁冀弟旻，又爲司隸校尉，權豪畏之也。詩曰：「唯仲山甫，柔亦不茹，剛亦不吐，不侮鰥寡，不畏彊禦。」

〔九〕易解卦象詞也。卦坎下震上。解，坎爲險，爲水。水者，雨之象。震爲動，爲雷。王弼注云：「屯難盤結，於是乎解也。」

再遷，復拜司隸校尉。時張讓弟朔爲野王令，貪殘無道，至乃殺孕婦，聞膺厲威嚴，懼罪逃還京師，因匿兄讓弟舍，藏於合柱中。膺知其狀，率將吏卒破柱取朔，付洛陽獄。受辭畢，即殺之。讓訴冤於帝，詔膺入殿，御親臨軒，詰以不先請便加誅辟之意。膺對曰：「昔晉文公執衞成公歸于京師，春秋是焉。〔一〕禮云公族有罪，雖曰宥之，有司執憲不從。〔二〕昔仲尼爲魯司寇，七日而誅少正卯。今臣到官已積一旬，私懼以稽留爲愆，不意獲速疾之罪。誠自知釁責，死不旋踵，特乞留五日，剋殄元惡，退就鼎鑊，始生之願也。」帝無復言，顧謂讓曰：「此汝弟之罪，司隸何愆？」乃遣出之。自此諸黄門常侍皆鞠躬屏氣，休沐不敢復出宮省。帝怪問其故，並叩頭泣曰：「畏李校尉。」

〔一〕公羊傳曰：「晉人執衞侯，歸之于京師。歸之于者，執之乎天子之側者也。罪定不定已可知矣。」何休注云：「歸之于者，決辭也。」

〔三〕解見張酺傳。

是時朝庭日亂，綱紀穨阤，膺獨持風裁，以聲名自高。〔一〕士有被其容接者，名爲登龍門。〔二〕及遭黨事，當考實膺等。案經三府，太尉陳蕃卻之。曰：「今所考案，皆海內人譽，憂國忠公之臣。此等猶將十世宥也，〔三〕豈有罪名不章而致收掠者乎？」不肯平署。〔四〕帝愈怒，遂下膺等於黄門北寺獄。〔五〕膺等頗引宦官子弟，宦官多懼，請帝以天時宜赦，於是大赦天下。膺免歸鄉里，居陽城山中，天下士大夫皆高尚其道，而汙穢朝廷。〔六〕

〔一〕裁音才代反。

〔二〕以魚爲喻也。龍門，河水所下之口，在今絳州龍門縣。辛氏三秦記曰「河津一名龍門，水險不通，魚鼈之屬莫能上，江海大魚薄集龍門下數千，不得上，上則爲龍」也。

〔三〕解見耿弇傳。

〔四〕平署猶連署也。

〔五〕獄名，解見靈紀也。

〔六〕以朝廷爲汙穢也。

及陳蕃免太尉，朝野屬意於膺，荀爽恐其名高致禍，欲令屈節以全亂世，爲書貽曰：「久廢過庭，不聞善誘，陟岵瞻望，惟日爲歲。〔一〕知以直道不容於時，悅山樂水，家于陽城。道近路夷，當即聘問，無狀嬰疾，闕於所仰。頃聞上帝震怒，貶黜鼎臣，〔二〕人鬼同謀，〔三〕以爲天子當貞觀二五，利見大人，〔四〕不謂夷之初旦，明而未融，〔五〕虹蜺揚煇，弃和取同。〔六〕方今天地氣閉，大人休否，〔七〕智者見險，投以遠害。〔八〕雖匱人望，內合私願。〔九〕想甚欣然，不爲恨也。願怡神無事，偃息衡門，〔一〇〕任其飛沈，與時抑揚。」頃之，帝崩。陳蕃爲太傅，與大將軍竇武共秉朝政，連謀誅諸宦官，故引用天下名士，乃以膺爲長樂少府。及陳、竇之敗，膺等復廢。

〔一〕論語曰：「鯉趨而過庭。子曰：『學詩乎？』曰『未也』。」又曰：「孔子恂恂然善誘人。」詩曰：「陟彼岵兮，瞻望父兮。」又曰：「一日不見，如三歲兮。」爽致敬於膺，故以父爲喻也。

〔二〕上帝謂天子，鼎臣即陳蕃。

〔三〕易下繫曰：「人謀鬼謀，百姓與能。」

〔四〕易曰：「天地之道，貞觀也。」乾九二、九五並曰「利見大人」也。

〔五〕夷，傷也。融，朗也。明夷卦离下坤上，离爲日，坤爲地，日之初出，其明未朗。左傳曰：「明而未融，其當旦乎？」以膺黜，故喻之也。

〔六〕春秋考異郵曰：「虹蜺出，亂惑弃和。」謂弃君子，同小人也。論語曰：「君子和而不同，小人同而不和」也。

〔七〕易文言曰：「天地閉，賢人隱。」否九五曰：「大人休否。」休否謂休廢而否塞。

〔八〕見險難，故投身以遠害也。易曰：「君子以儉德避難，不可榮以祿。」

〔九〕匱，乏也。

〔一〇〕毛萇詩注曰：「衡門，橫木爲門。」

後張儉事起，收捕鉤黨，鄉人謂膺曰：「可去矣。」對曰：「事不辭難，罪不逃刑，臣之節也。〔一一〕吾年已六十，死生有命，去將安之？」乃詣詔獄。考死，妻子徙邊，門生、故吏及其父兄，並被禁錮。

〔一一〕左傳曰，晉侯之弟楊干亂行於曲梁，魏絳戮其僕。晉侯怒，謂羊舌赤曰：「合諸侯以爲榮也。楊干爲戮，何辱如之？必殺魏絳，無失也。」對曰：「絳無貳志，事君不避難，有罪不逃刑，其將來辭，何辱命焉！」

時侍御史蜀郡景毅子顧爲膺門徒，而未有錄牒，故不及於譴。毅乃慨然曰：「本謂膺賢，遣子師之，豈可以漏奪名籍，苟安而已！」遂自表免歸，時人義之。

膺子瓚，位至東平相。〔一〕初，曹操微時，瓚異其才，將沒，謂子宣等曰：「時將亂矣，天下英雄無過曹操。張孟卓與吾善，袁本初汝外親，雖爾勿依，必歸曹氏。」諸子從之，並免於亂世。

〔一〕謝承書「瓚」作「琟」。

杜密字周甫，潁川陽城人也。爲人沈質，少有厲俗志。爲司徒胡廣所辟，稍遷代郡太守。徵，三遷太山太守、北海相。其宦官子弟爲令長有姦惡者，輒捕案之。行春到高密縣，見鄭玄爲鄉佐，知其異器，即召署郡職，遂遣就學。

後密去官還家，每謁守令，多所陳託。同郡劉勝，亦自蜀郡告歸鄉里，閉門埽軌，無所干及。〔一〕太守王昱謂密曰：「劉季陵清高士，公卿多舉之者。」密知昱激己，對曰：「劉勝位爲大夫，見禮上賓，而知善不薦，聞惡無言，隱情惜己，自同寒蟬，此罪人也。〔二〕今志義力行之賢而密達之，〔三〕違道失節之士而密糾之，使明府賞刑得中，令問休揚，不亦萬分之一乎？」昱慙服，待之彌厚。

〔一〕軌，車迹也。言絕人事。

〔二〕寒蟬謂寂默也。楚詞曰：「悲哉秋之爲氣也，蟬寂漠而無聲。」

〔三〕力行謂盡力行善也。禮記曰：「好問近乎智，力行近乎仁。」

後桓帝徵拜尚書令，遷河南尹，轉太僕。黨事既起，免歸本郡，與李膺俱坐，而名行相次，故時人亦稱「李杜」焉。〔一〕後太傅陳蕃輔政，復爲太僕。明年，坐黨事被徵，自殺。

〔一〕前有李固、杜喬，故言「亦」也。

劉祐字伯祖，中山安國人也。〔一〕安國後別屬博陵。祐初察孝廉，補尚書侍郎，閑練故事，文札強辨，每有奏議，應對無滯，爲僚類所歸。

〔一〕安國，縣，故城在今定州義豐縣東南。謝承書曰：「祐，宗室胤緒，代有名位。少脩操行，學嚴氏春秋、小戴禮、古文尚書，仕郡爲主簿。郡將小子嘗出錢付之，令市買果實，祐悉以買筆書具與之，因白郡將，言『郎君年可入小學，而但傲佷，遠近謂明府無過庭之教，請出授書』。郡將爲使子就祐受經，五日一試，不滿呈限，白決罰，遂成學業也。」

除任城令，兗州舉爲尤異，遷揚州刺史。是時會稽太守梁旻，大將軍冀之從弟也。祐舉奏其罪，旻坐徵。復遷祐河東太守。時屬縣令長率多中官子弟，百姓患之。祐到，黜其權強，平理冤結，政爲三河表。〔一〕

〔一〕三河謂河東、河內、河南也。表猶標準也。

再遷，延熹四年，拜尚書令，又出爲河南尹，轉司隸校尉。時權貴子弟罷州郡還入京師者，每至界首，輒改易輿服，隱匿財寶，威行朝廷。

拜宗正，三轉大司農。時中常侍蘇康、管霸用事於內，遂固天下良田美業，山林湖澤，民庶窮困，州郡累氣。〔一〕祐移書所在，依科品沒入之。桓帝大怒，論祐輸左校。

〔一〕累氣，屏息也。

後得赦出，復歷三卿，輒以疾辭，乞骸骨歸田里。詔拜中散大夫，遂杜門絕迹。每三公缺，朝廷皆屬意於祐，以譖毀不用。延篤貽之書曰：「昔太伯三讓，人無德而稱焉。〔一〕延陵高揖，華夏仰風。〔二〕吾子懷蘧氏之可卷，體甯子之如愚，〔三〕微妙玄通，沖而不盈，〔四〕蔑三光之明，未暇以天下爲事，何其劭與！」〔五〕

〔一〕三讓，解見和紀。

〔二〕揖，讓也。左傳，吳王壽夢卒，子諸樊既除喪，將立弟季札，札弃其室而耕，乃舍之。

〔三〕蘧瑗字伯玉，甯子名俞，並衞大夫。論語孔子曰：「君子哉蘧伯玉，邦有道則仕，邦無道則可卷而懷之。」又曰：「甯武子邦無道則愚。」

〔四〕老子曰「古之善爲道者，微妙玄通，深不可識」也。又曰「道沖而用之或不盈」。

〔五〕莊子曰：「舜讓天下於子州支伯，子州支伯曰：『予適有幽憂之病，方且理之，未暇理天下也。』」

靈帝初，陳蕃輔政，以祐爲河南尹。及蕃敗，祐黜歸，卒于家。明年，大誅黨人，幸不及禍。

魏朗字少英，會稽上虞人也。〔一〕少爲縣吏。兄爲鄉人所殺，朗白日操刃報讎於縣中，遂亡命到陳國。從博士郤仲信學春秋圖緯，〔二〕又詣太學受五經，京師長者李膺之徒爭從之。

〔一〕上虞，縣，故城在今越州餘姚縣西。有虞山，在縣東。

〔二〕孔子作春秋緯十二篇。

初辟司徒府，再遷彭城令。時中官子弟爲國相，多行非法，朗與更相章奏，幸臣忿疾，欲中之。〔一〕會九眞賊起，乃共薦朗爲九眞都尉。到官，奬厲吏兵，討破羣賊，斬首二千級。桓帝美其功，徵拜議郎。頃之，遷尙書。屢陳便宜，有所補益。出爲河內太守，政稱三河表。尙書令陳蕃薦朗公忠亮直，宜在機密，復徵爲尙書。會被黨議，免歸家。

〔一〕中猶中傷。

朗性矜嚴，閉門整法度，家人不見墯容。後竇武等誅，朗以黨被急徵，行至牛渚，自殺。〔一〕著書數篇，號魏子云。

〔一〕牛渚，山名。突出江中，謂爲牛渚圻，在今宣州當塗縣北也。

夏馥字子治，陳留圉人也。少爲書生，言行質直。同縣高氏、蔡氏並皆富殖，郡人畏而事之，唯馥比門不與交通，〔一〕由是爲豪姓所仇。桓帝初，舉直言，不就。

〔一〕比門猶並門也。

馥雖不交時宦，然以聲名爲中官所憚，遂與范滂、張儉等俱被誣陷，詔下州郡，捕爲黨魁。

及儉等亡命，經歷之處，皆被收考，辭所連引，布徧天下。馥乃頓足而歎曰：「孽自己作，空汙良善，一人逃死，禍及萬家，何以生爲！」乃自翦須變形，入林慮山中，〔一〕隱匿姓名，爲冶家傭。親突煙炭，形貌毀瘁，積二三年，人無知者。後馥弟靜，乘車馬，載縑帛，追之於涅陽市中。〔二〕遇馥不識，聞其言聲，乃覺而拜之。馥避不與語，靜追隨至客舍，共宿。夜中密呼靜曰：「吾以守道疾惡，故爲權宦所陷。且念營苟全，以庇性命，弟柰何載物相求，是以禍見追也。」明旦，別去。黨禁未解而卒。

〔一〕林慮，今相州縣。

〔二〕涅陽，縣，屬南陽郡。

宗慈字孝初，南陽安衆人也。〔一〕舉孝廉，九辟公府，有道徵，不就。後爲脩武令。時太守出自權豪，多取貨賂，慈遂弃官去。徵拜議郎，未到，道疾卒。南陽羣士皆重其義行。

〔一〕安衆在今南陽縣西南，仍有其名，無復基趾也。

巴肅字恭祖，勃海高城人也。〔一〕初察孝廉，歷愼令、貝丘長，〔二〕皆以郡守非其人，辭病去。辟公府，稍遷拜議郎。與竇武、陳蕃等謀誅閹官，武等遇害，肅亦坐黨禁錮。中常侍曹節後聞其謀，收之。肅自載詣縣。縣令見肅，入閤解印綬與俱去。肅曰：「爲人臣者，有謀不敢隱，有罪不逃刑。既不隱其謀矣，又敢逃其刑乎？」遂被害。刺史賈琮刊石立銘以記之。

〔一〕高城，縣，故城在今滄州鹽山縣南。

〔二〕愼，縣，屬汝南郡。貝丘，縣，屬淸河郡。

范滂字孟博，汝南征羌人也。〔一〕少厲淸節，爲州里所服，舉孝廉、光祿四行。〔二〕時冀州飢荒，盜賊羣起，乃以滂爲淸詔使，案察之。滂登車攬轡，慨然有澄淸天下之志。及至州境，守令自知臧汙，望風解印綬去。其所舉奏，莫不厭塞衆議。遷光祿勳主事。時陳蕃爲光祿勳，滂執公儀詣蕃，蕃不止之，滂懷恨，投版弃官而去。〔三〕郭林宗聞而讓蕃曰：「若范孟博者，豈宜以公禮格之？〔四〕今成其去就之名，得無自取不優之議也？」蕃乃謝焉。

〔一〕征羌，解見來歙傳。謝承書曰：「汝南細陽人也。」

〔二〕漢官儀曰：「光祿舉敦厚、質樸、遜讓、節儉。」此爲四行也。

〔三〕版，笏也。

〔四〕格，正也。

復爲太尉黃瓊所辟。後詔三府掾屬舉謠言，〔一〕滂奏刺史、二千石權豪之黨二十餘人。尚書責滂所劾猥多，疑有私故。滂對曰：「臣之所舉，自非叨穢姦暴，深爲民害，豈以汙簡札哉！閒以會日迫促，故先舉所急，其未審者，方更參實。臣聞農夫去草，嘉穀必茂；〔二〕忠臣除姦，王道以清。若臣言有貳，甘受顯戮。」吏不能詰。滂覩時方艱，知意不行，因投劾去。

〔一〕漢官儀曰：「三公聽採長史臧否，人所疾苦，還條奏之，是爲舉謠言也。頃者舉謠言，掾屬令史都會殿上，主者大言，州郡行狀云何，善者同聲稱之，不善者默爾銜枚。」

〔二〕左傳曰：「爲國家者，見惡如農夫之務去草焉。」

太守宗資先聞其名，請署功曹，委任政事。滂在職，嚴整疾惡。其有行違孝悌，不軌仁義者，皆埽迹斥逐，不與共朝。顯薦異節，抽拔幽陋。滂外甥西平李頌，公族子孫，而爲鄉曲所弃，中常侍唐衡以頌請資，資用爲吏。滂以非其人，寢而不召。資遷怒，捶書佐朱零。零仰曰：「范滂清裁，猶以利刃齒腐朽。〔一〕今日寧受笞死，而滂不可違。」資乃止。郡中中人以下，莫不歸怨，乃指滂之所用以爲「范黨」。

〔一〕裁音才載反。

後牢脩誣言鉤黨，〔一〕滂坐繫黃門北寺獄。獄吏謂曰：「凡坐繫皆祭皐陶。」滂曰：「皐陶賢者，古之直臣。知滂無罪，將理之於帝；〔二〕如其有罪，祭之何益！」衆人由此亦止。獄吏將加掠考，滂以同囚多嬰病，乃請先就格，遂與同郡袁忠爭受楚毒。桓帝使中常侍王甫以次辨詰，滂等皆三木囊頭，暴於階下。〔三〕餘人在前，或對或否，滂、忠於後越次而進。王甫詰曰：「君爲人臣，不惟忠國，而共造部黨，自相褒舉，評論朝廷，虛搆無端，諸所謀結，並欲何爲？皆以情對，不得隱飾。」滂對曰：「臣聞仲尼之言，『見善如不及，見惡如探湯』。〔四〕欲使善善同其清，惡惡同其汙，謂王政之所願聞，不悟更以爲黨。」甫曰：「卿更相拔舉，迭爲脣齒，有不合者，見則排斥，其意如何？」滂乃慷慨仰天曰：「古之循善，自求多福；今之

循善，身陷大戮。身死之日，願埋滂於首陽山側，上不負皇天，下不愧夷、齊。」〔五〕甫愍然爲之改容。乃得並解桎梏。〔六〕

〔一〕鉤，引也。

〔二〕帝謂天也。

〔三〕三木，項及手足皆有械，更以物蒙覆其頭也。前書司馬遷曰「魏其，大將也，衣赭關三木」也。

〔四〕探湯喻去疾也。見論語。

〔五〕伯夷、叔齊餓死首陽山，見史記。首陽山在洛陽東北。

〔六〕鄭玄注周禮曰：「木在足曰桎，在手曰梏。」

滂後事釋，南歸。始發京師，汝南、南陽士大夫迎之者數千兩。〔一〕同囚鄉人殷陶、黄穆，亦免俱歸，並衞侍於滂，應對賓客。滂顧謂陶等曰：「今子相隨，是重吾禍也。」遂遁還鄉里。

〔一〕兩，車也。尚書曰：「戎車三百兩。」

初，滂等繫獄，尚書霍諝理之。及得免，到京師，往候諝而不爲謝。或有讓滂者。對曰：「昔叔向嬰罪，祁奚救之，未聞羊舌有謝恩之辭，祁老有自伐之色。」竟無所言。〔一〕

〔一〕左傳，晉討欒盈之黨，殺叔向之弟羊舌虎，并囚叔向。於是祁奚聞之，見范宣子曰：「夫謀而鮮過，惠訓不倦者，叔向有焉。社稷之固也，猶將十代宥之，今一不免其身，不亦惑乎？」宣子說而免之。祁奚不見叔向而歸，叔向亦不告兗焉而朝。孔安國注尙書曰「自功曰伐」也。

建寧二年，遂大誅黨人，詔下急捕滂等。督郵吳導至縣，抱詔書，閉傳舍，伏牀而泣。〔一〕滂聞之，曰：「必爲我也。」卽自詣獄。縣令郭揖大驚，出解印綬，引與俱亡。曰：「天下大矣，子何爲在此？」滂曰：「滂死則禍塞，何敢以罪累君，又令老母流離乎！」其母就與之訣。滂白母曰：「仲博孝敬，足以供養，〔二〕滂從龍舒君歸黃泉，〔三〕存亡各得其所。惟大人割不可忍之恩，勿增感戚。」母曰：「汝今得與李、杜齊名，死亦何恨！〔四〕旣有令名，復求壽考，可兼得乎？」滂跪受教，再拜而辭。顧謂其子曰：「吾欲使汝爲惡，則惡不可爲；使汝爲善，則我不爲惡。」行路聞之，莫不流涕。時年三十三。

〔一〕傳，驛舍也，音知戀反。

〔二〕仲博，滂弟也。

〔三〕謝承書曰：「滂父顯，故龍舒侯相也。」

〔四〕李膺、杜密。

論曰：李膺振拔汙險之中，〔一〕蘊義生風，以鼓動流俗，〔二〕激素行以恥威權，立廉尙以振貴埶，使天下之士奮迅感槩，波蕩而從之，幽深牢破室族而不顧，至于子伏其死而母歡其

義。壯矣哉！子曰：「道之將廢也與？命也！」〔三〕

〔一〕前書班固曰「振拔汙塗，跨騰風雲」也。

〔二〕周易曰：「鼓以動之。」

〔三〕論語之文。

尹勳字伯元，河南鞏人也。家世衣冠。伯父睦爲司徒，兄頌爲太尉，宗族多居貴位者，而勳獨持清操，不以地埶尚人。州郡連辟，察孝廉，三遷邯鄲令，政有異迹。後舉高第，五遷尚書令。及桓帝誅大將軍梁冀，勳參建大謀，封都鄉侯。遷汝南太守。上書解釋范滂、袁忠等黨議禁錮。尋徵拜將作大匠，轉大司農。坐竇武等事，下獄自殺。

蔡衍字孟喜，汝南項人也。〔一〕少明經講授，以禮讓化鄉里。鄉里有爭訟者，輒詣衍決之，其所平處，皆曰無怨。

〔一〕項，今陳州項城縣也。

舉孝廉，稍遷冀州刺史。中常侍具瑗託其弟恭舉茂才，衍不受，乃收齎書者案之。又劾奏河閒相曹鼎臧罪千萬。鼎者，中常侍騰之弟也。騰使大將軍梁冀爲書請之，衍不荅，鼎竟坐輸作左校。乃徵衍拜議郎、符節令。梁冀聞衍賢，請欲相見，衍辭疾不往，冀恨之。時南陽太守成瑨等以收糾宦官考廷尉，衍與議郎劉瑜表救之，言甚切厲，坐免官還家，杜門不出。靈帝卽位，（徵）〔復〕拜議郎，會病卒。

羊陟字嗣祖，太山梁父人也。〔一〕家世冠族。陟少淸直有學行，舉孝廉，辟太尉李固府，舉高第，拜侍御史。會固被誅，陟以故吏禁錮歷年。復舉高第，再遷冀州刺史。奏案貪濁，所在肅然。又再遷虎賁中郎將、城門校尉，三遷尚書令。時太尉張顥、司徒樊陵、大鴻臚郭防、太僕曹陵、大司農馮方並與宦豎相姻私，公行貨賂，並奏罷黜之，不納。以前太尉劉寵、司隸校尉許冰、幽州刺史楊熙、涼州刺史劉恭、益州刺史龐艾淸亮在公，薦舉升進。帝嘉之，拜陟河南尹。計日受奉，常食乾飯茹菜，禁制豪右，京師憚之。會黨事起，免官禁錮，卒於家。

〔一〕梁父故城在今兗州泗水縣北。

張儉字元節，山陽高平人，趙王張耳之後也。〔一〕父成，江夏太守。儉初舉茂才，以刺史非其人，謝病不起。

〔一〕張耳，大梁人也。高祖立爲趙王。

延熹八年，太守翟超請爲東部督郵。時中常侍侯覽家在防東，〔一〕殘暴百姓，所爲不軌。儉舉劾覽及其母罪惡，請誅之。覽遏絕章表，並不得通，由是結仇。鄉人朱並，素性佞邪，爲儉所弃，並懷怨恚，遂上書告儉與同郡二十四人爲黨，於是刊章討捕。儉得亡命，困迫遁走，望門投止，莫不重其名行，破家相容。後流轉東萊，止李篤家。外黄令毛欽操兵到門，篤引欽謂曰：「張儉知名天下，而亡非其罪。縱儉可得，寧忍執之乎？」欽因起撫篤曰：「蘧伯玉恥獨爲君子，足下如何自專仁義？」篤曰：「篤雖好義，明廷今日載其半矣。」〔二〕欽歎息而去。篤因緣送儉出塞，以故得免。其所經歷，伏重誅者以十數，宗親並皆殄滅，郡縣爲之殘破。

〔一〕縣名，屬山陽郡，故城在今兗州金鄉縣南。

〔二〕明廷猶明府。言不執儉，得義之半也。

中平元年，黨事解，乃還鄉里。大將軍、三公並辟，又舉敦朴，公車特徵，起家拜少府，皆不就。獻帝初，百姓飢荒，而儉資計差溫，乃傾竭財產，與邑里共之，賴其存者以百數。

建安初，徵爲衞尉，不得已而起。儉見曹氏世德已萌，乃闔門懸車，不豫政事。歲餘卒于許下。年八十四。

論曰：昔魏齊違死，虞卿解印；〔一〕季布逃亡，朱家甘罪。〔二〕而張儉見怒時王，顚沛假命，天下聞其風者，莫不憐其壯志，而爭爲之主。至乃捐城委爵、破族屠身，蓋數十百所，豈不賢哉！然儉以區區一掌，而欲獨堙江河，〔三〕終嬰疾甚之亂，多見其不知量也。〔四〕

〔一〕違，避也。史記魏齊，魏之諸公子也。虞卿，趙相也。范睢入秦，爲昭王相，昭王乃遺趙王書曰：「魏齊，范睢之仇也，急持其頭來。」趙王乃圍齊，齊急亡，見虞卿。卿度趙王不可說，乃解其印，與齊往信陵君所。信陵君初聞之疑，後乃出迎。齊聞信陵初疑，遂自刎。趙王持其頭遺秦也。

〔二〕季布，楚人。爲項羽將，數窘漢王。羽敗，漢購求布千金，敢舍匿，罪三族。布匿濮陽周氏，髡鉗布，之魯朱家所賣之。朱家心知是季布也，買置田舍。乃往洛陽，見汝陰侯灌嬰，說之曰：「季布何罪？臣各爲主用，職耳。」汝陰侯言於高帝，帝乃赦之。拜郎中，後爲河東守也。

〔三〕堙，塞也。前書班固曰：「何武、王嘉，區區以一蕢障江河，用沒其身。」

〔四〕論語曰：「人而不仁，疾之以甚，亂也。」又曰：「人雖欲自絕，其何傷於日月〔乎〕？多見其不知量也。」

岑晊字公孝，南陽棘陽人也。〔一〕父（像）〔豫〕，爲南郡太守，以貪叨誅死。〔二〕晊年少未知名，往候同郡宗慈，慈方以有道見徵，賓客滿門，以晊非良家子，不肯見。晊留門下數日，晚乃引入。慈與語，大奇之，遂將俱至洛陽，因詣太學受業。

〔一〕棘音力。

〔二〕方言曰：「叨，殘也。」

晊有高才，郭林宗、朱公叔等皆爲友，李膺、王暢稱其有幹國器，雖在閭里，慨然有董正天下之志。〔一〕太守弘農成瑨下車，欲振威嚴，聞晊高名，請爲功曹，又以張牧爲中賊曹吏。瑨委心晊、牧，褒善糾違，肅清朝府。宛有富賈張汎者，桓帝美人之外親，善巧雕鏤玩好之物，頗以賂遺中官，以此並得顯位，恃其伎巧，用埶縱橫。晊與牧勸瑨收捕汎等，既而遇赦，晊竟誅之，并收其宗族賓客，殺二百餘人，後乃奏聞。於是中常侍侯覽使汎妻上書訟其冤。帝大震怒，徵瑨，下獄死。晊與牧亡匿齊魯之閒。會赦出。後州郡察舉，三府交辟，並不就。及李、杜之誅，因復逃竄，終于江夏山中云。

〔一〕爾雅曰：「董，督正也。」

陳翔字子麟，汝南邵陵人也。祖父珍，司隸校尉。翔少知名，善交結。察孝廉，太尉周景辟舉高第，拜侍御史。時正旦朝賀，大將軍梁冀威儀不整，〔翔〕奏冀恃貴不敬，請收案罪，時人奇之。遷定襄太守，徵拜議郎，遷揚州刺史。舉奏豫章太守王永奏事中官，吳郡太守徐參在職貪穢，並徵詣廷尉。參，中常侍璜之弟也。由此威名大振。又徵拜議郎，補御史中丞。坐黨事考黃門北寺獄，以無驗見原，卒于家。

孔昱字元世，魯國魯人也。七世祖霸，成帝時歷九卿，封褒成侯。〔一〕自霸至昱，爵位相係，其卿相牧守五十三人，列侯七人。昱少習家學，〔二〕大將軍梁冀辟，不應。太尉舉方正，對策不合，乃辭病去。後遭黨事禁錮。靈帝即位，公車徵拜議郎，補洛陽令，以師喪弃官，卒於家。

〔一〕臣賢案：前書孔霸字次（孺）〔儒〕，即安國孫，世習尚書。宣帝時爲太中大夫，授太子經，遷詹事，高密相。元帝即位，霸以師賜爵關內侯，號褒成君。薨，謚曰烈君。今范書及謝承書皆云成帝，又言封侯，蓋誤也。詹事及相俱二千石，故曰歷卿。

〔二〕家學尚書。

苑康字仲眞，勃海重合人也。〔一〕少受業太學，與郭林宗親善。舉孝廉，再遷潁陰令，有能迹。

〔一〕重合，縣，故城在今滄州樂陵縣東。

遷太山太守。郡內豪姓多不法，康至，奮威怒，施嚴令，莫有干犯者。先所請奪人田宅，皆遽還之。

是時山陽張儉殺常侍侯覽母，案其宗黨賓客，或有迸匿太山界者，康既常疾閹官，因此皆窮相收掩，無得遺脫。覽大怨之，誣康與兗州刺史第五種及都尉壺嘉詐上賊降，徵康詣廷尉獄，減死罪一等，徙日南。潁陰人及太山羊陟等詣闕爲訟，乃原還本郡，卒於家。

檀敷字文有，山陽瑕丘人也。〔一〕少爲諸生，家貧而志清，不受鄉里施惠。舉孝廉，連辟公府，皆不就。立精舍教授，遠方至者常數百人。桓帝時，博士徵，不就。靈帝卽位，太尉黃瓊舉方正，對策合時宜，再遷議郎，補蒙令。〔二〕以郡守非其人，弃官去。家無產業，子孫同衣而出。年八十，卒於家。〔三〕

〔一〕瑕丘，今兗州縣。

〔二〕蒙，縣，屬梁國。

〔三〕謝承書曰「敷〔與〕子孫同衣而行，并日而食」也。

劉儒字叔林，東郡陽平人也。〔一〕郭林宗常謂儒口訥心辯，有珪璋之質。〔二〕察孝廉，舉高第，三遷侍中。桓帝時，數有灾異，下策博求直言，儒上封事十條，極言得失，辭甚忠切。帝不能納，出爲任城相。頃之，徵拜議郎。會竇武事，下獄自殺。

〔一〕陽平故城，今魏州莘縣。

〔二〕珪璋，玉也。半珪曰璋。謝承書曰：「林宗歎儒有珪璋之質，終必爲令德之士。」詩曰：「如珪如璋，令聞令望。」

賈彪字偉節，潁川定陵人也。少遊京師，志節慷慨，與同郡荀爽齊名。初仕州郡，舉孝廉，補新息長。〔一〕小民困貧，多不養子，彪嚴爲其制，與殺人同罪。城南有盜劫害人者，北有婦人殺子者，彪出案發，〔二〕而掾吏欲引南。彪怒曰：「賊寇害人，此則常理，母子相殘，逆天違道。」遂驅車北行，案驗其罪。城南賊聞之，亦面縛自首。數年閒，人養子者千數，僉曰「賈父所長」，生男名爲「賈子」，生女名爲「賈女」。

〔一〕新息，今豫州縣。

〔二〕就發處案驗之。

延熹九年，黨事起，太尉陳蕃爭之不能得，朝廷寒心，莫敢復言。彪謂同志曰：「吾不西行，大禍不解。」乃入洛陽，說城門校尉竇武、尚書霍諝，武等訟之，桓帝以此大赦黨人。李膺出，曰：「吾得免此，賈生之謀也。」

先是岑晊以黨事逃亡，親友多匿焉，彪獨閉門不納，時人望之。〔一〕彪曰：「傳言『相時而動，無累後人』。〔二〕公孝以要君致釁，自遺其咎，吾以不能奮戈相待，反可容隱之乎？」於是咸服其裁正。

〔一〕望，怨也。

〔二〕相，視也。左傳之文也。

以黨禁錮，卒于家。初，彪兄弟三人，並有高名，而彪最優，故天下稱曰「賈氏三虎，偉節最怒」。

何顒字伯求，南陽襄鄉人也。〔一〕少遊學洛陽。顒雖後進，而郭林宗、賈偉節等與之相好，顯名太學。友人虞偉高有父讎未報，而篤病將終，顒往候之，偉高泣而訴。顒感其義，爲復讎，以頭醊其墓。〔二〕

〔一〕襄鄉故城在今隨州棗陽縣東北也。

〔二〕醊，祭酹也，音竹歲反。

及陳蕃、李膺之敗，顒以與蕃、膺善，遂爲宦官所陷，乃變姓名，亡匿汝南閒。所至皆親其豪桀，有聲荆豫之域。袁紹慕之，私與往來，結爲奔走之友。〔一〕是時黨事起，天下多離其難，顒常私入洛陽，從紹計議。其窮困閉戹者，爲求援救，以濟其患。有被掩捕者，則廣設權計，使得逃隱，全免者甚衆。

〔一〕詩大雅曰：「予曰有胥附，予曰有先後，予曰有奔走，予曰有禦侮。」毛萇注曰：「諭德宣譽曰奔走。」

及黨錮解，顒辟司空府。每三府會議，莫不推顒之長。累遷。及董卓秉政，逼顒以爲長史，託疾不就，乃與司空荀爽、司徒王允等共謀卓。會爽薨，顒以它事爲卓所繫，憂憤而卒。初，顒見曹操，歎曰：「漢家將亡，安天下者必此人也。」操以是嘉之。嘗稱「潁川荀彧，王佐之器」。及彧爲尚書令，遣人西迎叔父爽，并致顒屍，而葬之爽之冢傍。

贊曰：渭以涇濁，玉以礫貞。物性既區，嗜惡從形。〔一〕蘭蕕無並，銷長相傾。〔二〕徒恨芳膏，煎灼燈明。〔三〕

〔一〕礫音歷。說文曰：「礫，小石也。」言渭以涇濁，乃顯其清，玉居礫石，乃見其貞。區猶別也。嗜，愛也。從形謂形有善惡也。以諭彼李膺等與宦豎不同，故相憎疾。

〔二〕蕕，臭草也。左傳曰：「一薰一蕕，十年尚猶有臭。」易否卦曰：「小人道長，君子道銷。」泰卦曰：「君子道長，小人道銷。」老子曰「高下相傾」也。

〔三〕前書龔勝死，有一老父入哭甚哀，曰：「薰以香自燒，膏以明自銷。」

校勘記

二一八四頁六行　又將及難　按：「又」原譌「及」，逕據汲本、殿本改正。

二八四頁二行　狙獨猴也　按：「獨」原譌「彌」，逕據汲本、殿本改正。

二八四頁一三行　謂范睢蔡澤之類　按：汲本、殿本「睢」作「雎」。

二八四頁一四行　贏糧而景從也　按：「贏」原譌「嬴」，逕據汲本、殿本改正。

二八四頁一六行　懷經協術　集解引惠棟說，謂「協」當作「挾」，古字通，黃瓊傳「黃門協邪」是也。

二八五頁二行　忠義之流　按：「忠」原譌「志」，逕據汲本、殿本改正。

二八五頁三行　國命委於閹寺　按：「閹」原譌「闇」，逕據汲本、殿本改正。

二八五頁一五行　正枉必過其直見孟子　按：殿本考證謂今孟子無此文。

二八六頁一〇行　磐（牙）〔互〕境界　按：校補引柳從辰說，謂「牙」應作「㸦」，即「互」字。今據改。

二八七頁二行　李膺爲河南尹　集解引惠棟說，謂考異云「河南尹」當作「司隸」。校補引侯康說，謂通鑑繫張成事於延熹九年，是年李膺爲司隸，故考異云然，然靈紀九年無赦，惟八年三月大赦天下，則張成推占當赦，命子殺人，實在八年三月前，是時李膺正代鄧萬世爲河南尹也。今按：黃山謂按張成事不必在八年。膺之輸作左校，本傳及陳蕃傳皆謂膺河南尹，馮緄傳則謂膺司隸校尉，此范書之疏繆也。

二八七頁三行　帝亦頗誶其占　集解引錢大昕說，謂「誶」當作「訊」，古書訊誶二字多相亂。今按：御覽六五一引作「訊」。

二八七頁三行　成弟子牢脩　集解引惠棟說，謂袁宏紀作「牢順」，續漢志作「牢川」。今按：御覽引作「牢循」。

二八七頁一一行　荀翌　按：汲本、殿本「翌」作「昱」。下同。按：「翌」字經史多假爲「昱」字。

二八七頁一三行　孔昱　按：皇甫規傳「昱」作「翊」。集解引惠棟說，謂黨錮傳有孔昱，昱字元世，韓敕碑有御史孔翊元世，則翊即昱也。

二八七頁一三行　苑康　汲本、殿本「苑」作「范」。下同。按：荀淑、竇武傳並作「苑康」，作「范」誤。

二八七頁一三行　檀(數)〔敷〕　按：集解引惠棟說，謂本傳及韓敕碑皆作「敷」。今據改，與下文合。

二八八頁六行　劉祇　按：「祇」原譌「祗」，逕據汲本、殿本改正。

二八八頁六行　朱楷　按：「楷」原譌「揩」，逕據汲本、殿本改正。

二九〇頁一行　荀翌附祖淑傳　按：沈家本謂案淑傳云兄淑子昱，則「祖」字譌。

二九〇頁二行　王璋字伯儀　集解引惠棟說，謂「璋」當作「章」，「儀」當作「義」。按：校補引柳從辰說，謂上文王章爲八廚，字本作「章」，此又作「璋」，必有一誤。

二九一頁七行　還居綸氏　續志「綸氏」作「輪氏」。按：綸輪通。

二九一頁八行　爲節〔志〕者所羞　據汲本、殿本補。

二九二頁一五行　使〔使〕者往觀楚之寶器　據汲本、殿本補。

二一九三頁九行　使守高堂　按：汲本、殿本「堂」作「唐」。

二一九三頁一四行　〔則〕弑君父矣　據汲本、殿本補，與左傳合。

二一九四頁七行　時張讓弟朔爲野王令　按：集解引惠棟說，謂袁紀作「陽翟令張輿」，又膺爲河南尹時考殺之也。

二一九四頁一一行　今臣到官已積一旬　按：集解引惠棟說，謂袁紀「一旬」作「二旬」。

二一九四頁一三行　皆鞠躬屏氣　按：「鞠」原譌「鞫」，逕據汲本、殿本改正。

二一九七頁八行　漏奪名籍　刊誤謂「奪」當作「脫」。按：惠棟謂續漢書作「漏脫」，奪與脫古字通。

二一九八頁四行　劉季陵清高士　按：汲本「陵」作「林」。殿本考證謂「陵」本或作「林」。

二二〇二頁六行　入林慮山中　按：御覽八一七引謝承書，作「遁迹黑山」。

二二〇二頁七行　爲冶家傭　按：「冶」原譌「治」，逕據汲本、殿本改正。

二二〇三頁七行　追之於涅陽市中　按：集解引惠棟說，謂袁紀作「滏陽」，魏郡鄴縣有釜水，或是滏水之陽。案漢末林慮、鄴縣皆屬魏郡，馥入林慮山，靜追之滏陽市中，爲得其實。

二二〇四頁三行　得無自取不優之議也　按：汲本「議也」作「譏邪」。

二二〇四頁一三行　滂覩時方艱　按：集解引王補說，謂袁紀「艱」下有「難」字。

二二〇五頁一五行　見則排斥　按：刊誤謂「見則」案文當作「則見」。

二二〇五頁一五行　古之循善　按：刊誤謂案文「循」當作「修」。

二二〇六頁一〇行　並衞侍於滂　按：汲本、殿本「滂」作「傍」。

二二〇八頁三行　周易曰鼓以動之　殿本考證云諸本同，王會汾謂案易無此文。張森楷校勘記謂「鼓」或當是「風」誤。今按：注或引詩大序「風以動之」，展轉傳寫，誤「詩序」爲「周易」，誤「風」爲「鼓」耳。

二二〇九頁五行　（徵）〔復〕拜議郎　據汲本、殿本改。按：前曾徵拜議郎，故此云復拜，作「徵」誤。

二二〇九頁六行　家世冠族　按：汲本、殿本「冠」上有「衣」字。

二二〇九頁八行　司徒樊陵　按：集解引錢大昕說，謂靈帝紀陵爲太尉，非司徒。

二二〇九頁一〇行　司隸校尉許冰　汲本、殿本「冰」作「永」。按：殿本考證謂「永」毛本作「冰」，監本作「冰」，今從宋本。王先謙謂毛本並不作「冰」，不知所據何本。

二二〇九頁一〇行　幽州刺史楊熙　按：「楊」原譌「揚」，逕改正。

二二一〇頁五行　由是結仇鄉人朱並　汲本、殿本「結仇」下衍「覽等」二字。按：「覽等」二字如連上讀，當以「由是結仇覽等」句絕，然上文祇言侯覽與張儉結仇，不當有「等」字也。如連下讀，則朱並成爲侯覽之鄉人，通鑑卽以「覽等」二字連下讀，而省去一「等」字，作「覽鄉人朱並」，然朱並爲張儉之鄉人，非侯覽之鄉人也。紹興本無此二字，乃知此二字爲衍文。

冊府元龜九四九正作「鄉人朱並告儉與同郡二十四人爲黨」，亦一明證也。

二二一〇頁七行　外黃令毛欽操兵到門　按：外黃屬陳留郡，黃縣屬東萊郡，故顧炎武、錢大昕皆謂當作「黃令」，多一「外」字。　惠棟則謂袁紀作「督郵毛欽」，或欽是外黃人，衍一「令」字耳。

二二一一頁二行　其何傷於日月〔乎〕　據汲本、殿本補，與論語合。

二二一一頁三行　父(像)〔豫〕爲南郡太守　據汲本、殿本改。按：殿本考證謂「豫」監本作「像」，從宋本改。

二二一一頁九行　又以張牧爲中賊曹吏　按：刊誤謂案文多一「中」字，「吏」當作「史」。

二二一一頁一三行　晊與牧亡匿齊魯之閒　按：汲本、殿本「亡匿」上衍「遁逃」二字。

二二一二頁四行　〔翃〕奏冀恃貴不敬　據汲本、殿本補。

二二一三頁五行　奏事中官　按：校補謂案文「奏」當爲「奉」之譌。　又按：據張元濟後漢書校勘記，「官」原作「宮」，影印時描改爲「官」。

二二一四頁一行　前書孔霸字次(孺)〔儒〕　據汲本、殿本改，與前書合。

二二一四頁九行　皆遽還之　按：王先謙謂「遽」乃「追」之譌。

二二一五頁二行　遠方至者常數百人　按：「常」原作「嘗」，逕據汲本、殿本改。

二二一五頁七行　歔〔與〕子孫同衣而行　據汲本、殿本補。

二二一五頁一〇行　出爲任城相　按：「城」原譌「成」，逕據汲本、殿本改正。

二二一五頁一三行　令聞令望　按：「聞」原作「問」，逕據汲本、殿本改。

二二一六頁三行　而掾吏欲引南　按：刊誤謂案文「吏」當作「史」。

二二一七頁一〇行　亡匿汝南閒　按：刊誤謂案文「閒」字下又云「有聲荆豫之域」，若祇在汝南，則無用「閒」字，不當云「荆」，蓋漏「南郡」二字也，南郡則屬荆州。

二二一八頁五行　遣人西迎叔父爽　按：刊誤謂案文致顒屍，又葬冢傍，則爽亦死矣，明脫一「喪」字。

二二一八頁六行　銷長相傾　殿本「銷」作「消」，注同。按：銷消多通用。

後漢書卷六十八

郭符許列傳第五十八

郭太字林宗，〔一〕太原界休人也。〔二〕家世貧賤。早孤，母欲使給事縣廷。〔三〕林宗曰：「大丈夫焉能處斗筲之役乎？」遂辭。就成皋屈伯彥學，三年業畢，博通墳籍。善談論，美音制。乃游於洛陽。始見河南尹李膺，膺大奇之，遂相友善，於是名震京師。後歸鄉里，衣冠諸儒送至河上，車數千兩。林宗唯與李膺同舟而濟，衆賓望之，以爲神仙焉。

〔一〕范曄父名泰，故改爲此「太」。鄭公業之名亦同焉。

〔二〕介休，今汾州縣。

〔三〕蒼頡篇曰：「廷，直也。」說文：「廷，朝中也。」風俗通：「廷，正也。言縣廷、郡廷、朝廷，皆取平均正直也。」

司徒黃瓊辟，太常趙典舉有道。或勸林宗仕進者，對曰：「吾夜觀乾象，晝察人事，天之所廢，不可支也。」〔一〕遂並不應。性明知人，好獎訓士類。身長八尺，容貌魁偉，褒衣博帶，周遊郡國。嘗於陳梁閒行遇雨，巾一角墊，〔二〕時人乃故折巾一角，以爲「林宗巾」。其見慕皆如此。〔三〕或問汝南范滂曰：「郭林宗何如人？」滂曰：「隱不違親，〔四〕貞不絕俗，〔五〕天子不得臣，諸侯不得友，吾不知其它。」〔六〕後遭母憂，有至孝稱。〔七〕林宗雖善人倫，而不爲危言覈論，〔八〕故宦官擅政而不能傷也。及黨事起，知名之士多被其害，唯林宗及汝南袁閎得免焉。遂閉門教授，弟子以千數。

〔一〕左傳晉汝叔寬之詞。支猶持也。

〔二〕音丁念反。周遷輿服雜事曰：「巾以葛爲之，形如（帕）〔帢〕，音口洽反。本居士野人所服。魏武造（帕）〔帢〕，其巾乃廢。今國子學生服焉。以白紗爲之。」

〔三〕泰別傳曰：「泰名顯，士爭歸之，載刺常盈車。」

〔四〕介推之類。

〔五〕柳下惠之類。

〔六〕禮記曰：「儒有上不臣天子，下不事諸侯。」

〔七〕謝承書曰：「遭母憂，歐血發病，歷年乃瘳。」

〔八〕禮記曰：「擬人必於其倫。」鄭玄注曰：「倫猶類也。」論語孔子曰：「邦有道，危言危行。邦無道，危行言孫。」覈猶實也。

建寧元年，太傅陳蕃、大將軍竇武爲閹人所害，林宗哭之於野，慟。既而歎曰：「『人之云亡，邦國殄瘁』。〔一〕『瞻烏爰止，不知于誰之屋』耳。」〔二〕

〔一〕詩大雅之詞。

〔二〕詩小雅也。言不知王業當何所歸。

明年春，卒于家，時年四十二。四方之士千餘人，皆來會葬。〔一〕同志者乃共刻石立碑，蔡邕爲其文，既而謂涿郡盧植曰：「吾爲碑銘多矣，皆有慙德，唯郭有道無愧色耳。」

〔一〕謝承書曰：「泰以建寧二年正月卒，自弘農函谷關以西，河內湯陰以北，二千里負笈荷擔彌路，柴車葦裝塞塗，蓋有萬數來赴。」

其獎拔士人，皆如所鑒。〔一〕後之好事，或附益增張，故多華辭不經，又類卜相之書。今錄其章章效於事者，著之篇末。〔二〕

〔一〕謝承書曰：「泰之所名，人品乃定，先言後驗，衆皆服之。故適陳留則友符偉明，遊太學則師仇季智，之陳國則親魏德公，入汝南則交黃叔度。初，太始至南州，過袁奉高，不宿而去；從叔度，累日不去。或以問太。太曰：『奉高之器，譬之（泛）〔氿〕濫，雖清而易挹。叔度之器，汪汪若千頃之陂，澄之不清，擾之不濁，不可量也。』已而果然，太以是名聞天下。」

〔二〕章章猶昭昭也。

左原者，陳留人也。爲郡學生，犯法見斥。林宗嘗遇諸路，爲設酒肴以慰之。謂曰：「昔顏涿聚梁甫之巨盜，段干木晉國之大駔，卒爲齊之忠臣，魏之名賢。〔一〕蘧瑗、顏回尚不能無過，況其餘乎？〔二〕慎勿恚恨，責躬而已。」原納其言而去。或有譏林宗不絕惡人者。

對曰：「人而不仁，疾之以甚，亂也。」〔三〕原後忽更懷忿，結客欲報諸生。其日林宗在學，原愧負前言，因遂罷去。後事露，衆人咸謝服焉。

〔一〕呂氏春秋曰：「顏涿聚，梁父大盜也，學於孔子。」左傳曰：「晉伐齊，戰于黎丘，齊師敗績，親禽顏庚。」杜預注曰：「黎丘，隰也。顏庚，齊大夫顏涿聚也。」又曰：「晉荀瑤伐鄭，〔鄭駟弘〕請救於齊。齊師將興，陳成子屬孤子，三日朝，設乘車兩馬，繫五邑焉。召顏涿聚之子晉，曰：『隰之役，而父死焉，以國之多難，未汝恤也。今君命汝以是邑也，服車而朝，無廢前勞。』」呂氏春秋曰：「段干木，晉國之駔。」說文曰：「駔，會也。謂合兩家之賣買，如今之度市也。」新序曰「魏文侯過段干木之閭而軾之，遂致祿百萬，而時往問之。國人皆喜，相與誦之曰：『吾君好正，段干木之敬；吾君好忠，段干木之隆。』秦欲攻魏，司馬唐諫曰：『段干木賢者也，而魏禮之，天下莫不聞，無乃不可加兵乎？』秦君以爲然」也。駔音子朗反。

〔二〕論語曰：「蘧伯玉使人於孔子，問之曰：『夫子何爲？』對曰：『夫子欲寡其過而未能也。』」又曰：「顏回好學，不貳過。」

〔三〕論語孔子之言也。鄭玄注云：「不仁之人，當以風化之。若疾之以甚，是益使爲亂也。」

茅容字季偉，陳留人也。年四十餘，耕於野，時與等輩避雨樹下，衆皆夷踞相對，〔一〕容獨危坐愈恭。林宗行見之而奇其異，遂與共言，因請寓宿。旦日，容殺雞爲饌，林宗謂爲己設，既而以供其母，自以草蔬與客同飯。〔二〕林宗起拜之曰：「卿賢乎哉！」因勸令學，卒以成德。

〔一〕夷，平也。說文曰：「踞，蹲也。」

〔二〕草，麤也。

孟敏字叔達，鉅鹿楊氏人也。〔一〕客居太原。荷甑墮地，不顧而去。林宗見而問其意。對曰：「甑以破矣，視之何益？」林宗以此異之，因勸令遊學。十年知名，三公俱辟，並不屈云。

〔一〕十三州志曰，楊氏縣在今魏郡北也。

庾乘字世遊，潁川鄢陵人也。少給事縣廷爲門士。〔一〕林宗見而拔之，勸遊學（宮）〔官〕，遂爲諸生傭。後能講論，自以卑第，每處下坐，諸生博士皆就讎問，由是學中以下坐爲貴。後徵辟並不起，號曰「徵君」。

〔一〕士即門卒。

宋果字仲乙，〔一〕扶風人也。性輕悍，憙與人報讎，爲郡縣所疾。林宗乃訓之義方，懼以禍敗。果感悔，叩頭謝負，遂改節自勅。後以烈氣聞，辟公府，侍御史、并州刺史，所在能化。

〔一〕謝承書「乙」作「文」。

賈淑字子厚，林宗鄉人也。雖世有冠冕，而性險害，邑里患之。〔一〕林宗遭母憂，淑來修弔，既而鉅鹿孫威直亦至。威直以林宗賢而受惡人弔，心怪之，不進而去。林宗追而謝之曰：「賈子厚誠實凶德，然洗心向善。仲尼不逆互鄉，故吾許其進也。」〔二〕淑聞之，改過自厲，終成善士。鄉里有憂患者，淑輒傾身營救，爲州閭所稱。

〔一〕謝承書曰：「淑爲舅宋瑗報讎於縣中，爲吏所捕，繫獄當死。泰與語，淑懇惻流涕。泰詣縣令應操，陳其報怨蹈義之士。被赦，縣不宥之，郡上言，乃得原。」

〔二〕互鄉，鄉名。「互鄉難與言，童子見，門人惑。」孔子曰：『人潔己以進，與其進，不保其往。』」

史叔賓者，陳留人也。少有盛名。林宗見而告人曰：「牆高基下，雖得必失。」後果以論議阿枉敗名云。

黃允字子艾，濟陰人也。以儁才知名。林宗見而謂曰：「卿有絕人之才，足成偉器。然恐守道不篤，將失之矣。」後司徒袁隗欲爲從女求姻，見允而歎曰：「得壻如是足矣。」允聞而黜遣其妻夏侯氏。婦謂姑曰：「今當見弃，方與黃氏長辭，乞一會親屬，以展離訣之情。」於是大集賓客三百餘人，婦中坐，攘袂數允隱匿穢惡十五事，言畢，登車而去。允以此廢於時。

謝甄字子微，汝南召陵人也。與陳留邊讓並善談論，俱有盛名。每共候林宗，未嘗不連日達夜。林宗謂門人曰：「二子英才有餘，而並不入道，惜乎！」甄後不拘細行，爲時所毁。讓以輕侮曹操，操殺之。

王柔字叔優，弟澤，字季道，林宗同郡晉陽縣人也。兄弟總角共候林宗，以訪才行所宜。林宗曰：「叔優當以仕進顯，季道當以經術通，然違方改務，亦不能至也。」後果如所言，柔爲護匈奴中郎將，澤爲代郡太守。

又識張孝仲芻牧之中，知范特祖郵置之役，〔一〕召公子、許偉康並出屠酤，司馬子威拔自卒伍，及同郡郭長信、王長文、韓文布、李子政、曹子元、定襄周康子、西河王季然、雲中丘季智、郝禮眞等六十人，並以成名。〔二〕

〔一〕說文曰：「郵，境上傳書舍也。」廣雅曰：「郵，驛也。」置亦驛也。風俗通曰：「漢改郵爲置。置者，度其遠近之間置之也。」

〔二〕謝承書曰：「太原郭長信、王長文、長文弟子師、韓文布、李子政、曹子元、定襄周康子、西河王季然、雲中丘季智名顯舉。子師位至司徒，季然北地太守，其餘多典州郡者。」

論曰：莊周有言，人情險於山川，以其動靜可識，而沈阻難徵。〔一〕故深厚之性，詭於情貌；〔二〕「則哲」之鑒，惟帝所難。〔三〕而林宗雅俗無所失，將其明性特有主乎？然而遜言危行，終亨時晦，〔四〕恂恂善導，使士慕成名，雖墨、孟之徒，不能絕也。〔五〕

〔一〕徵，明也。沈，深也。

〔二〕詭，違也。

〔三〕帝謂堯也。書曰：「知人則哲，惟帝爲難。」

〔四〕亨，通也。

〔五〕墨翟、孟軻也。絕，過也。

符融字偉明，陳留浚儀人也。少爲都官吏，恥之，委去。〔一〕後遊太學，師事少府李膺。膺風性高簡，每見融，輒絕它賓客，聽其言論。融幅巾奮褎，談辭如雲，〔二〕膺每捧手歎息。郭林宗始入京師，時人莫識，融一見嗟服，因以介於李膺，由是知名。〔三〕

〔一〕續漢志曰：「都官從事，主察舉百官犯法者。」融恥爲其吏而去。

〔二〕幅巾者，以一幅爲之也。褎，古袖字。如雲者，奔踊而出也。

〔三〕古人相見，必因紹介。介，因也，言因此人以相接見也。謝承書曰：「融見林宗，便與之交。又紹介於膺，以爲海之明珠，未耀其光，鳥之鳳皇，羽儀未翔。膺與林宗相見，待以師友之禮，遂振名天下，融之致也。」

時漢中晉文經、梁國黃子艾，並恃其才智，炫曜上京，臥託養疾，無所通接。洛中士大夫好事者，承其聲名，坐門問疾，猶不得見。〔一〕三公所辟召者，輒以詢訪之，隨所臧否，以爲與奪。融察其非眞，乃到太學，并見李膺曰：「二子行業無聞，以豪桀自置，遂使公卿問疾，王臣坐門。融恐其小道破義，空譽違實，特宜察焉。」膺然之。二人自是名論漸衰，賓徒稍省，旬日之閒，慙歎逃去。後果爲輕薄子，並以罪廢弃。

〔一〕謝承書曰：「文經、子艾，曜名遠近，聲價已定，徵辟不就，療病京師，不通賓客。公卿將相大夫遣門生旦暮問疾，郎吏公府掾屬雜坐其門，不得見也。」

融益以知名。州郡禮請，舉孝廉，公府連辟，皆不應。太守馮岱有名稱，到官，請融相見。融一往，薦達郡士范冉、韓卓、孔伷等三人，〔一〕因辭病自絕。會有黨事，亦遭禁錮。

〔一〕伷音胄。謝承書曰：「馮岱字德山。性忼慨，有文武異才。既到官，融往相見，薦范冉爲功曹，韓卓爲主簿，孔伷爲上計吏。」袁山松書曰：「卓字子助。臘日，奴竊食祭其先，卓義其心，卽日免之。」

妻亡，貧無殯斂，鄉人欲爲具棺服，融不肯受。曰：「古之亡者，弃之中野。〔一〕唯妻子可以行志，但卽土埋藏而已。」〔二〕

〔一〕易繫詞曰：「古之葬者，厚衣以薪，葬之中野。」

〔二〕謝承書：「潁川張元祖，志行士也，來存融，弔其妻亡，知其如此，謂言『足下欲尙古道，非不清妙；且禮設棺槨，制杖章，孔子曰「吾從周」』。便推所乘羸牛車，命融以給殯，融受而不辭也。」

融同郡田盛，字仲嚮，與郭林宗同好，亦名知人，優遊不仕，並以壽終。

許劭字子將，汝南平輿人也。〔一〕少峻名節，好人倫，多所賞識。若樊子昭、和陽士者，並顯名於世。〔二〕故天下言拔士者，咸稱許、郭。

〔一〕輿音預。

〔二〕魏志曰：「和洽字陽士，汝南西平人也。初舉孝廉，大將軍辟，不就。魏國建，爲侍中。」

初爲郡功曹，太守徐璆甚敬之。〔一〕府中聞子將爲吏，莫不改操飾行。同郡袁紹，公族豪俠，去濮陽令歸，車徒甚盛，將入郡界，乃謝遣賓客，曰：「吾輿服豈可使許子將見。」遂以單車歸家。

〔一〕璆音求，又巨秋反。

劭嘗到潁川，多長者之遊，唯不候陳寔。又陳蕃喪妻還葬，鄉人(必)〔畢〕至，而劭獨不往。或問其故，劭曰：「太丘道廣，廣則難周；仲舉性峻，峻則少通。故不造也。」其多所裁量若此。

曹操微時，常卑辭厚禮，求爲己目。〔一〕劭鄙其人而不肯對，操乃伺隙脅劭，劭不得已，曰：「君清平之姦賊，亂世之英雄。」操大悦而去。

〔一〕令品藻爲題目。

劭從祖敬，敬子訓，訓子相，並爲三公，相以能諂事宦官，故自致台司封侯，數遣請劭。劭惡其薄行，終不候之。

劭邑人李逵，壯直有高氣，劭初善之，而後爲隙，又與從兄靖不睦，〔一〕時議以此少之。初，劭與靖俱有高名，好共覈論鄉黨人物，每月輒更其品題，故汝南俗有「月旦評」焉。

〔一〕蜀志曰：「許靖字文休，少與從弟劭俱知名，並有人倫臧否之稱，而私情不協。劭爲郡功曹，排擯靖不得齒敘，以馬磨自給。」

司空楊彪辟，舉方正、敦樸，徵，皆不就。或勸劭仕，對曰：「方今小人道長，王室將亂，吾欲避地淮海，以全老幼。」乃南到廣陵。徐州刺史陶謙禮之甚厚。劭不自安，告其徒曰：「陶恭祖外慕聲名，內非眞正。待吾雖厚，其埶必薄。不如去之。」遂復投揚州刺史劉繇於曲阿。〔一〕其後陶謙果捕諸寓士。〔二〕及孫策平吳，劭與繇南奔豫章而卒，時年四十六。

〔一〕繇字正禮。

〔二〕寓，寄也。

兄虔亦知名，汝南人稱平輿淵有二龍焉。〔一〕

〔一〕平輿故城〔在〕今豫州汝陽縣東北，有二龍鄉、月旦里。

贊曰：林宗懷寶，識深甄藻。〔一〕明發周流，永言時道。〔二〕符融鑒眞，子將人倫。守節好恥，並亦逡巡。〔三〕

〔一〕甄，明也。藻猶飾也。

〔二〕明發，發夕至明也。呂氏春秋曰：「孔子周流天下。」

〔三〕逡巡，自退不仕也。

校勘記

二二二六頁六行　形如(幍)〔帢〕　按：注云「音口洽反」，則字當作「帢」，今改，下同。

二二二七頁一〇—一三行　初太始至南州至太以是名聞天下　按：此注文七十四字，汲本、殿本皆儳入正文。明嘉靖汪文盛刻本不誤，閩本亦不誤，閩本蓋據汪文盛本翻刻也。

二二二七頁一一行　譬之(泛)〔氿〕濫　集解引惠棟說，謂蔣杲云「泛」當作「氿」，俗本誤「氿」爲「汎」，因轉誤爲「泛」也。王先謙謂黃憲傳「泛濫」作「氿濫」，謂氿泉、濫泉也。今據改。

二二二七頁一一行　擾之不濁　按：殿本「擾」作「撓」，御覽七十二引續漢書同。

二二二七頁一五行　段干木　按：「段」原譌「叚」，逕改正。注同。

二二二八頁四行　晉荀瑤伐鄭〔鄭駟弘〕請救於齊　按：注脫「鄭駟弘」三字，則上下文語意不屬，今據今本左傳補。

二二二八頁八行　司馬唐諫曰　按：校補引柳從辰說，謂「司馬唐」今新序作「司馬唐且」。

二二二八頁一三行　茅容字季偉　按：校補謂「偉」一作「瑋」。柳從辰云風俗通有黃瓊門生茅季瑋，即其人。

二二二九頁三行　鉅鹿楊氏人也　按：「楊」原譌「揚」，逕改正。注同。

二二二九頁七行　勸遊學(宮)〔官〕　刊誤謂案文「宮」當作「官」。今據改。

二二二九頁一五行　賈淑字子厚　按：集解引惠棟說，謂袁紀「子厚」作「子序」。

二二三〇頁一行　既而鉅鹿孫威直亦至　按：集解引惠棟說，謂郭泰別傳「威」作「咸」。

二二三〇頁九行　黃允字子艾　按：集解引惠棟說，謂袁紀「子艾」作「元艾」。

二二三〇頁一二行　於是大集賓客三百餘人　按：校補引柳從辰說，謂袁紀作「請親屬及賓客二十餘人」。

二二三四頁九行　鄉人(必)〔畢〕至　據汲本、殿本改。

二二三四頁一三行　君清平之姦賊亂世之英雄　按：三國魏志裴注引世說，作「治世之能臣，亂世之姦雄」。

二二三五頁七行　司空楊彪　按：「楊」原譌「揚」，逕改正。

二二三五頁一四行　平輿故城〔在〕今豫州汝陽縣東北　據汲本、殿本補。

後漢書卷六十九

竇何列傳第五十九

竇武字游平，扶風平陵人，安豐戴侯融之玄孫也。父奉，定襄太守。武少以經行著稱，常教授於大澤中，不交時事，名顯關西。

延熹八年，長女選入掖庭，桓帝以爲貴人，拜武郎中。其冬，貴人立爲皇后，武遷越騎校尉，封槐里侯，五千戶。明年冬，拜城門校尉。在位多辟名士，清身疾惡，禮賂不通，妻子衣食裁充足而已。是時羌蠻寇難，歲儉民飢，武得兩宮賞賜，悉散與太學諸生，及載肴糧於路，匄施貧民。兄子紹，爲虎賁中郎將，性疎簡奢侈。武每數切厲相戒，猶不覺悟，乃上書求退紹位，又自責不能訓導，當先受罪。由是紹更遵節，大小莫敢違犯。

時國政多失，內官專寵，李膺、杜密等爲黨事考逮。永康元年，上疏諫曰：「臣聞明主不諱譏刺之言，以探幽暗之實；忠臣不卹諫爭之患，以暢萬端之事。是以君臣並熙，名奮百世。〔一〕臣幸得遭盛明之世，逢文武之化，豈敢懷祿逃罪，不竭其誠！陛下初從藩國，爰登聖祚，天下逸豫，謂當中興。自卽位以來，未聞善政。梁、孫、寇、鄧雖或誅滅，〔二〕而常侍黃門續爲禍虐，欺罔陛下，競行譎詐，自造制度，妄爵非人，朝政日衰，姦臣日彊。伏尋西京放恣王氏，佞臣執政，終喪天下。今不慮前事之失，復循覆車之軌，臣恐二世之難，必將復及，〔三〕趙高之變，不朝則夕。〔四〕近者姦臣牢脩，造設黨議，遂收前司隸校尉李膺、太僕杜密、御史中丞陳翔、太尉掾范滂等逮考，連及數百人，曠年拘錄，事無効驗。臣惟膺等建忠抗節，志經王室，此誠陛下稷、卨、伊、呂之佐，而虛爲姦臣賊子之所誣枉，天下寒心，海內失望。惟陛下留神澄省，時見理出，〔五〕以厭人鬼喁喁之心。臣聞古之明君，必須賢佐，以成政道。今臺閣近臣，尚書令陳蕃，僕射胡廣，尚書朱寓、荀緄、〔六〕劉祐、魏朗、劉矩、尹勳等，皆國之貞士，朝之良佐。尚書郎張陵、嬀皓、苑康、楊喬、邊韶、戴恢等，文質彬彬，明達國典。內外之職，羣才並列。而陛下委任近習，專樹饕餮，外典州郡，內幹心膂。宜以次貶黜，案罪糾罰，抑奪宦官欺國之封，案其無狀誣罔之罪，信任忠良，平決臧否，使邪正毀譽，各得其所，寶愛天官，唯善是授。如此，咎徵可消，天應可待。閒者有嘉禾、芝草、黃龍之見。夫瑞生必於嘉士，〔七〕福至實由善人，在德爲瑞，無德爲災。陛下所行，不合天意，不宜稱慶。」書奏，因以病上還城門校尉、槐里侯印綬。〔八〕帝不許，有詔原李膺、杜密等，自黃門北寺 若盧、都內諸獄，繫囚罪輕者皆出之。〔九〕

〔一〕熙，盛也。

〔二〕梁冀、孫壽、寇榮、鄧萬代，見桓紀也。

〔三〕二世即胡亥。

〔四〕趙高使女壻閻樂弒胡亥於望夷宮。

〔五〕時謂即時也。

〔六〕晉古本反。

〔七〕嘉士猶善人也。

〔八〕上晉時丈反。

〔九〕都內，主藏官名。前書有都內令丞，屬大司農也。

其冬帝崩，無嗣。武召侍御史河閒劉儵，參問其國中王子侯之賢者，儵稱解瀆亭侯宏。武入白太后，遂徵立之，是爲靈帝。拜武爲大將軍，常居禁中。帝既立，論定策功，更封武爲聞喜侯；子機渭陽侯，拜侍中；兄子紹鄠侯，遷步兵校尉；紹弟靖西鄉侯，爲侍中，監羽林左騎。

武既輔朝政，常有誅翦宦官之意，太傅陳蕃亦素有謀。時共會朝堂，蕃私謂武曰：「中常侍曹節、王甫等，自先帝時操弄國權，濁亂海內，百姓匈匈，歸咎於此。今不誅節等，後必難圖。」武深然之。蕃大喜，以手推席而起。武於是引同志尹勳爲尚書令，劉瑜爲侍中，馮述爲屯騎校尉；又徵天下名士廢黜者前司隸李膺、宗正劉猛、太僕杜密、廬江太守朱寓等，列於朝廷；請前越嶲太守荀翌爲從事中郎，辟潁川陳寔爲屬：共定計策。於是天下雄俊，知其風旨，莫不延頸企踵，思奮其智力。〔一〕

〔一〕續漢志曰：「桓帝初，京都童謠曰：『游平賣印自有評，不避賢豪及大姓。』案：武字游平。與陳蕃合策勠力，唯德是建，咸得其人，豪賢大姓皆絕望矣。」

會五月日食，蕃復說武曰：「昔蕭望之困一石顯，〔一〕近者李、杜諸公禍及妻子，況今石顯數十輩乎！蕃以八十之年，欲爲將軍除害，今可且因日食，斥罷宦官，以塞天變。又趙夫人及女尚書，旦夕亂太后，〔二〕急宜退絕。惟將軍慮焉。」武乃白太后曰：「故事，黃門、常侍但當給事省內，典門戶，主近署財物耳。今乃使與政事而任權重，子弟布列，專爲貪暴。天下匈匈，正以此故。宜悉誅廢，以清朝廷。」太后曰：「漢來故事世有，但當誅其有罪，豈可盡廢邪？」時中常侍管霸頗有才略，專制省內。武先白誅霸及中常侍蘇康等，竟死。武復數白誅曹節等，太后冘豫未忍，〔三〕故事久不發。

〔一〕元帝時，閹人石顯爲中書令，譖御史大夫蕭望之，令自殺也。

〔二〕女尚書，內官也。夫人即趙嬈。

〔三〕冘音淫。冘豫，不定也。

至八月，太白出西方。劉瑜素善天官，惡之，上書皇太后曰：「太白犯房左驂，上將星入太微，其占宮門當閉，將相不利，姦人在主傍。願急防之。」又與武、蕃書，以星辰錯繆，不利大臣，宜速斷大計。武、蕃得書將發，於是以朱寓爲司隸校尉，劉祐爲河南尹，虞祁爲洛陽令。武乃奏免黃門令魏彪，以所親小黃門山冰代之。使冰奏素狡猾尤無狀者長樂尚書鄭颯，〔一〕送北寺獄。蕃謂武曰：「此曹子便當收殺，何復考爲！」武不從，令冰與尹勳、侍御史祝瑨雜考颯，辭連及曹節、王甫。勳、冰即奏收節等，使劉瑜內奏。

〔一〕音立。

時武出宿歸府，典中書者先以告長樂五官史朱瑀。瑀盜發武奏，罵曰：「中官放縱者，自可誅耳。我曹何罪，而當盡見族滅？」因大呼曰：「陳蕃、竇武奏白太后廢帝，爲大逆！」乃夜召素所親壯健者長樂從官史共普、張亮等十七人，喢血共盟誅武等。曹節聞之，驚起，白帝曰：「外閒切切，請出御德陽前殿。」令帝拔劍踊躍，使乳母趙嬈等擁衞左右，取棨信，閉諸禁門。〔二〕召尚書官屬，脅以白刃，使作詔板。拜王甫爲黃門令，持節至北寺獄收尹勳、山冰。冰疑，不受詔，甫格殺之。遂害勳，出鄭颯。還共劫太后，奪璽書。令中謁者守南宮，閉門，絕複道。〔三〕使鄭颯等持節，及侍御史、謁者捕收武等。武不受詔，馳入步兵營，與紹共射殺使者。召會北軍五校士數千人屯都亭下，令軍士曰：「黃門常侍反，盡力者封侯重賞。」詔以少府周靖行車騎將軍，加節，與護匈奴中郎將張奐率五營士討武。夜漏盡，王甫將虎賁、羽林、廐騶、都候、劍戟士，合千餘人，出屯朱雀掖門，與奐等合。明日悉軍闕下，與武對陳。甫兵漸盛，使其士大呼武軍曰：「竇武反，汝皆禁兵，當宿衞宮省，何故隨反者乎？先降有賞！」營府素畏服中官，於是武軍稍稍歸甫。自旦至食時，兵降略盡。武、紹走，諸軍追圍之，皆自殺，梟首洛陽都亭。〔三〕收捕宗親、賓客、姻屬，悉誅之，及劉瑜、馮述，皆夷其族。徙武家屬日南，遷太后於雲臺。

〔一〕棨，有衣戟也。漢官儀曰：「凡居宮中，皆施籍於掖門，案姓名當入者，本官爲封棨傳，審印信，然後受之。」

〔二〕複音福。

〔三〕續漢志曰：「桓帝末，京師童謠曰：『茅田一頃中有井，四方纖纖不可整。嚼復嚼，今年尚可後年磽。』案：易曰『拔茅連茹』，茅喻羣賢也。井者，法也。時中常侍管霸等憎疾海內英賢，並見廢錮。『茅田一頃』言羣賢衆多也。『中有井』者，言雖厄窮，不失法度也。『四方纖纖』言姦慝不可理也。『嚼』，飲酒相強之辭也。言不恤王政，徒耽宴而已。『今年尚可』者，言但禁錮也。『後年磽』者，陳蕃、竇武等誅，天下大壞也。」磽音苦教反。磽猶惡也。

當是時，凶豎得志，士大夫皆喪其氣矣。武府掾桂陽胡騰，少師事武，獨殯斂行喪，坐以禁錮。

武孫輔，時年二歲，逃竄得全。事覺，節等捕之急。胡騰及令史南陽張敞共逃輔於零陵界，詐云已死，騰以爲己子，而使聘娶焉。後舉桂陽孝廉。至建安中，荆州牧劉表聞而辟焉，以爲從事，使還竇姓，以事列上。會表卒，曹操定荆州，輔與宗人徙居於鄴，辟丞相府。從征馬超，爲流矢所中死。〔一〕

〔一〕飛矢曰流矢。中，傷也。

初，武母產武而并產一蛇，送之林中。後母卒，及葬未窆，有大蛇自榛草而出，〔一〕徑至喪所，以頭擊柩，涕血皆流，俯仰蛣屈，〔二〕若哀泣之容，有頃而去。時人知爲竇氏之祥。〔三〕

〔一〕廣雅曰：「木藂生曰榛。」

〔二〕蛣音丘吉反。

〔三〕祥，吉凶之先見者。尚書曰：「亳有祥。」

騰字子升。初，桓帝巡狩南陽，以騰爲護駕從事。公卿貴戚車騎萬計，徵求費役，不可勝極。騰上言：「天子無外，乘輿所幸，即爲京師。臣請以荆州刺史比司隸校尉，〔一〕臣自同都官從事。」帝從之。〔二〕自是肅然，莫敢妄有干欲，騰以此顯名。黨錮解，官至尚書。

〔一〕南陽屬荆州，故請以刺史比司隸。

〔二〕漢官儀曰「都官從事主洛陽百官，朝會與三府掾同」也。

張敞者，太尉溫之弟也。〔一〕

〔一〕漢官儀曰：「溫字伯愼，穰人也，封〔玄〕〔互〕鄉侯。太史奏言有大臣誅死，董卓取溫笞殺於市以厭之。」

何進字遂高，南陽宛人也。異母女弟選入掖庭爲貴人，有寵於靈帝，拜進郎中，再遷虎賁中郎將，出爲潁川太守。光和〔二〕〔三〕年，貴人立爲皇后，徵進入，拜侍中、將作大匠、河南尹。

中平元年，黃巾賊張角等起，以進爲大將軍，率左右羽林五營士屯都亭，修理器械，以鎭京師。張角別黨馬元義謀起洛陽，進發其姦，以功封愼侯。〔一〕

〔一〕愼，縣，屬汝南郡。

四年，滎陽賊數千人羣起，攻燒郡縣，殺中牟縣令，詔使進弟河南尹苗出擊之。苗攻破羣賊，平定而還。詔遣使者迎於成皐，拜苗爲車騎將軍，封濟陽侯。

五年，天下滋亂，望氣者以爲京師當有大兵，兩宮流血。大將軍司馬許涼、假司馬伍宕說進曰：「太公六韜有天子將兵事，〔一〕可以威厭四方。」進以爲然，入言之於帝。於是乃詔進大發四方兵，講武於平樂觀下。起大壇，上建十二重五采華蓋，高十丈，壇東北爲小壇，復建九重華蓋，高九丈，列步兵、騎士數萬人，結營爲陳。天子親出臨軍，駐大華蓋下，進駐小華蓋下。禮畢，帝躬擐甲介馬，〔二〕稱「無上將軍」，行陳三匝而還。詔使進悉領兵屯於觀下。是時置西園八校尉，以小黃門蹇碩爲上軍校尉，虎賁中郎將袁紹爲中軍校尉，屯騎都尉鮑鴻爲下軍校尉，議郎曹操爲典軍校尉，趙融爲助軍校尉，淳于瓊爲佐軍校尉，又有左右校尉。帝以蹇碩壯健而有武略，特親任之，以爲元帥，督司隸校尉以下，雖大將軍亦領屬焉。

〔一〕太公六韜篇：第一霸典，文論；第二文師，武論；第三龍韜，主將；第四虎韜，偏裨；第五豹韜，校尉；第六犬韜，司馬。龍韜云：「武王曰：『吾欲令三軍之衆，親其將如父母，聞金聲而怒，聞鼓音而喜，爲之柰何？』」

〔二〕擐音宦。擐，貫也。介亦甲也。

碩雖擅兵於中，而猶畏忌於進，乃與諸常侍共說帝遣進西擊邊章、韓遂。帝從之，賜兵車百乘，虎賁斧鉞。進陰知其謀，乃上遣袁紹東擊徐兗二州兵，須紹還，即戎事，以稽行期。

初，何皇后生皇子辯，王貴人生皇子協。羣臣請立太子，帝以辯輕佻無威儀，不可爲人主，〔一〕然皇后有寵，且進又居重權，故久不決。

〔一〕字書曰：「佻，輕也。」

六年，帝疾篤，屬協於蹇碩。碩既受遺詔，且素輕忌於進兄弟，及帝崩，碩時在內，欲先誅進而立協。及進從外入，碩司馬潘隱與進早舊，迎而目之。進驚，馳從儳道歸營，引兵入屯百郡邸，〔一〕因稱疾不入。碩謀不行，皇子辯乃即位，何太后臨朝，進與太傅袁隗輔政，錄尚書事。

〔一〕廣雅曰：「儳，疾也。」晉仕鑒反。

進素知中官天下所疾，兼忿蹇碩圖己，及秉朝政，陰規誅之。袁紹亦素有謀，因進親客張津勸之曰：「黃門常侍權重日久，又與長樂太后專通姦利，〔一〕將軍宜更清選賢良，整齊天下，爲國家除患。」進然其言。又以袁氏累世寵貴，海內所歸，〔二〕而紹素善養士，能得豪傑用，其從弟虎賁中郎將術亦尚氣俠，故並厚待之。因復博徵智謀之士(龐)〔逄〕紀、何顒、荀攸等，與同腹心。

〔一〕靈帝母董太后居長樂宮。

〔二〕袁安爲司徒、司空，孫湯爲司徒、太尉，湯子成五官中郎將，成生紹，故云「累代寵貴」也。

蹇碩疑不自安，與中常侍趙忠等書曰：「大將軍兄弟秉國專朝，今與天下黨人謀誅先帝左右，埽滅我曹。但以碩典禁兵，故且沈吟。今宜共閉上閤，急捕誅之。」中常侍郭勝，進同郡人也。太后及進之貴幸，勝有力焉。故勝親信何氏，遂共趙忠等議，不從碩計，而以其書示進。進乃使黃門令收碩，誅之，因領其屯兵。

袁紹復說進曰：「前竇武欲誅內寵而反爲所害者，以其言語漏泄，而五營百官服畏中人故也。今將軍既有元舅之重，而兄弟並領勁兵，部曲將吏皆英俊名士，樂盡力命，事在掌握，此天贊之時也。將軍宜一爲天下除患，名垂後世。雖周之申伯，何足道哉！〔一〕今大行在前殿，〔二〕將軍（宜）受詔領禁兵，不宜輕出入宮省。」進甚然之，乃稱疾不入陪喪，又不送山陵。遂與紹定籌策，而以其計白太后。太后不聽，曰：「中官統領禁省，自古及今，漢家故事，不可廢也。且先帝新弃天下，我柰何楚楚與士人對共事乎？」〔三〕進難違太后意，且欲誅其放縱者。紹以爲中官親近至尊，出入號令，今不悉廢，後必爲患。而太后母舞陽君及苗數受諸宦官賂遺，知進欲誅之，數白太后，爲其障蔽。又言：「大將軍專殺左右，擅權以弱社稷。」太后疑以爲然。中官在省闥者或數十年，封侯貴寵，膠固內外。進新當重任，素敬憚之，雖外收大名而內不能斷，故事久不決。

〔一〕申伯，周申后父也。詩大雅曰：「維申及甫，維周之翰。」

〔二〕人主崩未有謚，故稱大行也。前書音義曰：「大行者，不反之辭也。」

〔三〕楚詞曰「楚楚」，鮮明貌也。詩曰：「衣裳楚楚。」

紹等又爲畫策，多召四方猛將及諸豪傑，使並引兵向京城，以脅太后。進然之。主簿陳琳入諫曰：「易稱『即鹿無虞』，〔一〕諺有『掩目捕雀』。夫微物尚不可欺以得志，況國之大事，其可以詐立乎？今將軍總皇威，握兵要，龍驤虎步，高下在心，此猶鼓洪爐燎毛髮耳。夫違經合道，天人所順，而反委釋利器，更徵外助。大兵聚會，彊者爲雄，所謂倒持干戈，授人以柄，〔二〕功必不成，秖爲亂階。」進不聽。遂西召前將軍董卓屯關中上林苑，又使府掾太山王匡東發其郡強弩，并召東郡太守橋瑁屯城皋，使武猛都尉丁原燒孟津，火照城中，〔三〕皆以誅宦官爲言。太后猶不從。

〔一〕易屯卦六三爻辭也。虞，掌山澤之官。即鹿猶從禽也。無虞言不可得。

〔二〕前書梅福上書曰：「倒持太阿，授楚其柄。」

〔三〕武猛謂有武藝而勇猛者。取其嘉名，因以名官也。

苗謂進曰：「始共從南陽來，俱以貧賤，依省內以致貴富。國家之事，亦何容易！覆水不可收。宜深思之，且與省內和也。」進意更狐疑。紹懼進變計，乃脅之曰：「交搆已成，形埶已露，事留變生，將軍復欲何待，而不早決之乎？」進於是以紹爲司隸校尉，假節，專命擊斷；從事中郎王允爲河南尹。紹使洛陽方略武吏司察宦者，而促董卓等使馳驛上，欲進兵平樂觀。太后乃恐，悉罷中常侍小黃門，使還里舍，唯留進素所私人，以守省中。諸常侍小黃門皆詣進謝罪，唯所措置。進謂曰：「天下匈匈，正患諸君耳。今董卓垂至，諸君何不早各就國？」袁紹勸進使於此決之，至于再三。進不許。紹又爲書告諸州郡，詐宣進意，使捕案中官親屬。

進謀積日，頗泄，中官懼而思變。張讓子婦，太后之妹也。讓向子婦叩頭曰：「老臣得罪，當與新婦俱歸私門。惟受恩累世，〔一〕今當遠離宮殿，情懷戀戀，願復一入直，得暫奉望太后、陛下顏色，然後退就溝壑，死不恨矣。」子婦言於舞陽君，入白太后，乃詔諸常侍皆復入直。

〔一〕惟，思念也。

八月，進入長樂白太后，請盡誅諸常侍以下，選三署郎入守宦官廬。諸宦官相謂曰：「大將軍稱疾不臨喪，不送葬，今欻入省，〔一〕此意何爲？竇氏事竟復起邪？」又張讓等使人潛聽，具聞其語，乃率常侍段珪、畢嵐等數十人，持兵竊自側闥入，伏省中。及進出，因詐以太后詔召進。入坐省闥，讓等詰進曰：「天下憒憒，亦非獨我曹罪也。〔二〕先帝嘗與太后不快，幾至成敗，〔三〕我曹涕泣救解，各出家財千萬爲禮，和悅上意，但欲託卿門戶耳。今乃欲滅我曹種族，不亦太甚乎？卿言省內穢濁，公卿以下忠清者爲誰？」於是尚方監渠穆拔劍斬進於嘉德殿前。讓、珪等爲詔，以故太尉樊陵爲司隸校尉，少府許相爲河南尹。尚書得詔板，疑之，曰：「請大將軍出共議。」中黃門以進頭擲與尚書，曰：「何進謀反，已伏誅矣。」

〔一〕欻音許物反。

〔二〕說文曰：「憒憒，亂也。」

〔三〕陳留王協母王美人，何后鴆殺之，帝怒，欲廢后，宦官固請得止。

進部曲將吳匡、張璋，素所親幸，在外聞進被害，欲將兵入宮，宮閤閉。袁術與匡共斫攻之，中黃門持兵守閤。會日暮，術因燒南宮九龍門及東西宮，欲以脅出讓等。讓等入白太后，言大將軍兵反，燒宮，攻尚書闥，因將太后、天子及陳留王，又劫省內官屬，從複道走北宮。〔一〕尚書盧植執戈於閣道窗下，仰數段珪。段珪等懼，乃釋太后。太后投閣得免。

〔一〕複音福。

袁紹與叔父隗矯詔召樊陵、許相，斬之。苗、紹乃引兵屯朱雀闕下，捕得趙忠等，斬之。吳匡等素怨苗不與進同心，而又疑其與宦官同謀，乃令軍中曰：「殺大將軍者卽車騎也，士吏能爲報讎乎？」進素有仁恩，士卒皆流涕曰：「願致死！」匡遂引兵與董卓弟奉車都尉旻攻殺苗，弃其屍於苑中。紹遂閉北宮門，勒兵捕宦者，無少長皆殺之。或有無須而誤死者，至自發露然後得免。〔死〕者二千餘人。紹因進兵排宮，或上端門屋，以攻省內。

張讓、段珪等困迫，遂將帝與陳留王數十人步出穀門，奔小平津。〔一〕公卿並出平樂觀，無得從者，唯尚書盧植夜馳河上，王允遣河南中部掾閔貢隨植後。貢至，手劍斬數人，餘皆投河而死。明日，公卿百官乃奉迎天子還宮，以貢爲郎中，封都亭侯。

〔一〕穀門，洛城北當中門也。

董卓遂廢帝，又迫殺太后，殺舞陽君，何氏遂亡，而漢室亦自此敗亂。

論曰：竇武、何進藉元舅之資，據輔政之權，內倚太后臨朝之威，外迎羣英乘風之埶，卒而事敗閹豎，身死功穨，爲世所悲，豈智不足而權有餘乎？〔一〕傳曰：「天之廢商久矣，君將興之。」斯宋襄公所以敗於泓也。〔二〕

〔一〕言智非不足，權亦有餘，蓋天敗也。

〔二〕左傳曰，楚伐宋，宋公將戰。子魚諫曰：「天之弃商久矣，公將興之，不可。」宋公不從，遂與楚戰，大敗於泓也。

贊曰：武生蛇祥，進自屠羊。〔一〕惟女惟弟，來儀紫房。上惛下嬖，人靈動怨。將糾邪慝，以合人願。道之屈矣，代離凶困。〔二〕

〔一〕進本屠家子也。

〔二〕代，更也。

校勘記

二二三九頁八行　兄子紹　按：集解引惠棟說，謂袁宏紀紹爲武長子，與此異。

二二四〇頁一行　梁孫寇鄧雖或誅滅　按：集解引惠棟說，謂袁宏紀云「梁、孫、鄧、亳貴戚專勢」云云，案寇榮未嘗有此，袁紀是也。

二二四〇頁六行　此誠陛下稷离伊呂之佐　「离」原譌「卨」，汲本譌「卨」，逕改正。按：「离」乃「契」之古文。

二二四〇頁八行　尚書令陳蕃僕射胡廣　按：通鑑删此九字，攷異謂蕃、廣時不爲令、僕，故去之。

二二四二頁二行　請前越嶲太守荀翌爲從事中郎　按：汲本、殿本「翌」作「昱」。

二二四二頁八行　長樂五官史朱瑀　按：集解引惠棟說，謂百官志云「長信、長樂宫者署少府一人，職如長秋，及餘吏皆以宫名爲號」，劉昭云「如長樂五官吏朱瑀之類」，是「史」當作「吏」。

二二四二頁一〇行　長樂從官史　按：惠棟補注謂胡三省云「掌太后宫從官」，案「史」亦當作「吏」。

二二四二頁一三行　奪璽書　刊誤謂「書」當作「綬」。按：集解引惠棟說，謂袁紀作「璽綬」。

二二四四頁七行　凡居宫中　按：「宫」原譌「官」，逕據汲本、殿本改正。

二二四五頁一四行　主洛陽百官　按：集解引惠棟說，謂北堂書鈔引漢官儀，云都官從事掌洛陽中百姓，似「百官」當作「百姓」。

二二四六頁一行　封(玄)〔互〕鄉侯　據殿本改。按：王先謙謂作「互」是。

二二四六頁三行　光和(二)〔三〕年貴人立爲皇后　據校補引錢大昭說改。

二二四六頁八行　進弟何南尹苗　殿本考證謂苗，朱氏子，五行志作「皇后異父兄」。按：李慈銘謂何后本屠家，其父眞早死，舞陽君改適朱氏，生苗，及何氏貴，苗亦冒姓何氏，幸續志偶存其本姓耳。苗與進固非一姓，故進之部將疑其同謀殺進，遂報殺苗也。

二二四七頁二行　屯騎都尉鮑鴻爲下軍校尉　按：刊誤謂漢無屯騎都尉，「都」當作「校」。

二二四七頁一〇行　乃上遣袁紹東擊徐兗二州兵　按：校補謂案文「擊」當作「集」。

二二四八頁七行　因復博徵智謀之士(龐)〔逄〕紀　校補引陳景雲說，謂據荀彧、袁紹傳均作「逄紀」，此作「龐」，誤。今據改。按：逄讀同龐，音近而譌。

二二四九頁三行　將軍(宜)受詔領禁兵　據刊誤刪。

二二五一頁一行　張讓子婦太后之妹也　按：汲本「妹」作「娚」，誤。袁紀作「娣」，娣訓女弟也。

二二五一頁八行　乃率常侍段珪　按：「段」字原譌「叚」，逕改正，下同。

二二五一頁九行　天下憒憒　按：校補引柳從辰說，謂袁紀「憒憒」作「憤憤」。

二二五二頁三行　術因燒南宮九龍門　按：集解引惠棟說，謂袁宏紀「九龍門」作「青瑣門」。又引王補說，謂通鑑從袁紀。

二二五二頁一二行　至自發露然後得免(死)者二千餘人　刊誤謂案文少一「死」字。今按：魏志袁紹傳作

「或有無鬚而誤死者，至自發露形體而後得免。死者二千餘人」。又袁紀及通鑑均作「死者二千餘人」。此明脫一「死」字，今補。

後漢書卷七十

鄭孔荀列傳第六十

鄭太字公業，河南開封人，司農衆之曾孫也。〔一〕少有才略。靈帝末，知天下將亂，陰交結豪桀。家富於財，有田四百頃，而食常不足，名聞山東。

〔一〕開封，縣，故城在今汴州南。

初舉孝廉，三府辟，公車徵，皆不就。及大將軍何進輔政，徵用名士，以公業爲尙書侍郎，〔二〕遷侍御史。進將誅閹官，欲召幷州牧董卓爲助。公業謂進曰：「董卓彊忍寡義，志欲無猒。若借之朝政，授以大事，〔三〕將恣凶欲，必危朝廷。明公以親德之重，據阿衡之權，秉意獨斷，誅除有罪，誠不宜假卓以爲資援也。且事留變生，殷鑒不遠。」又爲陳時務之所急數事。進不能用，乃弃官去。謂潁川人荀攸曰：「何公未易輔也。」

〔二〕續漢志曰：「尙書凡六曹，侍郎三十六人，四百石。一曹有六人，主作文書起草。」

〔三〕借音子夜反。

進尋見害，卓果作亂。公業等與侍中伍瓊、卓長史何顒共說卓，以袁紹爲勃海太守，以發山東之謀。及義兵起，卓乃會公卿議，大發卒討之，羣僚莫敢忤旨。公業恐其衆多益橫，凶彊難制，獨曰：「夫政在德，不在衆也。」卓不悅，曰：「如卿此言，兵爲無用邪？」公業懼，乃詭詞更對曰：〔一〕「非謂無用，以爲山東不足加大兵耳。如有不信，試爲明公略陳其要。今山東合謀，州郡連結，人庶相動，非不強盛。然光武以來，中國無警，百姓優逸，忘戰日久。仲尼有言：『不教人戰，是謂弃之。』其衆雖多，不能爲害。一也。明公出自西州，少爲國將，閑習軍事，數踐戰場，名振當世，人懷懾服。二也。袁本初公卿子弟，生處京師。張孟卓東平長者，〔二〕坐不闚堂。〔三〕孔公緒〔四〕清談高論，噓枯吹生。〔五〕並無軍旅之才，執銳之幹，臨鋒決敵，非公之儔。三也。山東之士，素乏精悍。〔六〕未有孟賁之勇，慶忌之捷，〔七〕聊城之守，〔八〕良、平之謀，可任以偏師，責以成功。四也。就有其人，而尊卑無序，王爵不加，若恃衆怙力，〔九〕將各(基)〔棊〕峙，〔一〇〕以觀成敗，不肯同心共膽，與齊進退。五也。關西諸郡，頗習兵事，自頃以來，數與羌戰，婦女猶戴戟操矛，挾弓負矢，〔一一〕況其壯勇之士，以當妄戰之人乎！其勝可必。六也。且天下彊勇，百姓所畏者，有幷、涼之人，及匈奴、屠各、湟中義從、西羌八種，〔一二〕而明公擁之，以爲爪牙，譬驅虎兕以赴犬羊。七也。又明公將帥，皆中表腹心，周旋日久，恩信淳著，忠誠可任，智謀可恃。以膠固之衆，〔一三〕當解合之埶，猶以烈風掃彼枯葉。八也。夫戰有三亡，以亂攻理者亡，以邪攻正者亡，以逆攻順者亡。今明公秉國平正，討滅宦豎，忠義克立。以此三德，待彼三亡，奉辭伐罪，誰敢禦之！九也。東州鄭玄學該古今，〔一四〕北海邴原清高直亮，〔一五〕皆儒生所仰，羣士楷式。彼諸將若詢其計畫，足知彊弱。且燕、趙、齊、梁非不盛也，終滅於秦；吳、楚七國非不衆也，卒敗滎陽。〔一六〕況今德政赫赫，股肱惟良，彼豈讚成其謀，造亂長寇哉？其不然。十也。若其所陳少有可採，無事徵兵以驚天下，使患役之民相聚爲非，弃德恃衆，自虧威重。」卓乃悅，以公業爲將軍，使統諸軍討擊關東。或說卓曰：「鄭公業智略過人，而結謀外寇，今資之士馬，就其黨與，竊爲明公懼之。」卓乃收還其兵，留拜議郎。

〔一〕詭猶詐也。

〔二〕孟卓名邈。

〔三〕言不妄視也。

〔四〕名伷。

〔五〕枯者噓之使生，生者吹之使枯。言談論有所抑揚也。

〔六〕悍，勇也。

〔七〕說苑曰：「孟賁水行不避蛟龍，陸行不避虎狼，發怒吐氣，聲響動天。」許慎注淮南子曰：「孟賁，衞人也。」呂氏春秋曰：「孟賁過於河，先其伍，船人怒，以楫虓其頭，不知其孟賁故也。中河，孟賁瞋目視船人，髮植目裂，舟中人盡播入河。」慶忌，吳王僚子也。射之矢，滿把不能中，四馬追之不能及。

〔八〕史記，燕將攻下聊城，因保守之。齊將田單攻之，歲餘不下。

〔九〕怙亦恃也。

〔一〇〕峙，止也。

〔一一〕挾，持也。

〔一二〕義從，八種並見西羌傳。

〔一三〕膠亦固也。

〔一四〕玄，北海人，故云東州。

〔一五〕魏志，原字根矩，北海朱虛人也。與管寧俱以操尙稱。

〔一六〕前書吳王濞、楚王戊、趙王遂、淄川王賢、濟南王辟光、膠西王卬、膠東王雄渠，景帝〔二〕〔三〕年反，大將軍條侯周亞夫將兵破之滎陽。

卓既遷都長安，天下飢亂，士大夫多不得其命。而公業家有餘資，日引賓客高會倡樂，所贍救者甚衆。乃與何顒、荀攸共謀殺卓。事泄，顒等被執，公業脫身自武關走，東歸袁術。術上以爲楊州刺史。未至官，道卒，年四十一。

孔融字文舉，魯國人，孔子二十世孫也。七世祖霸，爲元帝師，位至侍中。〔一〕父宙，太山都尉。

〔一〕前書霸字次（孺）〔儒〕，元帝師。解見孔昱傳。

融幼有異才。〔一〕年十歲，隨父詣京師。時河南尹李膺〔二〕以簡重自居，不妄接士賓客，勑外自非當世名人及與通家，皆不得白。融欲觀其人，故造膺門。語門者曰：「我是李君通家子弟。」門者言之。膺請融，問曰：「高明祖父嘗與僕有恩舊乎？」融曰：「然。先君孔子與君先人李老君同德比義，而相師友，〔三〕則融與君累世通家。」衆坐莫不歎息。太中大夫陳煒後至，〔四〕坐中以告煒。煒曰：「夫人小而聰了，大未必奇。」融應聲曰：「觀君所言，將不早惠乎？」膺大笑曰：「高明必爲偉器。」

〔一〕融家傳曰：「兄弟七人，融第六，幼有自然之性。年四歲時，每與諸兄共食梨，融輒引小者。大人問其故，荅曰：『我小兒，法當取小者。』由是宗族奇之。」

〔二〕膺，潁川襄城人。融家傳曰：「聞漢中李公淸節直亮，意慕之，遂造公門。」李固，漢中人，爲太尉，與此傳不同也。

〔三〕家語曰：「孔子謂南宮敬叔曰：『吾聞老聃博古而達今，通禮樂之源，明道德之歸，卽吾之師也。今將往矣。』遂至周，問禮於老聃焉。」

〔四〕煒音于匭反。

年十三，喪父，哀悴過毀，扶而後起，州里歸其孝。性好學，博涉多該覽。

山陽張儉爲中常侍侯覽所怨，覽爲刊章下州郡，以名捕儉。〔一〕儉與融兄褒有舊，亡抵於褒，不遇。〔二〕時融年十六，儉少之而不告。融見其有窘色，〔三〕謂曰：「兄雖在外，吾獨不能爲君主邪？」因留舍之。〔四〕後事泄，國相以下，密就掩捕，儉得脫走，遂并收褒、融送獄。二人未知所坐。融曰：「保納舍藏者，融也，當坐之。」褒曰：「彼來求我，非弟之過，請甘其罪。」吏問其母，母曰：「家事任長，妾當其辜。」一門爭死，郡縣疑不能決，乃上讞之。〔五〕詔書竟坐褒焉。融由是顯名，與平原陶丘洪、陳留邊讓齊聲稱。州郡禮命，皆不就。

〔一〕刊，削也。謂削去告人姓名。

〔二〕抵，歸也。融家傳「褒字文禮」也。

〔三〕窘，迫也。

〔四〕舍，止也。

〔五〕前書音義曰：「讞，請也，音宜傑反。」

辟司徒楊賜府。時隱覈官僚之貪濁者，將加貶黜，融多舉中官親族。尚書畏迫內寵，召掾屬詰責之。融陳對罪惡，言無阿撓。〔一〕河南尹何進當遷爲大將軍，楊賜遣融奉謁賀進，不時通，融卽奪謁還府，投劾而去。河南官屬恥之，私遣劍客欲追殺融。客有言於進曰：「孔文舉有重名，〔二〕將軍若造怨此人，則四方之士引領而去矣。不如因而禮之，可以示廣於天下。」進然之，既拜而辟融，舉高第，爲侍御史。與中丞趙舍不同，託病歸家。

〔一〕撓，曲也，音乃孝反。

〔二〕融家傳曰：「客言於進曰：『孔文舉於時英雄特傑，譬諸物類，猶衆星之有北辰，百穀之有黍稷，天下莫不屬目也。』」

後辟司空掾，拜中軍候。在職三日，遷虎賁中郎將。會董卓廢立，融每因對荅，輒有匡正之言。以忤卓旨，轉爲議郎。時黃巾寇數州，而北海最爲賊衝，卓乃諷三府同舉融爲北海相。

融到郡，收合士民，起兵講武，馳檄飛翰，引謀州郡。賊張饒等羣輩二十萬衆從冀州還，融逆擊，爲饒所敗，乃收散兵保朱虛縣。稍復鳩集吏民爲黃巾所誤者男女四萬餘人，更置城邑，立學校，表顯儒術，薦舉賢良鄭玄、彭璆、邴原等。〔一〕郡人甄子然、臨孝存知名早卒，融恨不及之，乃命配食縣社。其餘雖一介之善，莫不加禮焉。郡人無後及四方游士有死亡者，皆爲棺具而斂葬之。時黃巾復來侵暴，融乃出屯都昌，〔二〕爲賊管亥所圍。融逼急，乃遣東萊太史慈求救於平原相劉備。〔三〕備驚曰：「孔北海乃復知天下有劉備邪？」即遣兵三千救之，賊乃散走。

〔一〕璆音巨秋反，又音求。

〔二〕都昌，縣，屬北海郡，故城在今青州臨朐縣東北。

〔三〕吳志，慈字子義，東萊人也。避事之遼東，北海相孔融聞而奇之，數遣人訊問其母，并致餉遺。時融爲管亥所圍，慈從遼東還，母謂之曰：「汝與孔北海未嘗相見，至汝行後，贍恤殷勤，過於故舊。今爲賊所圍，汝宜赴之。」慈單步見融，旣而求救於劉備，得兵以解圍焉。

時袁、曹方盛，而融無所協附。左丞祖者，稱有意謀，勸融有所結納。融知紹、操終圖漢室，不欲與同，故怒而殺之。

融負其高氣，志在靖難，而才疎意廣，迄無成功。〔一〕在郡六年，劉備表領青州刺史。建安元年，爲袁譚所攻，自春至夏，戰士所餘裁數百人，流矢雨集，戈矛內接。融隱几讀書，〔二〕談笑自若。城夜陷，乃奔東山，妻子爲譚所虜。

〔一〕迄，竟也。

〔二〕隱，憑也。莊子曰：「南郭子綦隱几而坐。」

及獻帝都許，徵融爲將作大匠，遷少府。每朝會訪對，融輒引正定議，公卿大夫皆隸名而已。〔一〕

〔一〕說文云：「隸，附著。」

初，太傅馬日磾奉使山東，及至淮南，數有意於袁術。術輕侮之，遂奪取其節，求去又不聽，因欲逼爲軍帥。日磾深自恨，遂嘔血而斃。〔一〕及喪還，朝廷議欲加禮。融乃獨議曰：「日磾以上公之尊，秉髦節之使，銜命直指，〔二〕寧輯東夏，〔三〕而曲媚姦臣，爲所牽率，章表署用，輒使首名，〔四〕附下罔上，〔五〕姦以事君。〔六〕昔國佐當晉軍而不撓，〔七〕宜僚臨白刃而正色。〔八〕王室大臣，豈得以見脅爲辭！又袁術僭逆，非一朝一夕，日磾隨從，周旋歷歲。漢律與罪人交關三日已上，皆應知情。春秋魯叔孫得臣卒，以不發揚襄仲之罪，貶不書日。〔九〕鄭人討幽公之亂，斲子家之棺。〔一〇〕聖上哀矜舊臣，未忍追案，不宜加禮。」朝廷從之。

〔一〕三輔決錄曰：「日磾字翁叔，馬融之族子。少傳融業，以才學進。與楊彪、盧植、蔡邕等典校中書，歷位九卿，遂登台輔。」獻帝春秋曰：「術從日磾借節觀之，因奪不還，條軍中十餘人使促辟之。日磾謂術曰：『卿先代諸公辟士云何？而言促之，謂公府掾可劫得乎？』從術求去，而術不遣，既以失節屈辱憂恚。」

〔二〕直指，無屈撓也。前書有繡衣直指。

〔三〕輯，和也。

〔四〕所上章表及署補用，皆以日磾名爲首也。

〔五〕前書曰：「附下罔上者刑。」

〔六〕左傳叔向曰：「姦以事君者，吾所能禦。」

〔七〕公羊傳曰：「鞌之戰，齊師大敗。齊侯使國佐如師。郤克曰：『與我紀侯之甗，(及)〔反〕魯、衞之侵地，使耕者東西其畝，以蕭同叔子爲質，則吾舍子。』國佐曰：『與我紀侯之甗，請諾。使反魯、衞之侵，請諾。使耕者東西其畝，是則土齊也。蕭同叔子者，齊君母也，齊君母猶晉君之母也，曰不可。請戰，一戰而不勝，請再戰，再戰而不勝，請三戰，三戰不勝，則齊國盡子之有也，何必蕭同叔子爲質！』揖而去之。」

〔八〕楚白公勝欲爲亂，謂石乞曰：「王卿士皆以五百人當之則可。」乞曰：「不可得也。」曰：「市南有熊相宜僚者，若得之，可以當五百人矣。」乃從白公而見之。與言，悅；告之故，辭；承之以劍，不動。事見左傳。

〔九〕公羊傳曰：「叔孫得臣卒。」何休注曰：「不日者，知公子遂欲殺君，而爲人臣知賊而不言，明當誅也。」公子遂即襄仲也。

〔一〇〕左傳：「鄭子家卒，鄭人討幽公之亂，斲子家之棺而逐其族。」杜預注曰：「斲薄其棺，不使從卿禮。」爲其殺君故也。

時論者多欲復肉刑。融乃建議曰：「古者敦庬，善否不別，〔一〕吏端刑清，〔二〕政無過失。百姓有罪，皆自取之。末世陵遲，風化壞亂，政撓其俗，法害其人。故曰上失其道，民散久矣。而欲繩之以古刑，投之以殘弃，〔三〕非所謂與時消息者也。〔四〕紂斮朝涉之脛，天下謂爲無道。〔五〕夫九牧之地，千八百君，〔六〕若各刖一人，是下常有千八百紂也。求俗休和，弗可得已。且被刑之人，慮不念生，志在思死，類多趨惡，莫復歸正。夙沙亂齊，〔七〕伊戾禍宋，〔八〕趙高、英布，爲世大患。〔九〕不能止人遂爲非也，適足絕人還爲善耳。雖忠如鬻拳，〔一〇〕信如卞和，〔一一〕智如孫臏，〔一二〕冤如巷伯，〔一三〕才如史遷，〔一四〕達如子政，〔一五〕一離刀鋸，没世不齒。〔一六〕是太甲之思庸，〔一七〕穆公之霸秦，〔一八〕南睢之骨立，衞武之初筵，〔一九〕陳湯之都賴，〔二〇〕魏尚之守邊，〔二一〕無所復施也。漢開改惡之路，凡爲此也。故明德之君，遠度深惟，弃短就長，不苟革其政者也。」朝廷善之，卒不改焉。

〔一〕左傳楚申叔時曰：「人生敦厖。」杜預注：「厖，厚大也。」

〔二〕端，直也。

〔三〕殘其支體而弃廢之。

〔四〕易曰：「天地盈虛，與時消息。」

〔五〕尚書曰：「紂斮朝涉之脛。」孔安國注曰：「冬日見朝涉水者，謂其脛耐寒，斮而視之。」

〔六〕前書賈山曰：「昔者周蓋千八百國，以九州之人養千八百君也。」

〔七〕左傳曰，靈公廢太子光，立公子牙，使高厚傅牙，夙沙衞爲少傅。崔杼逆光而立之，是爲莊公。莊公以夙沙衞易己，衞弃高唐以叛。

〔八〕左傳，楚客聘于晉，過宋，太子痤知之，請野享之。公使往，伊戾請從，遣之。至則歃用牲，加書徵之，騁而告曰：「太子將爲亂，既與楚客盟矣。」公使視之，則信有焉。公囚太子，太子縊死。公徐聞其無罪，乃亨伊戾。

〔九〕史記，胡亥謂李斯曰：「高，故宮人也。」遂專信任之。後殺李斯，劫殺胡亥，卒亡秦也。前書，英布坐法黥，論輸驪山，亡之江中爲羣盜。及屬項羽，常爲先鋒陷陣。後歸漢，爲九江王。謀反，誅之。

〔一〇〕左傳：「初，鬻拳彊諫，楚子弗從。臨之以兵，懼而從之。拳曰：『吾懼君以兵，罪莫大焉。』遂自刖。楚人以爲大闇。君子曰：『鬻拳可謂愛君矣。諫以自納於刑，刑猶不忘納君於善。』」

〔一〕韓子曰：「楚人和氏得璞玉於楚山之中，獻之武王。武王使玉人相之，曰：『石也。』王以和爲謾己，刖其左足。及文王卽位，和又奉其璞，玉人又曰：『石也。』又刖其右足。文王薨，成王卽位，和乃抱其璞而哭於楚山之下，三日三夜，泣盡而繼以血。王使玉人攻璞而得寶焉。」琴操曰：「荆王封和爲陵陽侯，和辭不就而去。乃作怨歌曰：『進寶得刑，足離分兮。去封立信，守休芸兮。斷者不續，豈不冤兮！』」

〔二〕史記，孫臏與龐涓學兵法，涓事魏惠王爲將軍，自以能不及臏，陰使召臏，斷其兩足而黥之。臏後入齊，威王問兵法，以爲師。魏與趙攻韓，齊使田忌將而往。龐涓聞，去韓而歸。臏謂田忌曰：「三晉之兵素悍勇而輕齊。軍半至。使齊軍入魏地爲十萬竈，明日爲五萬竈，明日爲二萬竈。」龐涓行三日，大喜曰：「我固知齊卒怯，入吾地三日，士卒亡者過半矣。」乃弃其步兵，與其輕銳倍日并行逐之。孫子度其行，暮當至馬陵。馬陵道狹，旁多險阻，可伏兵，乃斫大樹白而書之曰「龐涓死於此木下」。於是令齊軍曰：「善射者萬弩，夾道而伏，期日莫見火舉而俱發。」涓夜至斫木下，見白書，乃鑽火燭之，讀書未畢，齊軍萬弩俱發，魏軍大亂相失。龐涓自知智窮兵敗，遂自到。曰：「遂成豎子之名矣。」

〔三〕毛萇注詩云：「巷伯，內小臣也。掌王后之命於宮中，故謂之巷伯。」伯被讒將刑，寺人孟子傷而作詩，以刺幽王也。

〔四〕李陵爲匈奴敗，馬遷明陵當必立功以報漢，遂被下蠶室宮刑，後乃著史記。

〔五〕劉向字子政。宣帝時，上言黃金可成。上令典尚方鑄作事，費甚多，方不驗，乃下吏，當死。上奇其材，得踰冬減論。班固云：「向博物洽聞，通達古今。」

〔一六〕國語「中刑用刀鋸」也。

〔一七〕尚書：「太甲既立，不明，伊尹放諸桐。三年，復歸於亳。思庸。」孔注曰：「念常道也。」

〔一八〕秦穆使孟明、白乙等伐鄭，蹇叔諫，不從。晉襄公敗諸崤，囚孟明等，後歸之。穆公曰：「孤之罪也，夫子何罪！」復使爲政，遂霸西戎。事見左傳。

〔一九〕韓詩曰：「賓之初筵，衞武公飲酒悔過也。」言賓客初就筵之時，賓主秩秩然，俱謹敬也。賓既醉止，載號載呶，不知其爲惡也。」

〔二〇〕前書，湯字子公。遷西域副校尉，矯制發諸國兵，斬郅支單于於都賴水上。

〔二一〕文帝時，尚爲雲中守，坐上首虜差六級，下吏削爵。趙人馮唐爲郎，爲言文帝，赦尚復爲雲中守也。

是時荆州牧劉表不供職貢，多行僭僞，遂乃郊祀天地，擬斥乘輿。〔一〕詔書班下其事。融上疏曰：「竊聞領荆州牧劉表桀逆放恣，所爲不軌，至乃郊祭天地，擬儀社稷。雖昏僭惡極，罪不容誅，至於國體，宜且諱之。〔二〕何者？萬乘至重，天王至尊，身爲聖躬，國爲神器，〔三〕陛級縣遠，祿位限絕，〔四〕猶天之不可階，日月之不可踰也。〔五〕每有一豎臣，輒云圖之，若形之四方，非所以杜塞邪萌。〔六〕愚謂雖有重戾，必宜隱忍。賈誼所謂『擲鼠忌器』，蓋謂此也。〔七〕是以齊兵次楚，唯責包茅；〔八〕王師敗績，不書晉人。〔九〕前以露袁術之罪，今復下劉表之事，是使跛牂欲闚高岸，天險可得而登也。〔一〇〕案表跋扈，擅誅列侯，遏絕詔命，斷盜貢篚，〔一一〕招呼元惡，以自營衞，專爲羣逆，主萃淵藪。〔一二〕郜鼎在廟，章孰甚焉！〔三〕桑落瓦解，其埶可見。〔四〕臣愚以爲宜隱郊祀之事，以崇國防。」

〔一〕斥，指也。

〔二〕體謂國家之大體也。

〔三〕老子曰：「天下神器，不可爲也。」

〔四〕賈誼曰：「人主之尊譬如堂，羣臣如陛，衆庶如地。故陛乃九級上，廉遠地則堂高也。」

〔五〕論語曰：「夫子之不可及也，猶天之不可階而升也。」又曰：「仲尼如日月，無得而踰焉。」

〔六〕形，見也。

〔七〕前書賈誼曰：「里諺云『欲投鼠而忌器』，此善諭也。鼠近於器，尚憚不投，恐傷其器，況乎貴臣之近主乎？」

〔八〕左傳，齊桓伐楚，責以「苞茅不入，王祭不供，無以縮酒」。杜預注曰：「包，裹束也。茅，菁茅也。束茅而灌之以酒，爲縮酒也。」

〔九〕公羊傳：「成公元年秋，王師敗績于貿戎。孰敗之？蓋晉敗之。曷爲不言晉敗之？王者無敵，莫敢當也。」

〔一〇〕史記李斯曰：「故城高五丈，而樓季不輕犯也；太山之高百仞，而跛牂牧其上。夫樓季而難五丈之限，豈跛牂而易百仞之高哉？峭漸之埶異也。」爾雅曰：「羊牝曰牂。」易曰：「天險不可昇，地險山川丘陵也。」

〔一一〕鄭玄注儀禮曰：「篚，竹器如筐也。」書曰：「厥篚玄纁璣組。」

〔一二〕書曰：「今商王受亡道，爲天下逋逃主，萃淵藪。」孔注曰：「天下罪人逃亡者，而紂爲魁主，窟聚泉府藪澤也。」

〔一三〕左傳：「取郜大鼎于宋，戊申納于太廟。臧哀伯諫曰：『君人者，昭德塞違，以臨照百官，百官於是乎戒懼。郜鼎在廟，彰孰甚焉！』」郜鼎，郜國所作也。

〔四〕詩曰：「桑之落矣，其黃而隕。」

五年，南陽王馮、東海王祗薨，〔一〕帝傷其早殁，欲爲脩四時之祭，以訪於融。融對曰：「聖恩敦睦，感時增思，悼二王之靈，發哀愍之詔，稽度前典，以正禮制。竊觀故事，前梁懷王、臨江愍王、齊哀王、臨淮懷王並薨無後，同產昆弟，卽景、武、昭、明四帝是也，〔二〕未聞前朝修立祭祀。若臨時所施，則不列傳紀。臣愚以爲諸在沖亂，聖慈哀悼，禮同成人，加以號謚者，宜稱上恩，〔三〕祭祀禮畢，而後絕之。至於一歲之限，不合禮意，又違先帝已然之法，所未敢處。」〔四〕

〔一〕並獻帝子。

〔二〕梁懷王揖，景帝弟也，立十年薨。臨江閔王榮，武帝兄也，爲皇太子，四歲廢爲王，坐侵廟壖地自殺。齊懷王閎，武帝子，昭帝異母兄，立八年薨。臣賢案：齊哀王，悼惠王之子，高帝之孫，非昭帝兄弟，當爲懷王，作「哀」者誤也。臨淮公衡，明帝弟，建武十五年立，未及進爵爲王而薨。融家傳及本傳皆作「公」，此爲「王」者，亦誤也。

〔三〕稱音尺證反。

〔四〕處猶安也。

初，曹操攻屠鄴城，袁氏婦子多見侵略，而操子丕私納袁熙妻甄氏。〔一〕融乃與操書，稱「武王伐紂，以妲己賜周公」。〔二〕操不悟，後問出何經典。對曰：「以今度之，想當然耳。」

後操討烏桓，〔三〕又嘲之曰：「大將軍遠征，蕭條海外。昔肅慎不貢楛矢，〔四〕丁零盜蘇武牛羊，可并案也。」〔五〕

〔一〕袁紹傳，熙，紹之中子也。甄氏，中山無極人，漢太保甄邯後也。父逸，上蔡令。魏略曰：「熙出在幽州，甄氏侍姑，及鄴城破，文帝入紹舍，后怖，伏姑膝上。帝令舉頭就視，見其顏色非凡。太祖聞其意，爲迎取之。」

〔二〕妲音丁末反，又音旦。紂之妃，有蘇氏女也。紂用其言，毒虐衆庶。武王剋殷，斬妲己頭，縣之於小白旗，以爲紂之亡由此女也。出列女傳也。

〔三〕建安十二年也。

〔四〕國語曰：「昔武王剋商，通于九夷百蠻，於是肅慎氏貢楛矢石砮，其長尺有咫。」肅慎國記曰：「肅慎氏，其地在夫餘國北，東濱大海。」魏略曰：「挹婁一名肅慎氏。」說文曰「楛，木也。今遼左有楛木，狀如荆，葉如榆」也。

〔五〕山海經曰：「北海之內，有丁零之國。」前書蘇武使匈奴，單于徙北海上，丁零盜武牛羊，武遂窮戹也。

時年飢兵興，操表制酒禁，融頻書爭之，多侮慢之辭。〔一〕既見操雄詐漸著，數不能堪，故發辭偏宕，多致乖忤。〔二〕又嘗奏宜準古王畿之制，千里寰內，不以封建諸侯。〔三〕操疑其所論建漸廣，益憚之。然以融名重天下，外相容忍，而潛忌正議，慮鯁大業。山陽郗慮〔四〕承望風旨，以微法奏免融官。因顯明讎怨，操故書激厲融曰：「蓋聞唐虞之朝，有克讓之臣，〔五〕故麟鳳來而頌聲作也。〔六〕後世德薄，猶有殺身爲君，〔七〕破家爲國。〔八〕及至其敝，睚眦之怨必讎，一餐之惠必報。〔九〕故鼂錯念國，遘禍於袁盎；〔一〇〕屈平悼楚，受譖於椒、蘭；〔二一〕彭寵傾亂，起自朱浮；〔二二〕鄧禹威損，失於宗、馮。〔二三〕由此言之，喜怒怨愛，禍福所因，可不慎與！〔二四〕昔廉、蘭小國之臣，猶能相下；〔二五〕寇、賈倉卒武夫，屈節崇好；光武不問伯升之怨；齊侯不疑射鉤之虜。〔二六〕夫立大操者，豈累細故哉！往聞二君有執法之平，以爲小介，〔二七〕當收舊好；而怨毒漸積，志相危害，聞之憮然，中夜而起。〔二八〕昔國家東遷，文舉盛歎鴻豫名實相副，綜達經學，出於鄭玄，又明司馬法，〔二九〕鴻豫亦稱文舉奇逸博聞，誠怪今者與始相違。孤與文舉既非舊好，又於鴻豫亦無恩紀，然願人之相美，不樂人之相傷，是以區區思協歡好。又知二君羣小所搆，孤爲人臣，進不能風化海內，退不能建德和人，然撫養戰士，殺身爲國，破浮華交會之徒，計有餘矣。」

〔一〕融集與操書云：「酒之爲德久矣。古先哲王，類帝禋宗，和神定人，以濟萬國，非酒莫以也。故天垂酒星之燿，地列酒泉之郡，人著旨酒之德。堯不千鍾，無以建太平。孔非百觚，無以堪上聖。樊噲解戹鴻門，非豕肩鍾酒，無以奮其怒。趙之廝養，東迎其王，非引卮酒，無以激其氣。高祖非醉斬白蛇，無以暢其靈。景帝非醉幸唐姬，無以開中興。袁盎非醇醪之力，無以脫其命。定國不酣飲一斛，無以決其法。故酈生以高陽酒徒，著功於漢；屈原不餔糟歠醨，取困於楚。由是觀之，酒何負於政哉？」又書曰：「昨承訓荅，陳二代之禍，及衆人之敗，以酒亡者，實如來誨。雖然，徐偃王行仁義而亡，今令不絕仁義；燕噲以讓失社稷，今令不禁謙退；魯因儒而損，今令不棄文學；夏、商亦以婦人失天下，今令不斷婚姻。而將酒獨急者，疑但惜穀耳，非以亡王爲戒也。」

〔二〕偏邪跌宕，不拘正理。

〔三〕周禮：「方千里曰國畿，其外五百里侯畿。」鄭玄注：「畿，限也。」

〔四〕續漢書：「慮字鴻豫，山陽高平人，少受學於鄭玄。」虞溥江表傳曰：「獻帝嘗時見慮及少府孔融。問融曰：『鴻豫何所優長？』融曰：『可與適道，未可與權。』慮舉笏曰：『融昔宰北海，政散人流，其權安在？』遂與融互相長短，以至不穆。曹操以書和解之。」慮從光祿勳遷御史大夫。

〔五〕尚書曰，舜以伯禹爲司空，禹讓稷、契暨皋陶。以益爲朕虞，益讓于朱虎、熊羆。以伯夷爲秩宗，伯夷讓于夔龍。

〔六〕史記曰：「於是禹興九韶之樂，致異物，鳳皇來儀。」

〔七〕若齊孟陽代君居牀以待賊，西漢紀信乘黃屋誑楚之類也。

〔八〕若要離焚妻子以徇吳，李通誅宗族以從漢之類也。

〔九〕史記，范睢一餐之德必償，睚眦之怨必報。

〔一〇〕景帝時，錯爲御史大夫，以諸侯國大，請削其土。吳楚七國反，以誅錯爲名。袁盎素與錯不相善，盎乃進說，請斬錯以謝七國，景帝遂斬錯也。

〔一一〕屈平楚懷王時爲三閭大夫。秦昭王使張儀譎詐懷王，令絕齊交，又誘請會武關，平諫，王不聽其言，卒客死於秦。懷王子子椒，子蘭讒之於襄王，而放逐之。見史記。

〔一二〕朱浮與寵不相能，數譖之光武，寵遂反。

〔一三〕鄧禹征赤眉，令宗歆、馮愔守栒邑。二人爭權相攻，遂殺歆，因反擊禹。今流俗本「宗」誤作「宋」也。

〔一四〕音余。

〔一五〕趙惠文王與秦昭王會黽池，歸，拜藺相如爲上卿，位在廉頗右。頗曰：「吾不忍爲之下，必辱之。」相如每朝，常避之。頗聞之，肉袒負荆謝之，相與爲刎頸之友。事見史記。

〔一六〕公子糺與桓公爭立，管仲射桓公中鉤。後桓公即位，以管仲爲相也。

〔一七〕介猶蔕芥也。公法雖平，私情爲蔕芥者也。

〔一八〕憮音舞。憮，失意貌也。

〔一九〕史記，齊威王使大夫追論古者司馬法。其法論田及兵之法也。

融報曰：「猥惠書教，〔一〕告所不逮。融與鴻豫州里比郡，〔二〕知之最早。雖嘗陳其功美，欲以厚於見私，信於爲國，不求其覆過掩惡，有罪望不坐也。前者黜退，懽欣受之。昔趙宣子朝登韓厥，夕被其戮，喜而求賀。〔三〕況無彼人之功，而敢枉當官之平哉！忠非三閭，〔四〕智非鼂錯，竊位爲過，免罪爲幸。乃使餘論遠聞，所以慙懼也。朱、彭、寇、賈，爲世壯士，愛惡相攻，能爲國憂。至於輕弱薄劣，猶昆蟲之相嚙，適足還害其身，〔五〕誠無所至也。晉侯嘉其臣所爭者大，而師曠以爲不如心競。〔六〕性既遲緩，與人無傷，雖出胯下之負，〔七〕榆次之辱，〔八〕不知貶毀之於己，猶蚊虻之一過也。〔九〕子產謂人心不相似，〔一〇〕或矜埶者，欲以取勝爲榮，不念宋人待四海之客，大鑪不欲令酒酸也。〔一一〕至於屈穀巨瓠，堅而無竅，當以無用罪之耳。〔一二〕它者奉遵嚴教，不敢失墜。郗爲故吏，融所推進。趙衰之拔郤穀，〔一三〕不輕公叔之升臣也。〔一四〕知同其愛，訓誨發中。〔一五〕雖懿伯之忌，猶不得念，〔一六〕況恃舊交，而欲自外於賢吏哉！〔七〕輒布腹心，脩好如初。苦言至意，終身誦之。」

〔一〕猥，曲也。

〔二〕山陽與魯郡相鄰比。

〔三〕宣子，趙盾諡也。國語曰：「宣子言韓厥於靈公，以為司馬。河曲之役，趙宣子使人以其乘車干行，韓厥執而戮之。衆咸曰：『韓厥必不沒矣。其主朝升之而暮戮其車，其誰安之？』宣子召而禮之，謂諸大夫曰：『二三子可以賀我矣。吾舉厥也，中吾，乃今知免於罪矣。』」

〔四〕卽屈原也。掌王族三姓，曰昭、屈、景，故曰「三閭」。

〔五〕夏小正云：「昆，衆也。」孫卿子曰：「昆蟲亦有知。」

〔六〕左傳「秦伯之弟鍼如晉脩成，叔向命召行人子員。行人子朱曰：『朱也當御。』三云，叔向不應。子朱怒曰：『班爵同，何以黜朱於朝？』撫劍從之。叔向曰：『秦晉不和久矣。今日之事，幸而集，晉國賴之；不集，三軍暴骨。子員導二國之言無私，子常易之。姦以事君者，吾所能禦也。』拂衣從之。人救之。平公曰：『晉其庶乎！吾臣之所爭者大。』師曠曰：『公室懼卑，臣不心競而力爭』也。

〔七〕韓信貧賤，淮陰少年侮之，令信出跨下。

〔八〕史記，荆軻嘗游楡次，與蓋聶論劍，蓋聶怒而目之，荆軻出去。

〔九〕蚊音文。虻音盲。言蚊虻之暫過，未以為害。

〔一〇〕左傳曰，子產謂子皮曰：「人心不同，其如面焉，吾豈敢謂子面如吾面乎？」

〔一一〕鑪，累土為之，以居酒瓮，四邊隆起，一面高如鍛鑪，故名鑪。字或作「壚」。韓子曰：「宋人有沽酒者，斗槩甚平，遇客甚謹，爲酒甚美，而酒不售，酒酸（者）。怪其故，問所知閭長者楊倩。（二人）〔倩〕曰：『汝狗猛耶？』曰：『狗猛。』『何故不售？』曰：『人畏焉。』令孺子懷錢挈壺往沽，狗迎齕之，酒所以酸而不售。」

〔二〕韓子曰：「齊有居士田仲，宋人屈穀往見之，曰：『穀聞先生之義，不恃仰人而食。今穀有樹瓠之法，堅如石，厚而無竅，願獻先生。』田仲曰：『夫子徒謂我也。凡貴於樹瓠者，爲可以盛也。今厚而無竅，則不可以盛物，而任堅如石，則不可以剖而斟，吾無以此瓠爲也。』〔曰：『然，穀〕將弃之。』今仲不恃仰人而食，亦無益人國，亦堅瓠之類。」

〔三〕左傳，晉文公謀元帥，趙衰曰：「郤縠可。」乃使郤縠將中軍。

〔四〕公叔文子，衞大夫，其家臣名僎，行與文子同，升之於公，與之並爲大夫。僎音士眷反，見論語。

〔五〕言曹公與己同愛郗慮，故發於中心而訓誨。

〔六〕禮記檀弓曰：「滕成公之喪，使子叔敬叔弔，子服惠伯爲介。及郊，爲懿伯之忌不入。惠伯曰：『政也，不可以叔父之私不將公事。』遂入。」鄭玄注曰：「懿伯，惠伯之叔父也。忌，怨也。」

〔七〕賢吏謂慮也。

歲餘，復拜太中大夫。性寬容少忌，好士，喜誘益後進。及退閑職，〔一〕賓客日盈其門。常歎曰：「坐上客恒滿，尊中酒不空，吾無憂矣。」與蔡邕素善，邕卒後，有虎賁士貌類於邕，〔二〕融每酒酣，引與同坐，曰：「雖無老成人，且有典刑。」〔三〕融聞人之善，若出諸己，言有可採，必演而成之，面告其短，而退稱所長，薦達賢士，多所獎進，知而未言，以爲己過，故海內英俊皆信服之。

〔一〕太中大夫職在言議，故云閑職。

〔二〕漢官典職儀曰：「虎賁中郎將，主武賁千五百人。」

〔三〕詩大雅曰「雖無老成人，尙有典刑」也。

曹操既積嫌忌，而郗慮復搆成其罪，遂令丞相軍謀祭酒路粹〔一〕枉狀奏融曰：「少府孔融，昔在北海，見王室不靜，而招合徒衆，欲規不軌，云『我大聖之後，而見滅於宋，〔二〕有天下者，何必卯金刀』。及與孫權使語，謗訕朝廷。〔三〕又融爲九列，不遵朝儀，禿巾微行，〔四〕唐突宮掖。又前與白衣禰衡跌蕩放言，〔五〕云『父之於子，當有何親？論其本意，實爲情欲發耳。子之於母，亦復奚爲？譬如寄物缻中，〔六〕出則離矣』。既而與衡更相贊揚。衡謂融曰：『仲尼不死。』融荅曰：『顏回復生。』大逆不道，宜極重誅。」書奏，下獄弃市。時年五十六。妻子皆被誅。

〔一〕典略曰：「粹字文蔚，陳留人，少學於蔡邕。建安初，以高第擢拜尙書郎，後爲軍謀祭酒，與陳琳、阮瑀等典記室。融誅之後，人覩粹所作，無不嘉其才而忌其筆也。」

〔二〕史記曰，魯大夫孟釐子曰：「孔丘，聖人之後，滅於宋。」服虔注曰：「聖人謂商湯也。孔子六代祖孔父嘉爲宋華督所殺，其子奔魯也。」

〔三〕訕音所諫反。訕謂謗毁也。蒼頡篇曰：「訕，非也。」

〔四〕謂不加幘。

〔五〕跌蕩，無儀檢也。放，縱也。

〔六〕說文曰：「瓶，缶也。」字書曰：「瓶似缶而高。」

初，女年七歲，男年九歲，以其幼弱得全，寄它舍。二子方弈棊，融被收而不動。左右曰：「父執而不起，何也？」答曰：「安有巢毀而卵不破乎！」主人有遺肉汁，男渴而飲之。女曰：「今日之禍，豈得久活，何賴知肉味乎？」兄號泣而止。或言於曹操，遂盡殺之。及收至，謂兄曰：「若死者有知，得見父母，豈非至願！」乃延頸就刑，顏色不變，莫不傷之。

初，京兆人脂習元升，與融相善，每戒融剛直。〔一〕及被害，許下莫敢收者，習往撫尸曰：「文舉舍我死，吾何用生爲？」操聞大怒，將收習殺之，後得赦出。

〔一〕魏略曰：「曹操爲司空，威德日盛，融故以舊意書疏倨傲，習常責融令改節，融不從之。」

魏文帝深好融文辭，每歎曰：「楊、班儔也。」募天下有上融文章者，輒賞以金帛。所著詩、頌、碑文、論議、六言、策文、表、檄、教令、書記凡二十五篇。文帝以習有欒布之節，加中散大夫。〔一〕

〔一〕前書曰：「欒布，梁人也，爲梁王彭越大夫，使於齊，未反。漢誅越，梟首雒陽下，布還，奏事越頭下，祠而哭之。」

論曰：昔諫大夫鄭昌有言：「山有猛獸者，藜藿爲之不採。」〔一〕是以孔父正色，不容弒虐之謀；〔二〕平仲立朝，有紓盜齊之望。〔三〕若夫文舉之高志直情，其足以動義槩而忤雄心。〔四〕故使移鼎之迹，事隔於人存；〔五〕代終之規，啓機於身後也。〔六〕夫嚴氣正性，覆折而已。豈有員园委屈，可以每其生哉！〔七〕懍懍焉，皜皜焉，其與琨玉秋霜比質可也。〔八〕

〔一〕宣帝時，司隸校尉蓋寬饒以直言得罪，鄭昌愍傷寬饒忠直憂國，以言事不當意，而爲文吏所詆挫，故上書訟之。

〔二〕公羊傳曰：「孔父正色而立于朝，則人莫敢過而致難於其君者，孔父可謂義形於色矣。」

〔三〕紓音舒，解也，緩也。盜齊謂田常也。莊子曰：「田成子一旦弒齊君而盜其國。」左傳，齊景公坐於路寢。公歎曰：「美哉室！其誰有此乎？」晏子對曰：「如君之言，其陳氏乎？」公曰：「是可若何？」對曰：「唯禮可以已之。」

〔四〕忤，逆也。

〔五〕移鼎謂遷漢之鼎也。人存謂曹操身在不得篡位也。左傳曰：「桀有昏德，鼎遷於商；商紂暴虐，鼎遷於周。」

〔六〕代終謂代漢祚之終也。身後謂曹丕受禪也。

〔七〕「园」即「刓」字，音五丸反。前書音義曰：「刓謂刓團無稜角也。」每，貪也。言寧正直以傾覆摧折，不能委曲以貪生也。賈誼云：「品庶每生。」

〔八〕懍懍言勁烈如秋霜也。皜皜言堅貞如白玉也。皜音古老反。

荀彧字文若，〔一〕潁川潁陰人，朗陵令淑之孫也。〔二〕父緄，爲濟南相。〔三〕緄畏憚宦官，乃爲彧娶中常侍唐衡女。〔四〕彧以少有才名，故得免於譏議。南陽何顒名知人，見彧而異之，曰：「王佐才也。」

〔一〕袁宏漢紀「彧」作「郁」。

〔二〕朗陵，縣，屬汝南郡，故城在今豫州朗山縣西南。

〔三〕緄音古本反。

〔四〕典略曰：「衡欲以女妻汝南傅公明，公明不取，轉以妻郁。」

中平六年，舉孝廉，再遷亢父令。〔一〕董卓之亂，弃官歸鄉里。同郡韓融時將宗親千餘家，避亂密西山中。〔二〕彧謂父老曰：「潁川，四戰之地也。〔三〕天下有變，常爲兵衝。密雖小固，不足以扞大難，宜亟避之。」〔四〕鄉人多懷土不能去。會冀州牧同郡韓馥遣騎迎之，彧乃獨將宗族從馥，留者後多爲董卓將李傕所殺略焉。

〔一〕亢父，〔縣〕，屬梁國，故城在今兗州任城縣南。亢音剛，父音甫。

〔二〕密縣西山也。

〔三〕四面通也。

〔四〕亟音紀力反。

彧比至冀州，而袁紹已奪馥位，紹待彧以上賓之禮。彧明有意數，〔一〕見漢室崩亂，每懷匡佐之義。時曹操在東郡，彧聞操有雄略，而度紹終不能定大業。初平二年，乃去紹從操。操與語大悅，曰：「吾子房也。」〔二〕以爲奮武司馬，時年二十九。明年，又爲操鎮東司馬。

〔一〕數，計數也。

〔二〕比之張良。

興平元年，操東擊陶謙，使彧守甄城，〔一〕任以留事。會張邈、陳宮以兗州反操，〔二〕而潛迎呂布。布既至，諸城悉應之。邈乃使人譎彧〔三〕曰：「呂將軍來助曹使君擊陶謙，宜亟供軍實。」彧知邈有變，卽勒兵設備，故邈計不行。豫州刺史郭貢率兵數萬來到城下，求見彧。彧將往，東郡太守夏侯惇等止之。〔四〕曰：「何知貢不與呂布同謀，而輕欲見之。今君爲一州之鎮，往必危也。」彧曰：「貢與邈等分非素結，今來速者，計必未定，及其猶豫，宜時說之，縱不爲用，可使中立。〔五〕若先懷疑嫌，彼將怒而成謀，不如往也。」貢既見彧無懼意，知城不可攻，遂引而去。彧乃使程昱說范、東阿，〔六〕使固其守，卒全三城以待操焉。〔七〕

〔一〕縣名，屬濟陰郡，今濮州縣也。「甄」今作「鄄」，音絹。

〔二〕典略「宮字公臺，東郡人。剛直烈壯，少與海內知名之士皆相連結」也。

〔三〕譎，詐也。

〔四〕魏志曰：「惇字元讓，沛國人。」

〔五〕不令其有去就也。

〔六〕魏志：「昱字仲德，東郡東阿人。」范，縣，屬東郡，今濮陽縣也。東阿，縣，屬東郡，今濟州縣也。

〔七〕三城謂甄、范、東阿也。

二年，陶謙死，操欲遂取徐州，還定呂布。彧諫曰：「昔高祖保關中，〔一〕光武據河內，皆深根固本，以制天下。進可以勝敵，退足以堅守，故雖有困敗，而終濟大業。將軍本以兗州首事，故能平定山東，〔二〕此實天下之要地，而將軍之關河也。若不先定之，根本將何寄乎？宜急分討陳宮，使虜不得西顧，乘其閒而收熟麥，約食稸穀，以資一舉，則呂布不足破也。今舍之而東，未見其便。多留兵則力不勝敵，少留兵則後不足固。布乘虛寇暴，震動人心，縱數城或全，其餘非復己有，則將軍尚安歸乎？且前討徐州，威罰實行，其子弟念父兄之恥，必人自爲守。就能破之，尚不可保。彼若懼而相結，共爲表裏，堅壁清野，以待將軍，將軍攻之不拔，掠之無獲，不出一旬，則十萬之衆未戰而自困矣。夫事固有弃彼取此，以權一時之埶，願將軍慮焉。」操於是大收孰麥，復與布戰。布敗走，因分定諸縣，兗州遂平。

〔一〕高祖距項羽，常留蕭何守關中。

〔二〕曹操初從東郡守鮑信等迎領兗州牧，遂進兵破黃巾等，故能平定山東也。

建安元年，獻帝自河東還洛陽，操議欲奉迎車駕，徙都於許。衆多以山東未定，韓暹、楊奉負功恣睢，〔一〕未可卒制。彧乃勸操曰：「昔晉文公納周襄王，而諸侯景從；〔二〕漢高祖爲義帝縞素，而天下歸心。〔三〕自天子蒙塵，〔四〕將軍首唱義兵，徒以山東擾亂，未遑遠赴，雖禦難於外，乃心無不在王室。〔五〕今鑾駕旋軫，〔六〕東京榛蕪，義士有存本之思，兆人懷感舊之哀。誠因此時奉主上以從人望，大順也；秉至公以服天下，大略也；扶弘義以致英俊，大德也。四方雖有逆節，其何能爲？韓暹、楊奉，安足恤哉！若不時定，使豪桀生心，後雖爲慮，亦無及矣。」操從之。

〔一〕恣睢，肆怒貌。睢音火季反，又火隹反。史記：「盜跖日殺不辜，暴戾恣睢。」

〔二〕左傳，卜偃言於晉侯曰：「求諸侯莫如勤王，諸侯信之，且大義也。」晉侯以左師逆王，王入于王城，取太叔於溫，殺之於隰城，遂定霸業，天下服從也。

〔三〕項羽殺義帝於郴，高祖爲義帝發喪。高祖大哭，發使告諸侯曰：「天下共立義帝，北面事之。今項羽放殺義帝，大逆無道，寡人親爲發喪，兵皆縞素。」

〔四〕蒙，冒也。左傳臧文仲曰：「天子蒙塵於外，敢不奔問官守。」

〔五〕尚書曰：「雖爾身在外，乃心無不在王室。」乃，汝也。

〔六〕鄭玄注周禮曰：「軫，輿後横木也。」

及帝都許，以彧爲侍中，守尚書令。操每征伐在外，其軍國之事，皆與彧籌焉。彧又進操計謀之士從子攸，〔一〕及鍾繇、郭嘉、〔二〕陳羣、杜襲、〔三〕司馬懿、戲志才等，〔四〕皆稱其舉。唯嚴象爲楊州，〔五〕韋康爲涼州，後並負敗焉。〔六〕

〔一〕魏志，荀攸字公達。太祖素聞攸名，與語大悅，謂彧曰：「公達非常人，吾得與計事，天下當何憂哉？」

〔二〕魏志，嘉字奉孝，潁川人也。戲志才，籌畫士也，太祖甚器之，早卒。太祖與彧書曰：「自志才亡後，莫可與計事者。汝、潁固多奇士，誰可以繼之？」彧薦嘉，召見論天下事，太祖曰：「使孤成大業者，必此人也。」

〔三〕襲字子緒，潁川人。荀彧薦襲，太祖以爲丞相軍謀祭酒，魏國建，爲侍中。

〔四〕懿字仲達，卽晉宣帝。

〔五〕三輔決錄曰：「象字文則，京兆人。少聰博有膽智，爲楊州刺史。後爲孫策廬江太守李術所殺。」

〔六〕康字元將，京兆人。父端，從涼州牧徵爲太僕，康代爲涼州刺史，時人榮之。後爲馬超所圍，堅守歷時，救軍不至，遂爲超所殺。

袁紹既兼河朔之地，有驕氣。而操敗於張繡，〔一〕紹與操書甚倨。〔二〕操大怒，欲先攻之，而患力不敵，以謀於彧。彧量紹雖強，終爲操所制，乃說先取呂布，然後圖紹，操從之。三年，遂擒呂布，定徐州。

〔一〕魏志，張繡在南陽降，既而悔之，而復反。操與戰，軍敗，爲流矢所中。

〔二〕陳琳爲紹作檄書曰：「操祖父騰，饕餮放橫，父嵩乞匄攜養，操贅閹遺醜。」並倨慢之詞也。

五年，袁紹率大衆以攻許，操與相距。紹甲兵甚盛，議者咸懷惶懼。少府孔融謂彧曰：

「袁紹地廣兵彊，田豐、許攸智計之士爲其謀，〔一〕審配、逢紀盡忠之臣任其事，〔二〕顏良、文醜勇冠三軍，統其兵，殆難克乎？」或曰：「紹兵雖多而法不整，田豐剛而犯上，許攸貪而不正，審配專而無謀，逢紀果而自用，顏良、文醜匹夫之勇，可一戰而擒也。」後皆如彧之籌，事在袁紹傳。

〔一〕先賢行狀：「豐字元皓，鉅鹿人。天姿瓌傑，權略多奇。」許攸字子遠。

〔二〕配字正南，魏郡人。忠烈慷慨，有不可犯之色。紹領冀州，委配腹心之任。英雄記曰：「紀字元圖。初，紹去董卓，與許攸及紀俱詣冀州，紹以紀聰達有計策，甚信之。」

操保官度，〔一〕與紹連戰，雖勝而軍糧方盡，〔書〕與彧議，欲還許以致紹師。〔二〕彧報曰：「今穀食雖少，未若楚漢在滎陽、成皐閒也。是時劉項莫肯先退者，以爲先退則埶屈也。〔三〕公以十分居一之衆，〔四〕畫地而守之，〔五〕搤其喉而不得進，已半年矣。〔六〕情見埶竭，必將有變，此用奇之時，不可失也。」操從之，乃堅壁持之。遂以奇兵破紹，紹退走。封彧萬歲亭侯，邑一千戶。

〔一〕官度，即古之鴻溝也。於滎陽下引河東南流，其所保處在今鄭州中牟縣北官度口是也。

〔二〕致猶至也。兵法曰：「善戰者，致人不致於人。」

〔三〕高祖與項羽於滎陽、成皐閒，久相持不決，後羽請鴻溝以西爲漢而退，高祖遂乘羽，敗之垓下，追殺之。

〔四〕言與紹衆寡相懸也。

〔五〕言晝地作限隔也。鄒陽曰：「晝地而不敢犯。」

〔六〕搤音戹。搤謂捉持之也。

六年，操以紹新破，未能爲患，但欲留兵衞之，自欲南征劉表，以計問彧。彧對曰：「紹既新敗，衆懼人擾，今不因而定之，而欲遠兵江漢，若紹收離糾散，〔一〕乘虛以出，則公之事去矣。」操乃止。

〔一〕糾，合也。

九年，操拔鄴，自領冀州牧。有說操宜復置九州者，以爲冀部所統既廣，則天下易服。操將從之。彧言曰：「今若依古制，是爲冀州所統，悉有河東、馮翊、扶風、西河、幽、并之地也。公前屠鄴城，海內震駭，各懼不得保其土宇，守其兵衆。今若一處被侵，必謂以次見奪，人心易動，若一旦生變，天下未可圖也。願公先定河北，然後修復舊京，南臨楚郢，責王貢之不入。天下咸知公意，則人人自安。須海內大定，乃議古制，此社稷長久之利也。」操報曰：「微足下之相難，所失多矣！」遂寢九州議。

十二年，操上書表彧曰：「昔袁紹作逆，連兵官度，時衆寡糧單，圖欲還許。尚書令荀彧深建宜住之便，遠恢進討之略，〔一〕起發臣心，革易愚慮，堅營固守，徼其軍實，〔二〕遂摧撲大寇，濟危以安。紹既破敗，臣糧亦盡，將舍河北之規，改就荆南之策。彧復備陳得失，用移臣議，故得反旆冀土，〔三〕克平四州。〔四〕向使臣退軍官度，紹必鼓行而前，〔五〕敵人懷利以自百，〔六〕臣衆怯沮以喪氣，〔七〕有必敗之形，無一捷之埶。〔八〕復若南征劉表，委弃兖、豫，飢軍深入，踰越江、沔，〔九〕利既難要，將失本據。而彧建二策，以亡爲存，以禍爲福，謀殊功異，臣所不及。是故先帝貴指縱之功，薄搏獲之賞；〔一〇〕古人尚帷幄之規，下攻拔之力。〔一一〕原其績効，足享高爵。而海內未喻其狀，所受不侔其功，〔一二〕臣誠惜之。乞重平議，增疇戶邑。」〔一三〕彧深辭讓。操譬之曰：「昔介子推有言：『竊人之財，猶謂之盜。』〔一四〕況君奇謨拔出，興亡所係，可專有之邪？〔一五〕雖慕魯連沖高之迹，〔一六〕將爲聖人達節之義乎！」〔一七〕於是增封千戶，幷前二千戶。又欲授以正司，〔一八〕彧使荀攸深自陳讓，至于十數，乃止。操將伐劉表，問彧所策。彧曰：「今華夏以平，荆、漢知亡矣，可聲出宛、葉而閒行輕進，以掩其不意。」操從之。會表病死。〔一九〕

〔一〕恢，大也。

〔二〕徼，邀也，音古堯反。

〔三〕左傳：「南轅反旆。」杜預曰：「軍門前大旂。」

〔四〕謂冀、青、幽、幷也。

〔五〕鼓行謂鳴鼓而行，言無所畏也。

〔六〕各規利，人百其勇也。

〔七〕沮，止也。

〔八〕捷，勝也。

〔九〕沔卽漢水也。孔安國曰：「漢上爲沔。」

〔一〇〕搏，擊也。高祖旣殺項羽，論功行封，以蕭何爲最，功臣多不服。高祖曰：「諸君知獵乎？夫獵追殺獸者，狗也，而發縱指示獸者，人也。諸君徒能追得獸耳，功狗也。至如蕭何，發〔縱〕指示，功人也。」「縱」或作「蹤」，兩通。

〔一一〕張良未嘗有戰鬬功，高帝曰：「運策帷幄中，決勝千里外，子房功也。」自擇齊三萬戶以封之。

〔一二〕侔，等也。

〔一三〕前書曰：「復其後代，疇其爵邑。」晉義曰：「疇，等也，使其後常與先人等也。」

〔一四〕左傳介子推，晉文公臣。

〔一五〕操不專功，欲分之於彧也。

〔一六〕史記曰，趙欲尊秦爲帝，魯連止之，平原君乃欲封魯連。連笑曰：「所貴於天下之士，爲人排患釋難解紛而無取也。卽有取者，是商賈之士也，而連不忍爲也。」

〔一七〕左傳曰：「聖達節，次守節。」

〔一八〕彧先守尙書令，今欲正除也。

〔一九〕魏志，操如彧計，表子琮以州逆降。

十七年，董昭等〔一〕欲共進操爵國公，九錫備物，〔二〕密以訪彧。彧曰：「曹公本興義兵，以匡振漢朝，雖勳庸崇著，猶秉忠貞之節。君子愛人以德，不宜如此。」事遂寢。〔三〕操心不能平。會南征孫權，表請彧勞軍于譙，因表留彧曰：「臣聞古之遺將，上設監督之重，下建副二之任，〔四〕所以尊嚴國命，謀而鮮過者也。〔五〕臣今當濟江，奉辭伐罪，宜有大使肅將王命。文武並用，自古有之。使持節侍中守尚書令萬歲亭侯彧，國之〔望〕〔重〕臣，德洽華夏，既停軍所次，便宜與臣俱進，宣示國命，威懷醜虜。軍禮尚速，不及先請，臣輒留彧，依以爲重。」書奏，帝從之，遂以彧爲侍中、光祿大夫，持節，參丞相軍事。至濡須，〔六〕彧病留壽春，〔七〕操饋之食，發視，乃空器也，於是飲藥而卒。時年五十。〔八〕帝哀惜之，祖日爲之廢讌樂。〔九〕謚曰敬侯。明年，操遂稱魏公云。

〔一〕昭字公仁，濟陰人也。

〔二〕禮含文嘉曰：「九錫一曰車馬，二曰衣服，三曰樂器，四曰朱戶，五曰納陛，六曰虎賁百人，七曰斧鉞，八曰弓矢，九曰秬鬯，謂之九錫。錫，與也，九錫皆如其德。」左傳曰：「分魯公以大路大旂，夏后氏之璜，封父之繁弱，祝宗卜史，備物典策。」

〔三〕禮記曰「君子之愛人也以德，細人之愛人也以姑息」也。

〔四〕史記，齊景公以田穰苴爲將軍，扞燕。苴曰：「臣素卑賤，擢之閭伍之中，加之大夫之上，士卒未附，百姓不信，權輕，願得君之寵臣，國之所尊，以監軍，乃可。」景公許之，使莊賈往。卽監督之義也。

〔五〕左傳曰：「謀而鮮過，惠訓不倦。」

〔六〕濡須，水名也，在今和州歷陽縣西南。吳錄曰：「孫權聞操來，夾水立塢，狀如偃月，以相拒，月餘乃退。」

〔七〕壽春，縣，屬淮南郡，今壽州郡也。

〔八〕獻帝春秋，董承之誅，伏后與父完書，言司空殺董承，帝方爲報怨。完得書以示彧，彧惡之，隱而不言。完以示其妻弟樊普，普封以呈太祖，太祖陰爲之備。彧恐事覺，欲自發之，因求使至鄴，勸太祖以女配帝。太祖曰：「今朝廷有伏后，吾女何得配上？」彧曰：「伏后無子，性又凶邪，往嘗與父書，言詞醜惡，可因此廢也。」太祖曰：「卿昔何不道之？」彧陽驚曰：「昔已嘗爲公言也。」太祖曰：「此豈小事，而吾忘之！」太祖以此恨彧，而外含容之。至董昭建魏公議，彧意不同，欲言之於太祖，乃齎璽書犒軍，飲饗禮畢，彧請間，太祖知彧欲言，揖而遣之，遂不得。留之，卒於壽春。

〔九〕祖日謂祭祖神之日，因爲讌樂也。風俗通曰：「共工氏子曰脩，好遠遊，祀以爲祖神。漢以午日祖。」

論曰：自遷帝西京，山東騰沸，〔一〕天下之命倒縣矣。〔二〕荀君乃越河、冀，閒關以從曹氏。〔三〕察其定舉措，立言策，〔四〕崇明王略，以急國艱，豈云因亂假義，以就違正之謀乎？〔五〕誠仁爲己任，期紓民於倉卒也。〔六〕及阻董昭之議，以致非命，豈數也夫！世言荀君者，通塞或過矣。常以爲中賢以下，道無求備，智筭有所研疎，原始未必要末，斯理之不可全詰者也。夫以衞賜之賢，一說而斃兩國。〔七〕彼非薄於仁而欲之，蓋有全必有喪也，斯又功之不兼者也。〔八〕方時運之屯邅，〔九〕非雄才無以濟其溺，功高埶彊，則皇器自移矣。〔一〇〕此又時之不可並也。蓋取其歸正而已，亦殺身以成仁之義也。

〔一〕詩曰：「百川沸騰。」

〔二〕趙岐注孟子曰：「倒縣猶困苦也。」

〔三〕閒關猶展轉也。

〔四〕措，置也。

〔五〕言彧本心不背漢也。

〔六〕紓，緩也，音舒。

〔七〕兩國謂齊與吳也。端木賜字子貢，衞人也。田常欲伐魯，仲尼令出使勸田常伐吳，常許之。賜又至吳，請夫差伐齊。又之越，說句踐將兵助吳。又之晉，說以兵待吳伐齊之弊。吳既勝齊，與晉爭彊，晉果敗吳，越襲其後，遂殺夫差。故子貢一出，存魯，亂齊，破吳，彊晉，霸越。

〔八〕子貢不欲違仁義而致晉，但其事不兼濟也。言彧豈願彊曹氏令代漢哉？事不得已也。

〔九〕易曰：「屯如邅如。」邅音竹連反。

〔一〇〕謂魏太祖功業大而神器自歸也。

贊曰：公業稱豪，駿聲升騰。權詭時偪，〔一〕揮金僚朋。〔二〕北海天逸，音情頓挫。〔三〕越俗易驚，孤音少和。直轡安歸，高謀誰佐？〔四〕彧之有弼，誠感國疾。功申運改，迹疑心一。〔五〕

〔一〕謂詭辭以對卓。

〔二〕揮，散也。

〔三〕逸，縱也。頓挫猶抑揚也。

〔四〕直轡，直道也。言其道無所歸，謀謨之高欲誰佐也。

〔五〕迹若可疑，心如一也。

校勘記

二二五七頁三行 司農衆之曾孫也　按：「曾孫」當作「玄孫」。泰弟渾，魏志有傳，云高祖父衆，則泰乃衆之玄孫也。

二二五八頁一行 將各(基)〔綦〕峙　刊誤謂案文「基」當作「綦」，謂如綦不動。按：王先謙謂魏志鄭渾傳注引張璠漢紀作「綦峙」。今據改。

二二五八頁二行 婦女猶戴戟操矛　按：王先謙謂戟不能戴，魏志鄭渾傳注引張璠漢紀作「載戟」。

二二五八頁三行 百姓所畏者有幷涼之人　按：刊誤謂案文多一「有」字。

二二五九頁一五行　說苑曰　汲本、殿本「菀」作「苑」。按：菀苑通。

二二五九頁一五行　聲響動天　按：「響」原譌「嚮」，逕改正。

二二六〇頁一〇行　景帝(二)〔三〕年反　據殿本改。

二二六〇頁一四行　年四十一　汲本、殿本作「四十二」。按：魏志鄭渾傳注作「四十一」，盧弼校云宋本作「四十二」。

二二六一頁三行　霸字次(孺)〔儒〕　據汲本、殿本改，與前書合。

二二六一頁四行　年十歲隨父詣京師時河南尹李膺　集解引洪頤煊說，謂獻帝紀建安十三年八月，曹操殺孔融，傳云時年五十六，融當生於永興元年。今按：據李膺傳，膺於延熹二年爲河南尹，坐輸左校，則是時融年七歲也，「十」乃「七」之譌。

二二六一頁七行　太中大夫陳煒　按：袁紀「煒」作「禕」。

二二六一頁九行　將不早惠乎　殿本「惠」作「慧」，冊府元龜七七三卷同。按：惠慧通。

二二六一頁九行　高明必爲偉器　按：王先謙謂世說注引續漢書，「高明」上有「長大」二字，似不可少。

二二六二頁一行　年十三喪父　按：校補引沈銘彝說，謂融父宙卒於桓帝延熹六年正月己未，見孔宙碑，以融卒年計之，則宙卒時，融年十一，非十三也。

二二六二頁三行　時融年十六　按：校補引侯康說，謂詔捕張儉事在建寧二年，融年十七矣。

二二六三頁六行　拜中軍候　刊誤謂漢官無中軍候，惟有北軍中候耳，明字有脫誤。按：校補引錢大昭說，謂魏志崔琰傳注云「累遷北軍中候」，此作「中軍候」，誤。

二二六五頁一六行　(及)〔反〕魯衞之侵地　刊誤謂案公羊傳本文，「及」當作「反」。今據改。按：以下注所引公羊傳文與今本多不合，然意義無大出入。

二二六六頁一〇行　善否不別　按：御覽六四八引續漢書，「不別」作「區別」。

二二六六頁一三行　是下常有千八百紂也　按：刊誤謂「是」下少一「天」字。

二二六八頁七行　軍半至　刊誤謂案史記，彼文更有他語，故末云「軍半至」，今既節取，不宜長此三字。今按：史記作「兵法，百里而趣利者蹶上將，五十里而趣利者軍半至」。

二二六八頁一〇行　於是令齊軍曰　按：史記無「曰」字。

二二六八頁一〇行　期日莫見火舉而俱發　按：史記「日」作「曰」。

二二七〇頁九行　苞茅不入　汲本、殿本「苞」作「包」。按：阮元謂「包茅不入」之「包」，原從艸作「苞」，自石經始去艸頭，後人往往從之。

二二七〇頁九行　包裹束也　按：「裹」原譌「裏」，逕改正。

二二七一頁八行　並獻帝子　按：校補謂以融所對聖恩敦睦及同產昆弟之說證之，實皆獻帝之諸弟，而靈帝子耳。疑此注本作「並靈帝子」，淺人妄改為「獻」。

二二七二頁一〇行　單于徙北海上　按：張森楷校勘記謂「徙」下疑有「之」字。

二二七四頁二行　獻帝嘗時見慮　按：刊誤謂案文「時」當作「特」。

二二七四頁一五行　令宗欽馮愔守枸邑　按：集解引周壽昌説，謂案鄧禹傳，「宗欽」作「宗歆」。

二二七六頁一三行　令信出跨下　汲本、殿本「跨」作「胯」。按：跨胯同。

二二七七頁一行　酒酸（者）　據今本韓非子刪。

二二七七頁一行　（二人）〔倩〕曰汝狗猛耶　據今本韓非子改。

二二七七頁五行　〔曰然縠〕將弃之　按：韓非子作「曰然縠將棄之」，此脱「曰然縠」三字，今據補。

二二七八頁八行　譬如寄物瓻中　按：殿本「瓻」作「瓶」。

二二七九頁二行　瓻缶也　按：沈家本謂按説文，缾，罋也，瓶缾或從瓦。此注言缶也，疑傳寫奪爛其半耳。「瓶」字本或作「瓻」者誤，説文無瓻字也。

二二八〇頁三行　豈有員园委屈可以每其生哉　汲本「有員」作「其負」。校補謂負，恃也，恃員道以爲委屈也。园可通員，作「員园」於義爲窒，似誤。今按：員园委屈，相對成文，古人自有複語耳，作「負」者譌，校補説非。

二二八一頁二行　亢父〔縣〕屬梁國　據汲本、殿本補。

二二八一頁一五行　彧明有意數　按：刊誤謂「明」上當有一「聰」字。

二三八二頁一行　明年又爲操鎮東司馬　按：集解引錢大昕說，謂此初平二年之明年也。據魏志，操爲鎮東將軍在建安元年，則初平三年安得便稱鎮東司馬乎？魏志或傳本云明年太祖領兗州牧，後爲鎮東將軍，常以司馬從。然則領兗州在此年，而除鎮東不在此年也。范史刪去領兗州句，遂誤以鎮東司馬爲是年事矣。

二三八二頁六行　宜亟供軍實　按：集解引惠棟說，謂「實」魏志作「食」。

二三八三頁六行　而將軍之關河也　按：集解引錢大昕說，謂「關河」當依魏志或傳作「關中河內」，蓋上言高祖保關中，光武據河內，皆深根固本，以制天下，故以兗州比關中、河內。范史刪去二字，未當。

二三八三頁一五行　東郡守　按：刊誤謂案文少一「太」字。

二三八六頁八行　〔書〕與彧議　據殿本補。按：下文云「彧報曰」，則此當有「書」字。

二三八九頁二行　各規利人百其勇也　按：「各」原譌「名」，逕改正。

二三八九頁七行　發〔縱〕指示功人也　據汲本補。

二三九〇頁五行　國之（望）〔重〕臣　據汲本、殿本改。

二三九二頁五行　趙岐注孟子曰　按：「岐」原譌「歧」，逕改正。

後漢書卷七十一

皇甫嵩朱儁列傳第六十一

皇甫嵩字義眞，安定朝那人，度遼將軍規之兄子也。父節，鴈門太守。嵩少有文武志介，好詩書，習弓馬。初舉孝廉、茂才。〔一〕太尉陳蕃、大將軍竇武連辟，並不到。靈帝公車徵爲議郎，遷北地太守。

〔一〕續漢書曰：「舉孝廉爲郎中，遷霸陵、臨汾令，以父喪遂去官。」

初，鉅鹿張角自稱「大賢良師」，〔一〕奉事黃老道，畜養弟子，跪拜首過，〔二〕符水呪說以療病，病者頗愈，百姓信向之。角因遣弟子八人使於四方，以善道教化天下，轉相誑惑。十餘年閒，衆徒數十萬，連結郡國，自青、徐、幽、冀、荆、楊、兖、豫八州之人，莫不畢應。遂置三十六方。方猶將軍號也。大方萬餘人，小方六七千，各立渠帥。訛言「蒼天已死，黃天當立，歲在甲子，天下大吉」。以白土書京城寺門及州郡官府，皆作「甲子」字。中平元年，大方馬元義等先收荆、楊數萬人，期會發於鄴。元義數往來京師，以中常侍封諝、徐奉等爲內應，約以三月五日內外俱起。未及作亂，而張角弟子濟南唐周上書告之，於是車裂元義於洛陽。靈帝以周章下三公、司隸，使鉤盾令周斌將三府掾屬，案驗宮省直衞及百姓有事角道者，誅殺千餘人，推考冀州，逐捕角等。角等知事已露，晨夜馳勑諸方，一時俱起。皆著黃巾爲摽幟，〔三〕時人謂之「黃巾」，亦名爲「蛾賊」。〔四〕殺人以祠天。角稱「天公將軍」，角弟寶稱「地公將軍」，寶弟梁稱「人公將軍」。所在燔燒官府，劫略聚邑，州郡失據，長吏多逃亡。旬日之閒，天下響應，京師震動。

〔一〕「良」或作「郎」。

〔二〕首音式受反。

〔三〕幟音尺志反，又音試。

〔四〕蛾音魚綺反，即「蟻」字也。論賊衆多，故以爲名。

詔勑州郡修理攻守，簡練器械，自函谷、大谷、廣城、伊闕、轘轅、旋門、孟津、小平津諸關，並置都尉。〔一〕召羣臣會議。嵩以爲宜解黨禁，益出中藏錢、西園廄馬，以班軍士。帝從之。於是發天下精兵，博選將帥，以嵩爲左中郎將，持節，與右中郎將朱儁，共發五校、三河騎士及募精勇，合四萬餘人，嵩、儁各統一軍，共討潁川黃巾。

〔一〕大谷、轘轅在洛陽東南，旋門在汜水之西。

儁前與賊波才戰，戰敗，嵩因進保長社。波才引大衆圍城，嵩兵少，軍中皆恐，乃召軍吏謂曰：「兵有奇變，不在衆寡。〔一〕今賊依草結營，易爲風火。若因夜縱燒，必大驚亂。吾出兵擊之，四面俱合，田單之功可成也。」〔二〕其夕遂大風，嵩乃約勑軍士皆束苣乘城，〔三〕使銳士閒出圍外，縱火大呼，城上舉燎應之，嵩因鼓而奔其陳，賊驚亂奔走。會帝遣騎都尉曹操將兵適至，嵩、操與朱儁合兵更戰，大破之，斬首數萬級。封嵩都鄉侯。嵩、儁乘勝進討汝南、陳國黃巾，追波才於陽翟，擊彭脫於西華，並破之。〔四〕餘賊降散，三郡悉平。

〔一〕孫子兵法曰：「凡戰者，以正合，以奇勝者也。故善出奇，無窮如天地，無竭如江海。戰勢不過奇正。奇正之變，不可勝也。」

〔二〕田單爲齊將，守卽墨城。燕師攻城，田單取牛千頭，衣以五采，束矛盾於其角，繫火於其尾，穿城而出，城上大譟，燕師大敗。事見史記。

〔三〕苣音巨。說文云：「束葦燒之。」

〔四〕西華，縣，屬汝南。

又進擊東郡黃巾卜己於倉亭，生禽卜己，斬首七千餘級。時北中郎將盧植及東中郎將董卓討張角，並無功而還，乃詔嵩進兵討之。嵩與角弟梁戰於廣宗。〔一〕梁衆精勇，嵩不能剋。明日，乃閉營休士，以觀其變。知賊意稍懈，乃潛夜勒兵，雞鳴馳赴其陳，戰至晡時，大破之，斬梁，獲首三萬級，赴河死者五萬許人，焚燒車重三萬餘兩，悉虜其婦子，繫獲甚衆。角先已病死，乃剖棺戮屍，傳首京師。

〔一〕今貝州宗城縣。

嵩復與鉅鹿太守馮翊郭典攻角弟寶於下曲陽，又斬之。首獲十餘萬人，築京觀於城南。〔一〕即拜嵩爲左車騎將軍，領冀州牧，封槐里侯，食槐里、美陽兩縣，〔二〕合八千戶。

〔一〕杜元凱注左傳曰：「積尸封土於其上，謂之京觀。」

〔二〕並屬扶風。

以黃巾既平，故改年爲中平。嵩奏請冀州一年田租，以贍飢民，帝從之。百姓歌曰：「天下大亂兮市爲墟，母不保子兮妻失夫，賴得皇甫兮復安居。」嵩溫卹士卒，甚得衆情，每軍行頓止，須營幔修立，然後就舍帳。軍士皆食，(爾)〔已〕乃嘗飯。吏有因事受賂者，嵩更以錢物賜之，吏懷慙，或至自殺。

嵩既破黃巾，威震天下，而朝政日亂，海內虛困。故信都令漢陽閻忠干說嵩曰：〔一〕「難得而易失者，時也；時至不旋踵者，幾也。故聖人順時以動，智者因幾以發。今將軍遭難得之運，蹈易駭之機，而踐運不撫，臨機不發，將何以保大名乎？」嵩曰：「何謂也？」忠曰：「天道無親，百姓與能。今將軍受鉞於暮春，收功於末冬。〔二〕兵動若神，謀不再計，摧強易於折枯，消堅甚於湯雪，旬月之閒，神兵電埽，封尸刻石，南向以報，威德震本朝，風聲馳海外，雖湯武之舉，未有高將軍者也。今身建不賞之功，體兼高人之德，而北面庸主，何以求安乎？」嵩曰：「夙夜在公，心不忘忠，何故不安？」忠曰：「不然。昔韓信不忍一餐之遇，而弃三分之業，利劒已揣其喉，方發悔毒之歎者，機失而謀乖也。〔三〕今主上埶弱於劉、項，將軍權重於淮陰，指撝足以振風雲，叱咤可以興雷電。〔四〕赫然奮發，因危抵穨，〔五〕崇恩以綏先附，振武以臨後服，徵冀方之士，動七州之衆，羽檄先馳於前，大軍響振於後，蹈流漳河，飲馬孟津，誅閹官之罪，除羣凶之積，雖僮兒可使奮拳以致力，女子可使褰裳以用命，況厲熊羆之卒，因迅風之埶哉！功業已就，天下已順，然後請呼上帝，示以天命，混齊六合，南面稱制，移寳器於將興，〔六〕推亡漢於已墜，實神機之至會，風發之良時也。夫既朽不雕，衰世難佐。若欲輔難佐之朝，雕朽敗之木，是猶逆坂走丸，迎風縱棹，豈云易哉？且今豎宦羣居，同惡如市，〔七〕上命不行，權歸近習，昏主之下，難以久居，〔八〕不賞之功，讒人側目，如不早圖，後悔無及。」嵩懼曰：「非常之謀，不施於有常之埶。創圖大功，豈庸才所致。黄巾細孽，敵非秦、項，新結易散，難以濟業。且人未忘主，天不祐逆。若虚造不冀之功，以速朝夕之禍，孰與委忠本朝，守其臣節。雖云多讒，不過放廢，猶有令名，死且不朽。〔九〕反常之論，所不敢聞。」忠知計不用，因亡去。〔一〇〕

〔一〕干謂冒進。

〔二〕老子曰：「天道無親，常與善人。」易曰：「人謀鬼謀，百姓與能。」淮南子曰：「凡命將，主親授鉞，曰：『從此上至天，將軍制之。』」

〔三〕前書，項羽使武涉說韓信，信曰：「漢王解衣衣我，推食食我，背之不祥。」又蒯通說信，令信背漢，參分天下，鼎足而立。信曰：「漢王遇我厚，豈可背之哉？」後信謀反，爲呂后所執，歎曰：「吾不用蒯通計，爲女子所詐，豈非天哉！」

〔四〕「撝」卽「麾」字，古通用。叱咤，怒聲也。

〔五〕抵音紙。抵，擊也。

〔六〕寶器猶神器也，謂天位也。

〔七〕左氏傳韓宣子曰：「同惡相求，如市賈焉。」

〔八〕史記范蠡曰：「大名之下，難以久居。」

〔九〕二句皆左傳之辭。

〔一〇〕英雄記曰：「梁州賊王國等起兵，劫忠爲主，統三十六（郡）〔部〕，號『車騎將軍』。忠感慨發病死。」

會邊章、韓遂作亂隴右，明年春，詔嵩迴鎭長安，以衞園陵。章等遂復入寇三輔，使嵩因討之。

初，嵩討張角，路由鄴，見中常侍趙忠舍宅踰制，乃奏沒入之。又中常侍張讓私求錢五千萬，嵩不與，二人由此爲憾，奏嵩連戰無功，所費者多。其秋徵還，收左車騎將軍印綬，削戶六千，更封都鄉侯，二千戶。

五年，（梁）〔涼〕州賊王國圍陳倉，復拜嵩爲左將軍，督前將軍董卓，各率二萬人拒之。卓欲速進赴陳倉，嵩不聽。卓曰：「智者不後時，勇者不留決。速救則城全，不救則城滅，全滅之埶，在於此也。」嵩曰：「不然。百戰百勝，不如不戰而屈人之兵。是以先爲不可勝，以待敵之可勝。不可勝在我，可勝在彼。彼守不足，我攻有餘。〔一〕有餘者動於九天之上，不足者陷於九地之下。〔二〕今陳倉雖小，城守固備，非九地之陷也。王國雖強，而攻我之所不救，非九天之埶也。夫埶非九天，攻者受害；陷非九地，守者不拔。國今已陷受害之地，而陳倉保不拔之城，我可不煩兵動衆，而取全勝之功，將何救焉！」遂不聽。王國圍陳倉，自冬迄春，八十餘日，城堅守固，竟不能拔。賊衆疲敝，果自解去。嵩進兵擊之。卓曰：「不可。兵法，窮寇勿（追）〔迫〕，歸衆勿（追）〔迫〕。〔三〕今我追國，是追歸衆，追窮寇也。困獸猶鬭，蜂蠆有毒，〔四〕況大衆乎！」嵩曰：「不然。前吾不擊，避其銳也。今而擊之，待其衰也。所擊疲師，非歸衆也。國衆且走，莫有鬭志。以整擊亂，非窮寇也。」遂獨進擊之，使卓爲後拒。連戰大破之，斬首萬餘級，國走而死。卓大慙恨，由是忌嵩。

〔一〕孫子之文。

〔二〕孫子兵法曰：「善守者藏於九地之下，善攻者動於九天之上。」玄女三宮戰法曰：「行兵之道，天地之寶。九天九地，各有表裏。九天之上，六甲子也。九地之下，六癸酉也。子能順之，萬全可保。」

〔三〕司馬兵法之言。

〔四〕皆左氏傳文。

明年，卓拜爲幷州牧，詔使以兵委嵩，卓不從。嵩從子酈〔一〕時在軍中，說嵩曰：「本朝失政，天下倒懸，能安危定傾者，唯大人與董卓耳。今怨隙已結，埶不俱存。卓被詔委兵，而上書自請，此逆命也。又以京師昏亂，躊躇不進，此懷姦也。且其凶戾無親，將士不附。大人今爲元帥，杖國威以討之，上顯忠義，下除凶害，此桓文之事也。」嵩曰：「專命雖罪，專誅亦有責也。〔二〕不如顯奏其事，使朝廷裁之。」於是上書以聞。帝讓卓，卓又增怨於嵩。及後秉政，初平元年，乃徵嵩爲城門校尉，因欲殺之。嵩將行，長史梁衍說曰：「漢室微弱，閹豎亂朝，董卓雖誅之，而不能盡忠於國，遂復寇掠京邑，廢立從意。今徵將軍，大則危禍，小則困辱。今卓在洛陽，天子來西，以將軍之衆，精兵三萬，迎接至尊，奉令討逆，發命海內，徵兵羣帥，袁氏逼其東，將軍迫其西，此成禽也。」嵩不從，遂就徵。有司承旨，奏嵩下吏，將遂誅之。

〔一〕酈音歷。

〔三〕春秋左氏傳曰：「稟命則不威，專命則不孝。」

嵩子堅壽與卓素善，自長安亡走洛陽，歸投於卓。卓方置酒歡會，堅壽直前質讓，責以大義，〔一〕叩頭流涕。坐者感動，皆離席請之。卓乃起，牽與共坐。使免嵩囚，復拜嵩議郎，遷御史中丞。及卓還長安，公卿百官迎謁道次。卓風令御史中丞已下皆拜以屈嵩，〔二〕既而抵手言曰：「義眞犕未乎？」〔三〕嵩笑而謝之，卓乃解釋。〔四〕

〔一〕質，正也。

〔二〕風音諷，謂諷動也。

〔三〕犕音服。說文曰：「犕牛乘馬。」「犕」，即古「服」字也，今河朔人猶有此言，音備。

〔四〕獻帝春秋曰：「初卓爲前將軍，嵩爲左將軍，俱征邊章、韓遂，爭雄。及嵩拜車下，卓曰：『可以服未？』嵩曰：『安知明公乃至於是？』卓曰：『鴻鵠固有遠志，但燕雀自不知耳。』嵩曰：『昔與明公俱爲鴻鵠，但明公今日變爲鳳皇耳。』」

及卓被誅，以嵩爲征西將軍，又遷車騎將軍。其年秋，拜太尉，冬，以流星策免。〔一〕復拜光祿大夫，遷太常。尋李傕作亂，嵩亦病卒，贈驃騎將軍印綬，拜家一人爲郎。

〔一〕續漢書曰以日有重珥免。

嵩爲人愛慎盡勤，前後上表陳諫有補益者五百餘事，皆手書毀草，不宣於外。又折節下士，門無留客。〔一〕時人皆稱而附之。

〔一〕言汲引之速。

堅壽亦顯名，後爲侍中，辭不拜，病卒。

朱儁字公偉，會稽上虞人也。少孤，母嘗販繒爲業。儁以孝養致名，爲縣門下書佐，好義輕財，鄉閭敬之。時同郡周規辟公府，當行，假郡庫錢百萬，以爲冠幘費，而後倉卒督責，規家貧無以備，儁乃竊母繒帛，爲規解對。〔一〕母既失產業，深恚責之。儁曰：「小損當大益，初貧後富，必然理也。」

〔一〕規被錄占對，儁爲備錢以解其事。

本縣長山陽度尚見而奇之，薦於太守韋毅，稍歷郡職。後太守尹端以儁爲主簿。熹平二年，端坐討賊許昭失利，爲州所奏，罪應弃市。儁乃羸服閒行，輕齎數百金到京師，賂主章吏，遂得刊定州奏，故端得輸作左校。端喜於降免而不知其由，儁亦終無所言。

後太守徐珪舉儁孝廉，再遷除蘭陵令，政有異能，爲東海相所表。會交阯部羣賊並起，牧守輭弱不能禁。又交阯賊梁龍等萬餘人，與南海太守孔芝反叛，攻破郡縣。光和元年，即拜儁交阯刺史，令過本郡簡募家兵及所調，〔一〕合五千人，分從兩道而入。既到州界，按甲不前，先遣使詣郡，觀賊虛實，宣揚威德，以震動其心；既而與七郡兵俱進逼之，遂斬梁龍，降者數萬人，旬月盡定。以功封都亭侯，千五百戶，賜黃金五十斤，徵爲諫議大夫。

〔一〕家兵，僮僕之屬。調謂調發之。

及黃巾起，公卿多薦儁有才略，拜爲右中郎將，持節，與左中郎將皇甫嵩討潁川、汝南、陳國諸賊，悉破平之。嵩乃上言其狀，而以功歸儁，於是進封西鄉侯，遷鎮賊中郎將。

時南陽黃巾張曼成起兵，稱「神上使」，衆數萬，殺郡守褚貢，屯宛下百餘日。後太守秦頡擊殺曼成，賊更以趙弘爲帥，衆浸盛，遂十餘萬，據宛城。儁與荆州刺史徐璆及秦頡合兵萬八千人圍弘，自六月至八月不拔。有司奏欲徵儁。司空張溫上疏曰：「昔秦用白起，燕任樂毅，皆曠年歷載，乃能克敵。〔一〕儁討潁川，以有功效，引師南指，方略已設，臨軍易將，兵家所忌，宜假日月，責其成功。」靈帝乃止。儁因急擊弘，斬之。賊餘帥韓忠復據宛拒儁。儁兵少不敵，乃張圍結壘，起土山以臨城內，因鳴鼓攻其西南，賊悉衆赴之。儁自將精卒五千，掩其東北，乘城而入。忠乃退保小城，惶懼乞降。司馬張超及徐璆、秦頡皆欲聽之。儁曰：「兵有形同而埶異者。昔秦項之際，民無定主，故賞附以勸來耳。今海內一統，唯黃巾造寇，納降無以勸善，討之足以懲惡。今若受之，更開逆意，賊利則進戰，鈍則乞降，縱敵長寇，非良計也。」因急攻，連戰不剋。儁登土山望之，顧謂張超曰：「吾知之矣。賊今外圍周固，內營逼急，乞降不受，欲出不得，所以死戰也。萬人一心，猶不可當，況十萬乎！其害甚矣。不如徹圍，并兵入城。忠見圍解，埶必自出，出則意散，易破之道也。」既而解圍，忠果出戰，儁因擊，大破之。乘勝逐北數十里，斬首萬餘級。忠等遂降。而秦頡積忿忠，遂殺之。餘衆懼不自安，復以孫夏為帥，還屯宛中。儁急攻之。夏走，追至西鄂精山，又破之。〔二〕復斬萬餘級，賊遂解散。明年春，遣使者持節拜儁右車騎將軍，振旅還京師，以為光祿大夫，增邑五千，更封錢塘侯，〔三〕加位特進。以母喪去官，起家，復為將作大匠，轉少府、太僕。

〔一〕史記曰，白起，郿人也，善用兵，事秦昭王為大良造。攻魏，拔之。後五年，攻趙，拔光狼城。後七年，攻楚，拔鄢、鄧五城。明年，拔郢，燒夷陵，遂東至竟陵。樂毅，趙人也，賢而好兵，燕昭王以為亞卿，後為上將軍。伐齊，入臨淄，狗齊五歲，下齊七十餘城。

〔二〕西鄂故城在今鄧州向城縣南，精山在其南。

〔三〕錢塘，今杭州縣也。錢塘記云：「昔郡議曹華信（義）〔議〕立此塘，以防海水。始開募，有能致土石一斛，與錢一千，旬日之閒，來者雲集。塘未成而譎不復取，皆遂弃土石而去，塘以之成也。」

自黃巾賊後，復有黑山、黃龍、白波、左校、郭大賢、于氐根、青牛角、張白騎、劉石、左髭丈八、平漢、大計、司隸、掾哉、〔一〕雷公、浮雲、飛燕、白雀、楊鳳、于毒、五鹿、李大目、白繞、畦固、苦唒之徒，〔二〕並起山谷閒，不可勝數。其大聲者稱雷公，騎白馬者爲張白騎，輕便者言飛燕，多髭者號于氐根，〔三〕大眼者爲大目，如此稱號，各有所因。大者二三萬，小者六七千。

〔一〕九州春秋「大計」作「大洪」，「掾哉」作「緣城」。

〔二〕九州春秋「唒」作「蝤」，音才由反。

〔三〕左氏傳曰：「于思于思，弃甲復來。」杜預注云：「于思，多須之貌也。」

賊帥常山人張燕，輕勇趫捷，故軍中號曰飛燕。善得士卒心，乃與中山、常山、趙郡、上黨、河內諸山谷寇賊更相交通，衆至(伯)〔百〕萬，號曰黑山賊。河北諸郡縣並被其害，朝廷不能討。燕乃遣使至京師，奏書乞降，遂拜燕平難中郎將，使領河北諸山谷事，歲得舉孝廉、計吏。

燕後漸寇河內，逼近京師，於是出儁爲河內太守，將家兵擊卻之。其後諸賊多爲袁紹所定，事在紹傳。復拜儁爲光祿大夫，轉屯騎，尋拜城門校尉、河南尹。

時董卓擅政，以儁宿將，外甚親納而心實忌之。及關東兵盛，卓懼，數請公卿會議，徙都長安，儁輒止之。卓雖惡儁異己，然貪其名重，乃表遷太僕，以爲己副。使者拜，儁辭不肯受。因曰：「國家西遷，必孤天下之望，以成山東之釁，臣不見其可也。」使者詰曰：「召君受拜而君拒之，不問徙事而君陳之，其故何也？」儁曰：「副相國，非臣所堪也；遷都計，非事所急也。辭所不堪，言所非急，臣之宜也。」使者曰：「遷都之事，不聞其計，就有未露，何所承受？」儁曰：「相國董卓具爲臣說，所以知耳。」使人不能屈，由是止不爲副。

卓後入關，留儁守洛陽，而儁與山東諸將通謀爲內應。既而懼爲卓所襲，乃弃官奔荆州。卓以弘農楊懿爲河南尹，守洛陽。儁聞，復進兵還洛，懿走。儁以河南殘破無所資，乃東屯中牟，移書州郡，請師討卓。徐州刺史陶謙遣精兵三千，餘州郡稍有所給，謙乃上儁行車騎將軍。董卓聞之，使其將李傕、郭汜等數萬人屯河南拒儁。儁逆擊，爲傕、汜所破。儁自知不敵，留關下不敢復前。

及董卓被誅，傕、汜作亂，儁時猶在中牟。陶謙以儁名臣，數有戰功，可委以大事，乃與諸豪桀共推儁爲太師，因移檄牧伯，同討李傕等，奉迎天子。乃奏記於儁曰：「徐州刺史陶謙、前楊州刺史周乾、琅邪相陰德、東海相劉馗、〔一〕彭城相汲廉、北海相孔融、沛相袁忠、太山太守應劭、汝南太守徐璆、前九江太守服虔、博士鄭玄等，敢言之行車騎將軍河南尹莫府：〔二〕國家既遭董卓，重以李傕、郭汜之禍，幼主劫執，忠良殘敝，長安隔絕，不知吉凶。是以臨官尹人，搢紳有識，莫不憂懼，以爲自非明哲雄霸之士，曷能剋濟禍亂！自起兵已來，于茲三年，州郡轉相顧望，未有奮擊之功，而互爭私變，更相疑惑。謙等並共諮諏，議消國難。僉曰：『將軍君侯，既文且武，應運而出，凡百君子，靡不顒顒。』故相率厲，簡選精悍，堪能深入，直指咸陽，多持資糧，足支半歲，謹同心腹，委之元帥。」會李傕用太尉周忠、尚書賈詡策，徵儁入朝。軍吏皆憚入關，欲應陶謙等。儁曰：「以君召臣，義不俟駕，〔三〕況天子詔乎！且傕、汜小豎，樊稠庸兒，無他遠略，又埶力相敵，變難必作。吾乘其閒，大事可濟。」遂辭謙議而就傕徵，復爲太僕，謙等遂罷。

〔一〕馗音巨眉反。

〔二〕蔡質典職儀曰：「諸州刺史上郡并列卿府，言『敢言之』。」

〔三〕論語曰：「君命召，不俟駕行矣。」俟，待也。

初平四年，代周忠爲太尉，錄尚書事。明年秋，以日食免，復行驃騎將軍事，持節鎮關東。未發，會李傕殺樊稠，而郭汜又自疑，與傕相攻，長安中亂，故儁止不出，留拜大司農。獻帝詔儁與太尉楊彪等十餘人譬郭汜，令與李傕和。汜不肯，遂留質儁等。儁素剛，即日發病卒。

子晧，亦有才行，官至豫章太守。

論曰：皇甫嵩、朱儁並以上將之略，受脤倉卒之時。〔一〕及其功成師剋，威聲滿天下。值弱主蒙塵，獷賊放命，斯誠葉公投袂之幾，翟義鞠旅之日，〔一〕故梁衍獻規，山東連盟，而舍格天之大業，蹈匹夫之小諒，卒狼狽虎口，爲智士笑。〔二〕豈天之長斯亂也？何智勇之不終甚乎！前史晉平原華嶠，稱其父光祿大夫表，〔四〕每言其祖魏太尉歆〔五〕稱「時人說皇甫嵩之不伐，汝豫之戰，歸功朱儁，張角之捷，本之於盧植，收名斂策，而己不有焉。〔六〕蓋功名者，世之所甚重也。誠能不爭天下之所甚重，則怨禍不深矣」。如皇甫公之赴履危亂，而能終以歸全者，其致不亦貴乎！故顏子願不伐善爲先，斯亦行身之要與！〔七〕

〔一〕春秋左氏傳曰：「國之大事在祀與戎。祀有執膰，戎有受脤。」脤，宜社之肉也。爾雅曰：「舉大事，動大衆，必先有事於社然後出，謂之宜。」

〔二〕新序曰：「楚白公勝既殺令尹、司馬，欲立王子閭爲王。王子閭不肯，劫之以刃。王子閭曰：『吾聞辭天下者，非輕其利以明其德也。不爲諸侯者，非惡其位以絜其行也。今子告我以利，威我以兵，吾不爲也。』白公強之，不可，遂殺之。葉公子高率楚衆以誅白公，而反惠王於國。」投袂，奮袂也，言其怒也。左氏傳曰：「楚子聞之，投袂而起。」翟義，方進之子，舉兵將誅王莽，事見前書。詩曰：「陳師鞠旅。」鄭玄注云：「鞠，告也。」

〔三〕山東連盟謂上云羣帥及袁氏也。書稱「伊尹格于皇天」。論語曰：「豈若匹夫匹婦之爲諒也。」莊子云，孔子見盜跖，退曰：「吾幾不免虎口。」

〔四〕華嶠譜敍曰：「表字偉容，歆之子也。年二十餘，爲散騎常侍。」

〔五〕魏志曰：「歆字子魚。」

〔六〕斂策，不論其功。

〔七〕論語曰，顏回曰：「願無伐善，無施勞。」

贊曰：黃妖衝發，嵩乃奮鉞。孰是振旅，不居不伐。〔一〕儁捷陳、潁，亦弭(于)〔於〕越。〔二〕言肅王命，並遘屯蹇。〔三〕

〔一〕老子曰：「功成而不居。」

〔二〕謂平許昭也。(于)〔於〕，語辭，猶云「句吳」之類矣。

〔三〕蹇猶躓也。

校勘記

二二九九頁二行　皇甫嵩朱儁列傳第六十一　按：汲本「朱儁」作「朱雋」，正文同。

二二九九頁九行　遂置三十六方　按：集解引惠棟說，謂袁紀「方」作「坊」。

二三〇〇頁五行　寶弟梁　按：集解引惠棟說，謂袁紀「梁」作「良」。通鑑考異據九州春秋云「角弟梁，梁弟寶」。

二三〇〇頁一一行　廣城　按：殿本「城」作「成」，通鑑同。

二三〇〇頁一五行　旋門在汜水之西　殿本、集解本「汜」作「氾」。按：此水漢書作「氾水」，如淳音祀，水經始作「汜水」，後多從水經。

二三〇三頁一行　繫獲甚衆　按：殿本「繫」作「擊」。

二三〇三頁一〇行　(爾)〔已〕乃嘗飯　據殿本改。按：王先謙謂作「已」是。

二三〇四頁二行　主親授鉞　按：汲本「主」作「王」。

二三〇四頁一三行　統三十六(郡)〔部〕　集解引惠棟說，謂「郡」當作「部」，今據改。按：董卓傳注引此亦作「部」。

二三〇五頁三行　(梁)〔涼〕州賊王國圍陳倉　集解引洪頤煊說，謂靈帝紀作「涼州賊王國」，此「梁」字誤。今據改。

二三〇五頁一二行　窮寇勿(追)〔迫〕歸衆勿(追)〔迫〕　據汲本、殿本改。按：下云「是迫歸衆，追窮寇也」，明當作「窮寇勿追，歸衆勿迫」。

二三〇六頁五行　嵩從子酈　按：集解引惠棟說，謂袁紀「酈」作「邐」，又作「麗」。

二三〇六頁八行　專命雖罪專誅亦有責也　按：集解引王補說，謂通鑑作「違命雖罪」，故胡注卓不釋兵爲違命，嵩擅討卓爲專誅。

二三〇七頁一五行　嵩爲人愛慎盡勤　按：刊誤謂當作「愛畏勤盡」。

二三〇八頁四行　同郡周規　按：集解引汪文臺說，謂御覽八一四引張璠漢紀，「規」作「起」。

二三〇九頁六行　殺郡守褚貢　按：殿本「貢」作「賁」。

二三〇九頁九行　以有功效　殿本「以」作「已」。按：以已古通作。

二三一〇頁三行　昔郡議曹華信(義)〔議〕立此塘　刊誤謂案文「義」當作「議」。今據改。按：御覽八三六引錢塘記，作「郡議曹華信象家富，乃議立此塘」。又七四引錢塘記，作「往時郡議曹華家信富，乃議立此塘」。御覽引文亦有譌，然「義」當作「議」，固無疑也。

二三一〇頁一四行　青牛角　按：袁紹傳注引九州春秋及三國魏志袁紹傳，並作「張牛角」。

二三一〇頁一四行　左髭丈八　按：魏志張燕傳注引張璠漢紀，云「又有左校郭大賢左髭丈八三部也」。趙一清謂郭大賢疑是左校之帥，故下云三部。潘眉則謂蓋左校一部，郭大賢一部，左髭丈八一部也。如趙說，則左校郭大賢為一部，左髭為一部，丈八為一部。如潘說，則左髭與丈八各為一部。通鑑作「左髭文八」，胡注云朱儁傳「左髭文八」作「左髭丈八」，是胡氏亦以左髭丈八連讀，今從潘說。

二三一〇頁一五行　掾哉　按：通鑑作「緣城」。

二三一〇頁一五行　于毒　汲本作「干毒」。按：袁紹傳亦作「干毒」，通鑑作「于毒」。

二三一一頁一行　畦固　按：集解引惠棟說，謂通鑑作「眭固」。

二三一一頁四行　掾哉作緣城　按：汲本「緣城」作「緣哉」，殿本作「緣戍」。

二三二一頁八行 衆至(伯)〔百〕萬 據殿本改。

二三二二頁二行 不聞其計 按：「計」原譌「討」，逕據汲本、殿本改正。

二三二三頁七行 諸州刺史上郡幷列卿府 按：刊誤謂案刺史在郡上，何緣有「上郡」之文，蓋本言「刺史並郡上列卿府」云云。

二三二五頁三行 亦弭(于)〔於〕越 據殿本改。注同。按：王念孫謂於于古雖通用，而「於越」之「於」，不當作「于」。

後漢書卷七十二

董卓列傳第六十二

董卓字仲穎，〔一〕隴西臨洮人也。性麤猛有謀。少嘗遊羌中，盡與豪帥相結。後歸耕於野，諸豪帥有來從之者，卓爲殺耕牛，與共宴樂，豪帥感其意，歸相斂得雜畜千餘頭以遺之，由是以健俠知名。爲州兵馬掾，常徼守塞下。〔二〕卓膂力過人，雙帶兩鞬，左右馳射，〔三〕爲羌胡所畏。

〔一〕卓別傳曰：「卓父君雅爲潁川輪氏尉，生卓及弟旻，故卓字仲潁，旻字叔潁。」

〔二〕說文曰：「徼，巡也。」前書曰：「中尉巡徼京師。」音義曰：「所謂遊徼，備盜賊。」

〔三〕方言曰：「所以藏箭謂之服，藏弓謂之鞬。」左氏傳云：「右屬櫜鞬。」

桓帝末，以六郡良家子爲羽林郎，從中郎將張奐爲軍司馬，共擊漢陽叛羌，破之，拜郎中，賜縑九千匹。卓曰：「爲者則己，有者則士。」〔一〕乃悉分與吏兵，無所留。稍遷西域戊己校尉，坐事免。後爲幷州刺史，河東太守。

〔一〕爲功者雖已，共有者乃士。

中平元年，拜東中郎將，持節，代盧植擊張角於下曲陽，軍敗抵罪。其冬，北地先零羌及枹罕河關羣盜反叛，遂共立湟中義從胡北宮伯玉、李文侯爲將軍，殺護羌校尉泠徵。伯玉等乃劫致金城人邊章、韓遂，〔一〕使專任軍政，共殺金城太守陳懿，攻燒州郡。明年春，將數萬騎入寇三輔，侵逼園陵，托誅宦官爲名。詔以卓爲中郎將，副左車騎將軍皇甫嵩征之。嵩以無功免歸，而邊章、韓遂等大盛。朝廷復以司空張溫爲車騎將軍，假節，執金吾袁滂爲副。〔二〕拜卓破虜將軍，與盪寇將軍周慎並統於溫。并諸郡兵步騎合十餘萬，屯美陽，〔三〕以衞園陵。章、遂亦進兵美陽。溫、卓與戰，輒不利。十一月，夜有流星如火，光長十餘丈，照章、遂營中，驢馬盡鳴。賊以爲不祥，欲歸金城。卓聞之喜，明日，乃與右扶風鮑鴻等并兵俱攻，大破之，斬首數千級。章、遂敗走榆中，〔四〕溫乃遣周慎將三萬人追討之。溫參軍事孫堅〔五〕說慎曰：「賊城中無穀，當外轉糧食。堅願得萬人斷其運道，將軍以大兵繼後，賊必困乏而不敢戰。若走入羌中，并力討之，則涼州可定也。」慎不從，引軍圍榆中城。而章、遂分屯葵園狹，反斷慎運道。慎懼，乃弃車重而退。溫時亦使卓將兵三萬討先零羌，卓於望垣北〔六〕爲羌胡所圍，糧食乏絕，進退逼急。乃於所度水中僞立隄，以爲捕魚，而潛從隄下過軍。〔七〕比賊追之，決水已深，不得度。時衆軍敗退，唯卓全師而還，屯於扶風，封斄鄉

侯，邑千戶。〔八〕

〔一〕獻帝春秋曰：「涼州義從宋建、王國等反，詐金城郡降，求見涼州大人故新安令邊允、從事韓約。約不見，太守陳懿勸之使〔王〕（往），國等便劫質約等數十人。金城亂，懿出，國等扶以到護羌營，殺之，而釋約、允等。隴西以愛憎露布，冠約、允名以爲賊，州購約、允各千戶侯。約、允被購，『約』改爲『遂』，『允』改爲『章』。」

〔二〕袁宏漢紀曰：「滂字公熙。純素寡欲，終不言人短。當權寵之盛，或以同異致禍，滂獨中立於朝，故愛憎不及焉。」

〔三〕美陽故城在今雍州武功縣北。

〔四〕榆中，縣，屬金城郡，故城在今蘭州金城縣中。

〔五〕堅字文臺，吳郡富春人，即孫權之父也。見吳志。

〔六〕望垣，縣，屬天水郡。

〔七〕續漢書「隱」字作「堰」，其字義則同，但異體耳。

〔八〕斄，縣，故城在今雍州武功縣。字或作「邰」，音台。

三年春，遣使者持節就長安拜張溫爲太尉。三公在外，始之於溫。其冬，徵溫還京師，韓遂乃殺邊章及伯玉、文侯，擁兵十餘萬，進圍隴西。太守李相如反，與遂連和，共殺涼州刺史耿鄙。而鄙司馬扶風馬騰，〔一〕亦擁兵反叛，又漢陽王國，自號「合衆將軍」，皆與韓遂合。共推王國爲主，悉令領其衆，寇掠三輔。五年，圍陳倉。乃拜卓前將軍，與左將軍皇甫嵩擊破之。韓遂等復共廢王國，而劫故信都令漢陽閻忠，〔二〕使督統諸部。忠恥爲衆所脅，感恚病死。遂等稍爭權利，更相殺害，其諸部曲並各分乖。

〔一〕典略曰：「騰字壽成，扶風茂陵人，馬援後也。長八尺餘，身體洪大，面鼻雄異，而性賢厚，人多敬之。」

〔二〕英雄記曰：「王國等起兵，劫忠為主，統三十六部，號『車騎將軍』。」

六年，徵卓為少府，不肯就，上書言：「所將湟中義從及秦胡兵皆詣臣曰：『牢直不畢，稟賜斷絕，〔一〕妻子飢凍。』牽挽臣車，使不得行。羌胡敝腸狗態，〔二〕臣不能禁止，輒將順安慰。增異復上。」〔三〕朝廷不能制，頗以為慮。及靈帝寢疾，璽書拜卓為并州牧，令以兵屬皇甫嵩。卓復上書言曰：「臣既無老謀，又無壯事，天恩誤加，掌戎十年。士卒大小相狎彌久，戀臣畜養之恩，為臣奮一旦之命。乞將之北州，效力邊垂。」於是駐兵河東，以觀時變。

〔一〕前書音義曰：「牢，稟食也。古者名稟為牢。」

〔二〕言羌胡心腸敝惡，情態如狗也。續漢書「敝」作「憋」。方言云：「憋，惡也。」郭璞曰：「憋怤，急性也。」憋音芳烈反，怤音芳于反。

〔三〕如其更增異志，當復聞上。

及帝崩，大將軍何進、司隸校尉袁紹謀誅閹宦，而太后不許，乃私呼卓將兵入朝，以脅太后。卓得召，即時就道。並上書〔一〕曰：「中常侍張讓等竊幸承寵，濁亂海內。臣聞揚湯止沸，莫若去薪；〔二〕潰癰雖痛，勝於內食。昔趙鞅興晉陽之甲，以逐君側之惡人。〔三〕今臣輒鳴鍾鼓如洛陽，〔四〕請收讓等，以清姦穢。」卓未至而何進敗，虎賁中郎將袁術乃燒南宮，欲討宦官，而中常侍段珪等〔五〕劫少帝及陳留王夜走小平津。卓遠見火起，引兵急進，未明到城西，聞少帝在北芒，因往奉迎。帝見卓將兵卒至，恐怖涕泣。〔六〕卓與言，不能辭對；與陳留王語，遂及禍亂之事。卓以王爲賢，且爲董太后所養，卓自以與太后同族，有廢立意。

〔一〕並猶兼也。

〔二〕前漢枚乘上書曰：「欲湯之滄，一人吹之，百人揚之，無益也。不如絕薪止火而已。」滄音測亮反，寒也。

〔三〕公羊傳曰：「晉趙鞅取晉陽之甲以逐荀寅與士吉射。荀寅與士吉射者曷爲者也？君側之惡人也。此逐君側之惡人，曷爲以叛言之？無君命也。」

〔四〕鳴鍾鼓者，聲其罪也。論語曰：「小子鳴鼓而攻之。」典略載卓表曰：「張讓等慆慢天常，擅操王命，父子兄弟並據州郡，一書出門，髙獲千金，下數百萬膏腴美田，皆屬讓等。使變氣上蒸，妖賊蜂起。」

〔五〕山陽公載記「段」字作「殷」。

〔六〕典略曰：「帝望見卓涕泣，羣公謂卓有詔却兵。卓曰：『公諸人爲國大臣，不能匡正王室，至使國家播蕩，何却兵之有？』遂俱入城。」

初，卓之入也，步騎不過三千，自嫌兵少，恐不爲遠近所服，率四五日輒夜潛出軍近營，明旦乃大陳旌鼓而還，以爲西兵復至，洛中無知者。尋而何進及弟苗先所領部曲皆歸於卓，卓又使呂布殺執金吾丁原而幷其衆，〔一〕卓兵士大盛。乃諷朝廷策免司空劉弘而自代之。〔二〕因集議廢立。百僚大會，卓乃奮首而言曰：「大者天地，其次君臣，所以爲政。皇帝闇弱，不可以奉宗廟，爲天下主。今欲依伊尹、霍光故事，更立陳留王，何如？」公卿以下莫敢對。卓又抗言〔三〕曰：「昔霍光定策，延年案劒。有敢沮大議，皆以軍法從之。」坐者震動。〔四〕尚書盧植獨曰：「昔太甲既立不明，〔五〕昌邑罪過千餘，故有廢立之事。〔六〕今上富於春秋，行無失德，非前事之比也。」卓大怒，罷坐。明日復集羣僚於崇德前殿，遂脅太后，策廢少帝。曰：「皇帝在喪，無人子之心，威儀不類人君，今廢爲弘農王。」乃立陳留王，是爲獻帝。又議太后〔七〕蹙迫永樂太后，〔八〕至令憂死，逆婦姑之禮，無孝順之節，〔九〕遷於永安宮，遂以弒崩。

〔一〕英雄記曰：「原字建陽。爲人麤略有勇，善射，受使不辭，有警急，追寇虜輒在前。」

〔二〕魏志曰：「以久不雨策免。」漢官儀曰：「弘字子高，安衆人。」

〔三〕抗，高也。

〔四〕前書，昭帝崩，霍光迎立昌邑王賀，即位二十七日，行淫亂，光召丞相已下會議，莫敢發言。田延年前，離席桉劒曰：「羣臣有後應者請斬之。」

〔五〕太甲，湯孫，太丁子也。尚書曰「太甲既立，不明，伊尹放諸桐宮」也。

〔六〕昌邑王凡所徵發一千一百二十七事。

〔七〕靈帝何皇后。

〔八〕孝仁董皇后，靈帝之母。

〔九〕左傳曰：「婦，養姑者也。虧姑以成婦，逆莫大焉。」

卓遷太尉，領前將軍事，加節傳斧鉞虎賁，更封郿侯。〔一〕卓乃與司徒黃琬、司空楊彪，俱帶鈇鑕詣闕上書，追理陳蕃、竇武及諸黨人，以從人望。於是悉復蕃等爵位，擢用子孫。

〔一〕傳音陟戀反。郿，今岐州縣。

尋進卓爲相國，入朝不趨，劍履上殿。封母爲池陽君，置(丞)令〔丞〕。

是時洛中貴戚室第相望，金帛財產，家家殷積。卓縱放兵士，突其廬舍，淫略婦女，剽虜資物，謂之「搜牢」。〔一〕人情崩恐，不保朝夕。及何后葬，開文陵，〔二〕卓悉取藏中珍物。又姦亂公主，妻略宮人，虐刑濫罰，睚眦必死，羣僚內外莫能自固。卓嘗遣軍至陽城，時人會於社下，悉令就斬之，駕其車重，載其婦女，以頭繫車轅，歌呼而還。又壞五銖錢，更鑄小錢，悉取洛陽及長安銅人、鍾虡、飛廉、銅馬之屬，以充鑄焉。〔三〕故貨賤物貴，穀石數萬。又錢無輪郭文章，不便人用。〔四〕時人以爲秦始皇見長人於臨洮，乃鑄銅人。〔五〕卓，臨洮人也，而今毁之。雖成毁不同，凶暴相類焉。

〔一〕言牢固者皆搜索取之也。一曰牢，漉也。二字皆從去聲，今俗有此言。

〔二〕靈帝陵。

〔三〕鍾虡以銅爲之，故賈山上書云「懸石鑄鍾虡」。前書音義曰：「虡，鹿頭龍身，神獸也。」說文：「鍾鼓之跗，以猛獸爲飾也。」武帝置飛廉館。音義云：「飛廉，神禽，身似鹿，頭如爵，有角，虵尾，文如豹文。」明帝永平五年，長安迎取飛廉及銅馬置上西門外，名平樂館。銅馬則東門京所作，致於金馬門外者也。張璠紀曰：「太史靈臺及永安候銅蘭楯，卓亦取之。」

〔四〕魏志曰：「卓鑄小錢，大五分，無文章，肉好無輪郭，不磨鑢。」

〔五〕三輔舊事曰：「秦王立二十六年，初定天下，稱皇帝。大人見臨洮，身長五丈，迹長六尺，作銅人以厭之，立在阿房殿前。漢徙長樂宮中大夏殿前。」史記曰：「始皇鑄天下兵器爲十二金人。」

卓素聞天下同疾閹官誅殺忠良，及其在事，雖行無道，而猶忍性矯情，擢用羣士。乃任吏部尚書漢陽周珌、侍中汝南伍瓊、〔一〕尚書鄭公業、〔二〕長史何顒等。以處士荀爽爲司空。其染黨錮者陳紀、韓融之徒，皆爲列卿。幽滯之士，多所顯拔。以尚書韓馥爲冀州刺史，〔三〕侍中劉岱爲兗州刺史，〔四〕陳留孔伷爲豫州刺史，〔五〕潁川張咨爲南陽太守。〔六〕卓所親愛，並不處顯職，但將校而已。初平元年，馥等到官，與袁紹之徒十餘人，各興義兵，同盟討卓，而伍瓊、周珌陰爲內主。

〔一〕英雄記「珌」作「毖」，字仲遠，武威人。瓊字德瑜。珌音祕。
〔二〕公業名泰。餘人皆書名，范曄父名泰，避其諱耳。
〔三〕英雄記馥字文節，潁川人。
〔四〕吳志曰：「劉岱字公山，東萊牟平人。」
〔五〕英雄記伷字公緒。九州春秋「伷」爲「胄」。
〔六〕獻帝春秋「咨」作「資」。後爲孫堅所殺。

初，靈帝末，黃巾餘黨郭太等復起西河白波谷，轉寇太原，遂破河東，百姓流轉三輔，號爲「白波賊」，衆十餘萬。卓遣中郎將牛輔擊之，不能卻。及聞東方兵起，懼，乃鴆殺弘農王，欲徙都長安。會公卿議，太尉黃琬、司徒楊彪廷爭不能得，而伍瓊、周珌又固諫之。卓因大怒曰：「卓初入朝，二子勸用善士，故相從，而諸君到官，舉兵相圖。此二君賣卓，卓何用相負！」遂斬瓊、珌。而彪、琬恐懼，詣卓謝曰：「小人戀舊，非欲沮國事也，請以不及爲罪。」卓既殺瓊、珌，旋亦悔之，故表彪、琬爲光祿大夫。於是遷天子西都。

初，長安遭赤眉之亂，宮室營寺焚滅無餘，是時唯有高廟、京兆府舍，遂便時幸焉。〔一〕後移未央宮。於是盡徙洛陽人數百萬口於長安，步騎驅蹙，更相蹈藉，飢餓寇掠，積尸盈路。卓自屯留畢圭苑中，悉燒宮廟官府居家，二百里內無復孑遺。又使呂布發諸帝陵，及公卿已下冢墓，收其珍寶。

〔一〕便時謂時日吉便。

時長沙太守孫堅亦率豫州諸郡兵討卓。卓先遣將徐榮、李蒙四出虜掠。榮遇堅於梁，〔一〕與戰，破堅，生禽潁川太守李旻，亨之。卓所得義兵士卒，皆以布纏裹，倒立於地，熱膏灌殺之。

〔一〕故城在今汝州梁縣西南。

時河內太守王匡〔一〕屯兵河陽津，將以圖卓。卓遣疑兵挑戰，而潛使銳卒從小平津過津北，破之，死者略盡。明年，孫堅收合散卒，進屯梁縣之陽人。〔二〕卓遣將胡軫、呂布攻之。布與軫不相能，軍中自驚恐，士卒散亂。〔三〕堅追擊之，軫、布敗走。卓遣將李傕詣堅求和，堅拒絕不受，進軍大谷，距洛九十里。〔四〕卓自出與堅戰於諸陵墓閒，卓敗走，却屯黽池，聚兵於陝。堅進洛陽宣陽城門，〔五〕更擊呂布，布復破走。堅乃埽除宗廟，平塞諸陵，分兵出函谷關，至新安、黽池閒，以截卓後。卓謂長史劉艾曰：「關東諸將數敗矣，無能為也。唯孫堅小戇，〔六〕諸將軍宜慎之。」乃使東中郎將董越屯黽池，中郎將段煨屯華陰，〔七〕中郎將牛輔屯安邑，其餘中郎將、校尉布在諸縣，以禦山東。

〔一〕英雄記曰：「匡字公節，泰山人。輕財好施，以任俠聞。」

〔二〕梁縣屬河南郡，今汝州縣也。陽人，聚，故城在梁縣西。

〔三〕九州春秋曰：「卓以東郡太守胡軫爲大督，呂布爲騎督。軫性急，豫宣言『今此行也，要當斬一青綬，乃整齊耳』。布等惡之，宣言相警云『賊至』，軍衆大亂奔走。」

〔四〕大谷口在故嵩陽西北三十五里，北出對洛陽故城。張衡東京賦云「盟津達其後，大谷通其前」是也。距，至也。

〔五〕洛陽記洛陽城南面有四門，從東第三門。

〔六〕說文曰：「戇，愚也。」音都降反。

〔七〕典略曰：「煨在華陰，特修農事。天子東還，煨迎，（貢）〔賮〕饋周急。」魏志曰：「武威人也。」煨音烏回反。

卓諷朝廷使光祿勳宣璠〔一〕持節拜卓爲太師，位在諸侯王上。乃引還長安。百官迎路拜揖，卓遂僭擬車服，乘金華青蓋，爪畫兩轓，時人號「竿摩車」，言其服飾近天子也。〔二〕以弟旻爲左將軍，封鄠侯，兄子璜爲侍中、中軍校尉，皆典兵事。於是宗族內外，並居列位。其子孫雖在髫齔，男皆封侯，女爲邑君。

〔一〕璠音煩，又音甫袁反。

〔二〕金華，以金爲華飾車也。爪者，蓋弓頭爲爪形也。轓音甫袁反。廣雅云：「車箱也。」畫爲文彩。續漢志曰：「轓長六尺，下屈，廣八寸。」又云：「皇太子青蓋金華蚤畫轓。」竿摩謂相逼近也。今俗以事干人者，謂之「相竿摩」。

數與百官置酒宴會，淫樂縱恣。乃結壘於長安城東以自居。又築塢於郿，高厚七丈，號曰「萬歲塢」。〔一〕積穀爲三十年儲。自云：「事成，雄據天下；不成，守此足以畢老。」嘗至郿行塢，公卿卿下祖道於橫門外。〔二〕卓施帳幔飲設，誘降北地反者數百人，於坐中殺之。先斷其舌，次斬手足，次鑿其眼目，以鑊煮之。未及得死，偃轉(柸)〔杯〕案閒。會者戰慄，亡失匕箸，而卓飲食自若。諸將有言語蹉跌，便戮於前。又稍誅關中舊族，陷以叛逆。

〔一〕今案：塢舊基高一丈，周迴一里一百步。

〔二〕橫音光。

時太史望氣，言當有大臣戮死者。卓乃使人誣衞尉張溫與袁術交通，遂笞溫於市，殺之，以塞天變。前溫出屯美陽，令卓與邊章等戰無功，溫召又不時應命，既到而辭對不遜。時孫堅爲溫參軍，勸溫陳兵斬之。溫曰：「卓有威名，方倚以西行。」堅曰：「明公親帥王師，威振天下，何恃於卓而賴之乎？堅聞古之名將，杖鉞臨衆，未有不斷斬以示威武者也。故穰苴斬莊賈，〔一〕魏絳戮楊干。〔二〕今若縱之，自虧威重，後悔何及！」溫不能從，而卓猶懷忌恨，故及於難。

〔一〕史記齊景公時，晉伐阿、鄄而燕侵河上，以司馬穰苴爲將軍，使寵臣莊賈監軍。賈期後至，穰苴斬以徇三軍。鄄音絹。

〔二〕魏絳，晉大夫。楊干，晉公弟。會諸侯於曲梁，楊干亂行，魏絳戮其僕。事在左傳。

溫字伯愼，〔一〕少有名譽，累登公卿，亦陰與司徒王允共謀誅卓，事未及發而見害。越騎校尉汝南伍孚〔二〕忿卓凶毒，志手刃之，乃朝服懷佩刀以見卓。孚語畢辭去，卓起送至閤，以手撫其背，孚因出刀刺之，不中。卓自奮得免，急呼左右執殺之，而大詬〔三〕曰：「虜欲反耶！」孚大言曰：「恨不得磔裂姦賊於都市，〔四〕以謝天地！」言未畢而斃。

〔一〕漢官儀曰：「溫，穰人。」

〔二〕謝承書曰：「孚字德瑜，汝南吳房人。質性剛毅，勇壯好義，力能兼人。」

〔三〕詬，罵也，音許豆反。

〔四〕磔，車裂之也，音丁格反。獻帝春秋「磔」作「車」。

時王允與呂布及僕射士孫瑞謀誅卓。〔一〕有人書「呂」字於布上，負而行於市，歌曰：「布乎！」有告卓者，卓不悟。〔二〕三年四月，帝疾新愈，大會未央殿。卓朝服升車，既而馬驚墮泥，還入更衣。其少妻止之，卓不從，遂行。乃陳兵夾道，自壘及宮，左步右騎，屯衛周帀，令呂布等扞衛前後。王允乃與士孫瑞密表其事，使瑞自書詔以授布，令騎都尉李肅〔三〕與布同心勇士十餘人，偽著衛士服於北掖門內以待卓。卓將至，馬驚不行，怪懼欲還。呂布勸令進，遂入門。肅以戟刺之，卓衷甲不入，傷臂墮車，顧大呼曰：「呂布何在？」布曰：「有詔討賊臣。」卓大罵曰：「庸狗敢如是邪！」布應聲持矛刺卓，趣兵斬之。〔四〕主簿田儀〔五〕及卓倉頭前赴其尸，布又殺之。馳齎赦書，以令宮陛內外。士卒皆稱萬歲，百姓歌舞於道。

長安中士女賣其珠玉衣裝市酒肉相慶者，填滿街肆。使皇甫嵩攻卓弟旻於郿塢，殺其母妻男女，盡滅其族。〔六〕乃尸卓於市。天時始熱，卓素充肥，脂流於地。守尸吏然火置卓臍中，光明達曙，如是積日。諸袁門生又聚董氏之尸，焚灰揚之於路。塢中珍藏有金二三萬斤，銀八九萬斤，錦綺繢穀紈素奇玩，積如丘山。

〔一〕三輔決錄曰：「瑞字君榮，扶風人，博達無不通。天子都許，追論瑞功，封子萌津亭侯。萌字文始，有才學，與王粲善，粲作詩贈萌。」

〔二〕英雄記曰：「有道士書布爲『呂』字，將以示卓，卓不知其爲呂布也。」

〔三〕獻帝紀曰：「肅，呂布同郡人也。」

〔四〕趣音促。九州春秋曰：「布素使秦誼、陳衞、李黑等僞作宮門衞士，持長戟。卓到宮門，黑等以長戟俠叉卓車，或叉其馬。卓驚呼布，布素施鎧於衣中，持矛，卽應聲刺卓，墜於車。」

〔五〕九州春秋「儀」字作「景」。

〔六〕英雄記曰：「卓母年九十，走至塢門，曰：『乞脫我死。』卽時斬首。」

初，卓以牛輔子壻，素所親信，使以兵屯陝。輔分遣其校尉李傕、郭汜、張濟〔一〕將步騎數萬，擊破河南尹朱儁於中牟。因掠陳留、潁川諸縣，殺略男女，所過無復遺類。呂布乃使李肅以詔命至陝討輔等，輔等逆與肅戰，肅敗走弘農，布誅殺之。其後牛輔營中無故大驚，輔懼，乃齎金寶踰城走。左右利其貨，斬輔，送首長安。〔二〕

〔一〕英雄記：「傕，北地人。」劉艾獻帝紀曰：「傕字稚然。汜，張掖人。」

〔二〕獻帝紀曰：「輔帳下支胡赤兒等，素待之過急，盡以家寶與之，自帶二十餘餅金、大白珠瓔。胡謂輔曰：『城北已有馬，可去也。』以繩繫輔腰，踰城縣下之，未及地丈許放之，輔傷腰不能行，諸胡共取其金并珠，斬首詣長安。」

傕、汜等以王允、呂布殺董卓，故忿怒并州人，并州人其在軍者男女數百人，皆誅殺之。牛輔既敗，衆無所依，欲各散去。傕等恐，乃先遣使詣長安，求乞赦免。王允以爲一歲不可再赦，不許之。傕等益懷憂懼，不知所爲。武威人賈詡時在傕軍，說之〔一〕曰：「聞長安中議欲盡誅涼州人，諸君若弃軍單行，則一亭長能束君矣。不如相率而西，以攻長安，爲董公報仇。事濟，奉國家以正天下；若其不合，走未後也。」傕等然之，各相謂曰：「京師不赦我，我當以死決之。若攻長安剋，則得天下矣；不剋，則鈔三輔婦女財物，西歸鄉里，尚可延命。」衆以爲然，於是共結盟，率軍數千，晨夜西行。王允聞之，乃遣卓故將胡軫、徐榮擊之於新豐。〔二〕榮戰死，軫以衆降。傕隨道收兵，比至長安，已十餘萬，與卓故部曲樊稠、李蒙等合，〔三〕圍長安。城峻不可攻，守之八日，呂布軍有叟兵內反，〔四〕引傕衆得入。城潰，放兵虜掠，死者萬餘人。殺衞尉种拂等。呂布戰敗出奔。王允奉天子保宣平城門樓上。〔五〕於是大赦天下。李傕、郭汜、樊稠等皆爲將軍。〔六〕遂圍門樓，共表請司徒王允出，問「太師何罪」？允窮蹙乃下，後數日見殺。傕等葬董卓於郿，并收董氏所焚尸之灰，合斂一棺而葬

之。葬日，大風雨，霆震卓墓，流水入藏，漂其棺木。〔七〕

〔一〕魏志曰：「卓之入洛陽，詡以太尉掾爲平津尉，遷討虜校尉。」牛輔屯陝，詡在輔軍。輔既死，故詡在傕軍。

〔二〕九州春秋曰：「胡文才、楊整脩皆涼州人，王允素所不善也。及李傕之叛，乃召文才、整脩，使東曉喻之。不假借以溫顏，謂曰：『關東鼠子欲何爲乎？卿往曉之。』於是二人往，實召兵而還。」

〔三〕袁宏紀曰：「蒙後爲傕所殺。」

〔四〕叟兵卽蜀兵也。漢代謂蜀爲叟。

〔五〕三輔黃圖曰：「長安城東面北頭門號宣平門。」

〔六〕袁山松書曰「允謂傕等曰：『臣無作威作福，將軍乃放縱，欲何爲乎？』傕等不應。自拜署傕爲揚武將軍，汜爲揚烈將軍，樊稠等皆爲中郎將」也。

〔七〕獻帝起居注曰：「冢戶開，大風暴雨，水土流入，抒出之。棺向入，輒復風雨，水溢郭戶，如此者三四。冢中水半所，稠等共下棺，天風雨益暴甚，遂閉戶。戶閉，大風復破其冢。」

傕又遷車騎將軍，開府，領司隸校尉，假節。汜後將軍，稠右將軍，張濟爲鎭東將軍，並封列侯。傕、汜、稠共秉朝政。濟出屯弘農。以賈詡爲左馮翊，欲侯之。詡曰：「此救命之計，何功之有！」固辭乃止。更以爲尚書典選。

明年夏，大雨晝夜二十餘日，漂沒人庶，又風如冬時。帝使御史裴茂訊詔獄，原繫者二百餘人。其中有爲傕所枉繫者，傕恐茂赦之，乃表奏茂擅出囚徒，疑有姦故，請收之。詔曰：

「災異屢降，陰雨爲害，使者銜命宣布恩澤，原解輕微，庶合天心。欲釋冤結而復罪之乎！一切勿問。」

初，卓之入關，要韓遂、馬騰共謀山東。〔一〕遂、騰見天下方亂，亦欲倚卓起兵。興平元年，馬騰從隴右來朝，進屯霸橋。時騰私有求於傕，不獲而怒，遂與侍中馬宇、右中郎將劉範、〔二〕前涼州刺史种劭、中郎將杜稟〔三〕合兵攻傕，連日不決。韓遂聞之，乃率衆來欲和騰、傕，旣而復與騰合。傕使兄子利共郭汜、樊稠與騰等戰於長平觀下。〔四〕遂、騰敗，斬首萬餘級，种劭、劉範等皆死。遂、騰走還涼州，稠等又追之。韓遂使人語稠曰：「天下反覆未可知，相與州里，今雖小違，要當大同，欲共一言。」乃駢馬交臂相加，〔五〕笑語良久。軍還，利告傕曰：「樊、韓駢馬笑語，不知其辭，而意愛甚密。」於是傕、稠始相猜疑。猶加稠及郭汜開府，與三公合爲六府，皆參選舉。〔六〕

〔一〕獻帝傳曰：「騰父平，扶風人。爲天水蘭干尉，失官，遂留隴西，與羌雜居。家貧無妻，遂取羌女，生騰。」

〔二〕焉之子。

〔三〕獻帝紀曰：「稟與賈詡有隙，脅扶風吏人爲騰守槐里，欲共攻傕。傕令樊稠及兄子利數萬人攻圍槐里，夜梯城，城陷，斬稟梟首。」

〔四〕前書音義曰：「長平，坂名也，在池陽南。有長平觀，去長安五十里。」

〔五〕駢，並也。

〔六〕獻帝起居注曰：「傕等各欲用其所舉，若壹違之，便忿憤恚怒。主者患之，乃以次第用其所舉，先從傕起，汜次之，稠次之。三公所舉，終不見用。」

時長安中盜賊不禁，白日虜掠，傕、汜、稠乃參分城內，各備其界，猶不能制，而其子弟縱橫，侵暴百姓。是時穀一斛五十萬，豆麥二十萬，人相食啖，〔一〕白骨委積，臭穢滿路。帝使侍御史侯汶〔二〕出太倉米豆爲飢人作糜，經日而死者無降。帝疑賦卹有虛，〔三〕乃親於御前自加臨檢。既知不實，使侍中劉艾出讓有司。於是尚書令以下皆詣省閤謝，奏收侯汶考實。詔曰：「未忍致汶于理，可杖五十。」自是後多得全濟。

〔一〕啖音徒敢反。

〔二〕音問。

〔三〕賦，布也。卹，憂也。

明年春，傕因會刺殺樊稠於坐，〔一〕由是諸將各相疑異，傕、汜遂復理兵相攻。〔二〕安西將軍楊定者，故卓部曲將也。懼傕忍害，乃與汜合謀迎天子幸其營。傕知其計，即使兄子暹〔三〕將數千人圍宮。以車三乘迎天子、皇后。太尉楊彪謂暹曰：「古今帝王，無在人臣家者。諸君舉事，當上順天心，柰何如是！」暹曰：「將軍計決矣。」帝於是遂幸傕營，彪等皆徒從。亂兵入殿，掠宮人什物，傕又徙御府金帛乘輿器服，而放火燒宮殿官府居人悉盡。帝使楊彪與司空張喜等十餘人和傕、汜，汜不從，遂質留公卿。彪謂汜曰：「將軍達人閒事，柰何君臣分爭，一人刼天子，一人質公卿，此可行邪？」汜怒，欲手刃彪。彪曰：「卿尚不奉國家，吾豈求生邪！」左右多諫，汜乃止。遂引兵攻傕，矢及帝前，〔四〕又貫傕耳。傕將楊奉本白波賊帥，乃將兵救傕，於是汜衆乃退。

〔一〕獻帝紀曰：「傕見稠果勇而得衆心，疾害之，醉酒，潛使外生騎都尉胡封於坐中拉殺稠。」

〔二〕袁宏紀曰「李傕數設酒請汜，或留汜止宿。汜妻懼與傕婢妾私而奪己愛，思有以離閒之。會傕送饋，汜妻乃以豉爲藥。汜將食，妻曰：『食從外來，儻或有故？』遂摘藥示之，曰：『一栖不兩雄，我固疑將軍之信李公也。』他日傕請汜，大醉，汜疑傕藥之，絞糞汁飲之乃解，於是遂相猜疑」也。

〔三〕音纖。

〔四〕獻帝紀曰：「汜與傕將張苞、張龍謀誅傕，汜將兵夜攻傕門。候開門內汜兵，苞等燒屋，火不然。汜兵弓弩並發，矢及天子樓帷簾中。」

是日，傕復移帝幸其北塢，唯皇后、宋貴人俱。傕使校尉監門，隔絕內外。〔一〕尋復欲徙帝於池陽黃白城，〔二〕君臣惶懼。司徒趙溫深解譬之，乃止。詔遣謁者僕射皇甫酈和傕、汜。酈先譬汜，汜即從命。又詣傕，傕不聽。曰：「郭多，盜馬虜耳，何敢欲與我同邪！必誅之。

君觀我方略士衆，足辦郭多不？多又劫質公卿。所爲如是，而君苟欲左右之邪！」〔三〕汜一名多。酈曰：「今汜質公卿，而將軍脅主，誰輕重乎？」傕怒，呵遣酈，因令虎賁王昌追殺之。昌僞不及，酈得以免。傕乃自爲大司馬。〔四〕與郭汜相攻連月，死者以萬數。

〔一〕獻帝紀曰：「傕令門設反關，校尉守察。盛夏炎暑，不能得冷水，飢渴流離。上以前移宮人及侍臣，不得以穀米自隨，入門有禁防，不得出市，困乏，使就傕索粳米五斛，牛骨五具，欲爲食賜宮人左右。傕不與米，取久牛肉牛骨給，皆已臭蟲，不可啖食。」

〔二〕池陽，縣，故城在今涇陽縣西北。

〔三〕左右，助也，音佐又。

〔四〕獻帝起居注曰：「傕性喜鬼怪左道之術，常有道人及女巫歌謳擊鼓下神祭，六丁符劾厭勝之具，無所不爲。又於朝廷省門外爲董卓作神坐，數以牛羊祠之。天子使左中郎將李國持節拜傕爲大司馬，在三公之右。傕自以爲得鬼神之助，乃厚賜諸巫。」

張濟自陝來和解二人，仍欲遷帝權幸弘農。帝亦思舊京，因遣使敦請傕求東歸，十反乃許。〔一〕車駕即日發邁。〔二〕李傕出屯曹陽。以張濟爲驃騎將軍，復還屯陝。遷郭汜車騎將軍，楊定後將軍，楊奉興義將軍。又以故牛輔部曲董承爲安集將軍。〔三〕汜等並侍送乘輿。汜遂復欲脅帝幸郿，定、奉、承不聽。汜恐變生，乃弃軍還就李傕。車駕進至華陰。〔四〕寧輯將軍段煨乃具服御及公卿以下資儲，請帝幸其營。初，楊定與煨有隙，遂誣煨欲反，乃攻其營，十餘日不下。〔五〕而煨猶奉給御膳，稟贍百官，終無二意。

〔一〕袁宏紀曰：「濟使太官令孫篤、校尉張式宣諭十反。」

〔二〕獻帝起居注曰：「初，天子出，到宣平門，當度橋，汜兵數百人遮橋曰：『是天子非？』車不得前。傕兵數百人皆持大戟在乘輿車前，侍中劉艾大呼云：『是天子也！』使侍中楊琦高舉車帷。帝言諸兵：『汝卻，何敢迫近至尊邪！』汜等兵乃卻。既度橋，士衆咸稱萬歲。」

〔三〕蜀志曰：「承，獻帝舅也。」裴松之注曰：「承，靈帝母太后之姪。」

〔四〕帝王紀曰：「帝以尚書郎郭溥喻汜，汜以屯部未定，乞須留之。溥因罵汜曰：『卿眞庸人賤夫，爲國上將，今天子有命，何須留之？吾不忍見卿所行，請先殺我，以章卿惡。』汜得溥言切，意乃少喻。」

〔五〕袁宏紀曰：「煨與楊定有隙，煨迎乘輿，不敢下馬，揖馬上。侍中种輯素與定親，乃言曰：『段煨欲反。』上曰：『煨屬來迎，何謂反？』對曰：『迎不至界，拜不下馬，其色變，必有異心。』太尉楊彪等曰：『煨不反，臣等敢以死保，車駕可幸其營。』董承、楊定言曰：『郭汜今且將七百騎來入煨營。』天子信之，遂露次於道南，奉、承、定等功也。」

李傕、郭汜既悔令天子東，乃來救段煨，因欲劫帝而西。楊定爲汜所遮，亡奔荆州。而張濟與楊奉、董承不相平，乃反合傕、汜，共追乘輿，大戰於弘農東澗。承、奉軍敗，百官士卒死者不可勝數，皆弃其婦女輜重，御物符策典籍，略無所遺。〔一〕射聲校尉沮儁被創墜馬。李傕謂左右曰：「尙可活不？」儁罵之曰：「汝等凶逆，逼迫天子，亂臣賊子，未有如汝者！」傕使殺之。〔二〕天子遂露次曹陽。承、奉乃譎傕等與連和，而密遣閒使至河東，招故白波帥李樂、韓暹、胡才及南匈奴右賢王去卑，並率其衆數千騎來，與承、奉共擊傕等，大破之，斬首數千級，乘輿乃得進。董承、李樂擁衞左右，胡才、楊奉、韓暹、去卑爲後距。傕等復來戰，奉等大敗，死者甚於東澗。自東澗兵相連綴四十里中，方得至陝，乃結營自守。時殘破之餘，虎賁羽林不滿百人，皆有離心。承、奉等夜乃潛議過河，〔三〕使李樂先度具舟舡，舉火爲應。帝步出營，臨河欲濟，岸高十餘丈，乃以絹縋而下。〔四〕餘人或匍匐岸側，或從上自投，死亡傷殘，不復相知。爭赴舡者，不可禁制，董承以戈擊披之，斷手指於舟中者可掬。同濟唯皇后、宋貴人、〔五〕楊彪、董承及后父執金吾伏完等數十人。其宮女皆爲傕兵所掠奪，凍溺死者甚衆。既到大陽，止於人家，〔六〕然後幸李樂營。百官飢餓，河內太守張楊〔七〕使數千人負米貢餉。帝乃御牛車，因都安邑。河東太守王邑奉獻綿帛，悉賦公卿以下。封邑爲列侯，〔八〕拜胡才征東將軍，張楊爲安國將軍，皆假節、開府。其壘壁羣豎，競求拜職，刻印不給，至乃以錐畫之。或齎酒肉就天子燕飲。〔九〕又遣太僕韓融至弘農，與傕、汜等連和。傕乃放遣公卿百官，頗歸宮人婦女，及乘輿器服。

〔一〕獻帝傳曰：「掠婦女衣被，遲違不時解，即斫刺之。有美髮者斷取。凍死及嬰兒隨流而浮者塞水。」

〔二〕袁山松書曰：「傕年二十五，其督戰訾竇負其屍而瘞之。」

〔三〕袁宏紀曰：「傕、汜繞營叫呼，吏士失色，各有分散意。李樂懼，欲令車駕御舡過砥柱，出盟津。楊彪曰：『臣弘農人也。自此以東，有三十六難，非萬乘所當登。』宗正劉艾亦曰：『臣前爲陝令，知其危險。舊故〔有〕河師，猶時有傾危，況今無師。太尉所慮是也。』」

〔四〕縋音直類反。

〔五〕宋貴人名都，常山太守泓之女也。見獻帝起居注。

〔六〕大陽，縣，屬河東郡。前書音義曰「在大河之陽」也。即今陝州河北縣是也。十三州記曰：「傅巖在其界，今住穴尚存。」

〔七〕魏志曰：「楊字稚叔，雲中人。」

〔八〕邑字文都，北地涇陽人，鎭北將軍。見同歲名。

〔九〕魏（志）〔書〕曰「乘輿時居棘籬中，門戶無關閉，天子與羣臣會，兵士伏籬上觀，互相鎭壓以爲笑。諸將或遣婢詣省問，或齎酒啖天子，侍中不通，喧呼罵詈」也。

初，帝入關，三輔戶口尚數十萬，自傕汜相攻，天子東歸後，長安城空四十餘日，強者四散，羸者相食，二三年閒，關中無復人跡。建安元年春，諸將爭權，韓暹遂攻董承，承奔張楊，楊乃使承先繕修洛宮。七月，帝還至洛陽，幸楊安殿。張楊以爲己功，故因以「楊」名殿。〔一〕乃謂諸將曰：「天子當與天下共之，朝廷自有公卿大臣，楊當出扞外難，何事京師？」遂還野王。楊奉亦出屯梁。乃以張楊爲大司馬，楊奉爲車騎將軍，韓暹爲大將軍，領司隸校尉，皆假節鉞。暹與董承並留宿衞。

〔一〕獻帝起居注曰：「舊時宮殿悉壞，倉卒之際，拾撫故瓦材木，工匠無法度之制，所作並無足觀也。」

暹矜功恣睢，〔一〕干亂政事，董承患之，潛召兗州牧曹操。操乃詣闕貢獻，稟公卿以下，因奏韓暹、張楊之罪。暹懼誅，單騎奔楊奉。帝以暹、楊有翼車駕之功，詔一切勿問。於是封衞將軍董承、輔國將軍伏完等十餘人爲列侯，贈沮儁爲弘農太守。〔二〕曹操以洛陽殘荒，遂移帝幸許。楊奉、韓暹欲要遮車駕，不及，曹操擊之，〔三〕奉、暹奔袁術，遂縱暴楊、徐閒。明年，左將軍劉備誘奉斬之。暹懼，走還并州，道爲人所殺。〔四〕胡才、李樂留河東，才爲怨家所害，樂自病死。張濟飢餓，出至南陽，攻穰，戰死。郭汜爲其將伍習所殺。

〔一〕恣睢，自任用之貌。睢音火季反。

〔二〕袁宏紀曰：「誅議郎侯祈、尚書馮碩、侍中（壺）〔臺〕崇，討有罪也。封衞將軍董承、輔國將軍伏完、侍中丁冲、种輯、尚書僕射鍾繇、尚書郭溥、御史中丞董芬、彭城相劉艾、馮翊韓斌、東郡太守楊衆、議郎羅邵、伏德、趙蕤爲列侯，賞有功也。贈射聲校尉沮儁爲弘農太守，旌死節也。」

〔三〕獻帝春秋曰：「車駕出洛陽，自轘轅而東，楊奉、韓暹引軍追之。輕騎既至，操設伏兵要於陽城山峽中，大敗之。」

〔四〕九州春秋曰：「暹失奉，孤特，與千餘騎欲歸并州，爲張宣所殺。」

三年，使謁者僕射裴茂詔關中諸將段煨等討李傕，夷三族。〔一〕以段煨爲安南將軍，封

閺鄉侯。〔三〕

〔二〕典略曰：「傕頭至，有詔高縣之。」

〔三〕閺鄉，今虢州縣也。說文「閺」，今作「閿」，流俗誤也。

四年，張楊爲其將楊醜所殺。〔一〕以董承爲車騎將軍，開府。自都許之後，權歸曹氏，天子總己，百官備員而已。帝忌操專偪，乃密詔董承，使結天下義士共誅之。承遂與劉備同謀，未發，會備出征，承更與偏將軍王服、長水校尉种輯、議郎吳碩結謀。事泄，承、服、輯、碩皆爲操所誅。

〔一〕魏志曰：「楊素與呂布善。曹公之圍布，楊欲救之不能，乃出兵東市，遙爲之埶。其將楊醜殺楊以應曹公。」

韓遂與馬騰自還涼州，更相戰爭，乃下隴據關中。操方事河北，慮其乘閒爲亂，七年，乃拜騰征南將軍，遂征西將軍，並開府。後徵段煨爲大鴻臚，病卒。復徵馬騰爲衞尉，封槐里侯。騰乃應召，而留子超領其部曲。十六年，超與韓遂舉關中背曹操，操擊破之，遂、超敗走，騰坐夷三族。超攻殺涼州刺史韋康，〔一〕復據隴右。十九年，天水人楊阜破超，〔二〕超奔漢中，降劉備。〔三〕韓遂走金城羌中，爲其帳下所殺。初，隴西人宗建在枹罕，自稱「河首平漢王」，〔四〕署置百官三十許年。曹操因遣夏侯淵擊建，斬之，涼州悉平。〔五〕

〔一〕太僕端之子也。弟誕，魏光祿大夫。

〔二〕魏志曰：「阜字義山，天水冀人也。韋康以爲別駕。馬超率萬餘人攻冀城，阜率國士大夫及宗族子弟勝兵者千餘人，使弟岳於城上作偃月營，與超接戰。自正月至八月拒守，而救兵不至。超入，拘岳於冀，殺刺史太守。阜內有報超之志，而未得其便。外兄姜敍屯歷城，阜少長（詣）敍家，見敍母，說前在冀中時事，歔欷悲甚。敍曰：『何爲爾？』阜曰：『守城不能完，君亡不能死，亦何面目以視息天下？』時敍母慨然敕從阜計。超聞阜等兵起，自將出襲歷城，得敍母。〔敍母〕罵之曰：『若背父之逆子，殺君之桀賊，天地豈久容，敢以面目視人乎！』超怒，殺之。阜與戰，身被五創，宗族昆季死者七人，超遂南奔張魯。」

〔三〕蜀志曰：「超字孟起。既奔漢中，聞備圍劉璋於成都，密書請降。備遣迎超，將兵徑到城下。漢中震怖，璋卽稽首。」

〔四〕建以居河上流，故稱「河首」也。

〔五〕魏志曰：「泉字妙才，沛國人也，爲征西護軍。魏太祖使帥諸將討建，拔之。」

論曰：董卓初以虓闞爲情，〔一〕因遭崩剝之埶，〔二〕故得蹈藉彝倫，毁裂畿服。〔三〕夫以刳肝斮趾之性，〔四〕則羣生不足以厭其快，然猶折意縉紳，遲疑陵奪，〔五〕尙有盜竊之道焉。〔六〕及殘寇乘之，倒山傾海，〔七〕崑岡之火，自兹而焚，〔八〕版蕩之篇，於焉而極。〔九〕嗚呼，人之生也難矣！〔一〇〕天地之不仁甚矣！〔一一〕

〔一〕詩大雅曰：「闞如虓虎。」毛傳曰：「虎怒之貌也。」

〔二〕剝猶亂也。左傳曰：「天實剝亂。」

〔三〕彝，常也。倫，理也。書云：「我不知其彝倫攸敍。」左傳曰：「裂冠毀冕。」畿謂王畿也。服，九服也。

〔四〕刳，剖也。斮，斬也。紂刳剔孕婦，剖比干之心，斮朝涉之脛。

〔五〕折，屈也。謂忍性屈情，擢用鄭泰、蔡邕、何顒、荀爽等。

〔六〕莊子曰：「跖之徒問於跖曰：『盜亦有道乎？』跖曰：『何適無有邪？夫妄意室中之藏，聖也；入先，勇也；出後，義也；知可否，智也；分均，仁也。五者不備而能成大盜者，天下未之有也。』」

〔七〕殘寇謂傕、汜等。

〔八〕書曰：「火炎崑岡，玉石俱焚。」

〔九〕詩大雅曰：「上帝版版，下人卒癉。」毛萇注：「版，反也。癉，病也。言厲王爲政，反先王之道，下人盡病也。」又蕩之什曰：「蕩蕩上帝，下人之辟，疾威上帝，其命多辟。」鄭玄注云：「蕩蕩，法度廢壞之貌。」

〔一〇〕左傳曰：「人生實難，其有不獲死乎？」

〔一一〕老子曰：「天地不仁，以萬物爲芻狗。」

贊曰：百六有會，〔一〕過、剝成災。〔二〕董卓滔天，干逆三才。〔三〕方夏崩沸，〔四〕皇京烟埃。無禮雖及，餘祲遂廣。〔五〕矢延王輅，兵纏魏象。〔六〕區服傾回，人神波蕩。

〔一〕前書音義曰：「四千五百歲爲一元，一元之中有九厄，陽厄五，陰厄四。陽爲旱，陰爲水。」初入元百六歲有陽厄，故曰「百六之會」。

〔二〕易曰大過：「棟橈，本末弱也。」剝：「不利有攸往，小人長也。」

〔三〕滔，漫也。書曰：「象龔滔天。」

〔四〕方，四方；夏，華夏也。詩小雅云：「百川沸騰，山冢崒崩。」

〔五〕左傳曰：「多行無禮，必自及。」

〔六〕周禮巾車氏掌王之五輅。纓，遶也。魏象，闕也。

校勘記

二三一九頁三行　董卓字仲穎　按：刊誤謂依注則「穎」當作「潁」。

二三二〇頁三行　殺護羌校尉泠徵　按：沈家本謂靈紀「泠」作「伶」。

二三二一頁二行　涼州義從宋建王國等反　「涼」原譌「梁」，各本同，逕改正。按：种暠傳「後涼州羌動，以暠為涼州刺史」，汲本、殿本「涼」並譌「梁」，集解引陳景雲說，謂「梁」當作「涼」，漢無梁州，至晉始置耳。

二三二一頁二行　太守陳懿勸之使(王)〔往〕　按：刊誤謂此「王」當作「往」，陳懿勸約使往也。今據改。

二三二一頁三行　國等扶以到護羌營　按：校補謂作「扶」無義，當是「挾」之譌。

二三二二頁七行　又無壯事　按：殿本「事」作「士」，疑譌。

二三二二頁一四行　濁亂海內　按：集解引王補說，謂袁紀「濁」作「汩」。

二三三頁二行　中常侍段珪　「段」原譌「叚」，逕改正。下同，不悉出校記。

二三三頁八行　晉趙鞅取晉陽之甲以逐荀寅與士吉射〔荀寅與士吉射〕者曷爲〔者也〕　注有脫文，不可句讀，今據公羊傳補。

二三三頁一一行　下數百萬膏腴美田　按：沈家本謂「下」字不可解，當依魏志董卓傳注作「京畿諸郡」四字。

二三五頁八行　今岐州縣　按：「岐」原譌「歧」，逕改正。

二三五頁九行　置（丞）令〔丞〕　刊誤謂漢書內皆言「令丞」，此不合倒之。今據改。按：魏志卓傳作「置家令丞」。

二三六頁一一行　漢陽周珌　按：集解引錢大昕說，謂章懷注引英雄記，云周毖武威人，此與蜀志許靖傳俱云「漢陽」，未知孰是。又引惠棟說，謂袁宏紀云「侍中周毖」，魏志亦作「毖」。

二三六頁一二行　侍中汝南伍瓊　按：集解引惠棟說，謂魏志云「城門校尉汝南伍瓊」。

二三七頁六行　獻帝春秋咨作資　按：魏志亦作「資」。

二三七頁一五行　悉燒宮廟官府居家　按：集解引惠棟說，謂魏志引續漢書「居家」作「民家」。

二三八頁一一行　聚兵於陝　「陝」原譌「陜」，逕改正。下同。

二三九頁五行　從東第三門　按：刊誤謂案文少「名宣陽」三字。

二三二九頁七行　（貢）〔賁〕饋周急　據殿本改。按：王先謙謂作「賁」是。

二三二九頁一四行　今俗以事干人者謂之相竿摩　汲本「相竿摩」之「竿」作「干」。按：校補謂注本通竿於干，承上「干人」來，作「干」爲長。

二三三〇頁一行　卓施帳幔飲設　按：校補謂案魏志原文本無「設」字，此「飲設」當作「設飲」。

二三三〇頁二行　偃轉（柸）〔杯〕案閒　按：「柸」非「杯」字，各本並譌，今改正。

二三三一頁一一行　騎都尉李肅　按：通鑑考異謂袁紀作「李順」。

二三三一頁一四行　主簿田儀　按：魏志作「田景」。

二三三二頁五行　瑞字君榮　殿本考證謂何焯校本「榮」改「策」。按：王允傳作「策」。

二三三二頁五行　封子萌津亭侯　按：殿本「津」作「車」。

二三三二頁九行　俠叉卓車　汲本「俠」作「挾」。按：俠與挾通。

二三三三頁一三行　衞尉种拂　按：集解引錢大昕說，謂案獻帝紀、种拂傳皆云「太常」，非「衞尉」也。

二三三四頁五行　袁宏紀曰　「紀」原作「記」，逕改正。按：注中紀記互誤，各本多有，以後逕改正，不出校記。

二三三五頁四行　右中郎將劉範　集解引惠棟說，謂本紀及种劭傳皆云「左中郎將」。按：沈家本謂魏志卓傳、蜀志劉焉傳並作「左中郎將」。

二三三五頁五行　前涼州刺史种劭　按：「劭」原譌「邵」，各本並譌，逕改正。

二三三六頁二行　便忿憤恚怒　按：「恚」原譌「喜」，逕據汲本、殿本改正。

二三三六頁七行　皆詣省閤謝　按：刊誤謂案文「閤」當作「閣」。

二三三七頁一三行　尋復欲徙帝於池陽黃白城　按：「徙」原譌「徒」，逕改正。

二三三八頁九行　歌謳擊鼓下神祭　按：沈家本謂魏志裴注引獻帝起居注，「祭」上有「祠」字，此奪。

二三三八頁一〇行　左中郎將李國持節拜傕爲大司馬　按：沈家本謂魏志注「李國」作「李固」。又按：「持」原譌「特」，逕改正。

二三三九頁二行　濟使太官令孫篤校尉張式　按：校補引柳從辰說，謂袁紀作「太官令狐篤、綏民校尉張裁」。

二三三九頁三行　是天子非　按：袁紀作「此天子非也」。沈家本謂魏志注「非」作「邪」。

二三四〇頁一一行　拜胡才征東將軍　按：校補謂案照下文「征」上亦應有「爲」字。

二三四〇頁一五行　儁年二十五　按：「儁」原譌「俊」，逕據汲本、殿本改正。

二三四〇頁一五行　其督戰訾寶　按：校補引柳從辰說，謂袁紀「訾寶」作「訾置」。

二三四一頁二行　有三十六難　按：袁紀同。汲本、殿本「難」作「灘」，魏志注引獻帝紀同。

二三四一頁二行　舊故〔有〕河師猶時有傾危　「舊故河師」不成文理，今據袁紀補一「有」字。按：魏志注作「有師猶有傾覆」。

二三四一頁五行 按：校補謂此注當在上文「唯皇后、宋貴人俱」下。

二三四一頁一〇行 魏(志)〔書〕曰 據惠棟補注改。按：注所引乃王沈魏書文，魏志董卓傳裴注亦引之。

二三四一頁一〇行 諸將或遣婢詣省問 刊誤謂「問」當作「閤」。今按：魏志董卓傳裴注引正作「閤」。集解引周壽昌說，謂此時天子居棘籬中，尙有何省閤可詣乎？省問卽存問，恐魏書本如是，不必作「閤」字也。

二三四二頁七行 明年左將軍劉備誘奉斬之 按：李慈銘謂案三國志先主傳，是時備爲鎭東將軍，未拜左將軍也。

二三四二頁一〇行 侍中(壼)〔臺〕崇 集解引惠棟說，謂「壼」當作「臺」，詳見獻帝紀。今據改。

二三四三頁四行 四年張楊爲其將楊醜所殺 集解引錢大昕說，謂案獻帝紀，在三年十二月。按：校補謂袁紀亦屬之三年，與獻紀合。又「楊醜」袁紀作「眭固」，亦異。

二三四三頁一五行 太僕端之子也 按：殿本「端」作「瑞」。

二三四四頁二行 使弟岳於城上作偃月營 按：「岳」原作「嶽」，而下文又作「岳」，今據汲本、殿本逕改爲「岳」，俾前後一致，與魏志亦合。

二三四四頁三行 阜少長(詣)敍家 刊誤謂此言阜自少長於敍家，後人不曉，妄加一「詣」字。按：魏志楊阜傳亦作「阜少長敍家」，今據刪。

二三四四頁五行　得敍母〔敍母〕駡之曰　按：不重「敍母」二字，則文意不明，今據魏志楊阜傳補。

二三四四頁一〇行　泉字妙才　汲本、殿本「泉」作「淵」。按：此避唐諱，漏未追改。

二三四六頁五行　掌王之五輅　按：「王」原譌「主」，逕改正。

後漢書卷七十三

劉虞公孫瓚陶謙列傳第六十三

劉虞字伯安，東海郯人也。〔一〕祖父嘉，光祿勳。虞初舉孝廉，稍遷幽州刺史，民夷感其德化，自鮮卑、烏桓、夫餘、穢貊之輩，皆隨時朝貢，無敢擾邊者，百姓歌悅之。公事去官。中平初，黃巾作亂，攻破冀州諸郡，拜虞甘陵相，綏撫荒餘，以蔬儉率下。遷宗正。

〔一〕謝承書曰：「虞父舒，丹陽太守。虞通五經，東海（王）恭〔王〕之後。」

後車騎將軍張溫討賊邊章等，發幽州烏桓三千突騎，而牢稟逋懸，皆畔還本國。〔二〕前中山相張純私謂前太山太守張舉曰：「今烏桓既畔，皆願爲亂，涼州賊起，朝廷不能禁。又洛陽人妻生子兩頭，此漢祚衰盡，天下有兩主之徵也。子若與吾共率烏桓之衆以起兵，庶幾可定大業。」舉因然之。四年，純等遂與烏桓大人共連盟，攻薊下，燔燒城郭，虜略百姓，殺護烏桓校尉箕稠、右北平太守劉政、遼東太守陽終等，衆至十餘萬，屯肥如。〔三〕舉稱「天子」，純稱「彌天將軍安定王」，移書州郡，云舉當代漢，告天子避位，勑公卿奉迎。純又使烏桓峭王等〔三〕步騎五萬，入靑冀二州，攻破淸河、平原，殺害吏民。朝廷以虞威信素著，恩積北方，明年，復拜幽州牧。虞到薊，罷省屯兵，務廣恩信。遣使告峭王等以朝恩寬弘，開許善路。又設賞購舉、純。舉、純走出塞，餘皆降散。純爲其客王政所殺，送首詣虞。靈帝遣使者就拜太尉，封容丘侯。〔四〕

〔一〕前書音義曰：「牢，賈直也。」稟，食也。言軍糧不續也。

〔二〕肥如，縣，屬遼西郡，故城在今平州。

〔三〕峭音七笑反。

〔四〕容丘，縣，屬東海郡。

及董卓秉政，遣使者授虞大司馬，進封襄賁侯。初平元年，復徵代袁隗爲太傅。道路隔塞，王命竟不得達。舊幽部應接荒外，資費甚廣，歲常割靑、冀賦調二億有餘，以給足之。時處處斷絕，委輸不至，而虞務存寬政，勸督農植，開上谷胡市之利，通漁陽鹽鐵之饒，民悅年登，穀石三十。靑、徐士庶避黃巾之難歸虞者百餘萬口，皆收視溫恤，爲安立生業，流民皆忘其遷徙。虞雖爲上公，天性節約，敝衣繩履，食無兼肉，遠近豪俊夙僭奢者，莫不改操而歸心焉。〔一〕

〔一〕夙猶舊也。

初，詔令公孫瓚討烏桓，受虞節度。瓚但務會徒衆以自強大，而縱任部曲，頗侵擾百姓，而虞爲政仁愛，念利民物，由是與瓚漸不相平。二年，冀州刺史韓馥、勃海太守袁紹及山東諸將議，以朝廷幼沖，逼於董卓，〔一〕遠隔關塞，不知存否，以虞宗室長者，欲立爲主。乃遣故樂浪太守張岐等齎議，上虞尊號。虞見岐等，厲色叱之曰：「今天下崩亂，主上蒙塵。〔二〕吾被重恩，未能清雪國恥。諸君各據州郡，宜共勠力，〔三〕盡心王室，而反造逆謀，以相垢誤邪！」固拒之。馥等又請虞領尚書事，承制封拜，復不聽。遂收斬使人。於是選掾右北平田疇、從事鮮于銀〔四〕蒙險閒行，奉使長安。獻帝既思東歸，見疇等大悅。時虞子和爲侍中，因此遣和潛從武關出，告虞將兵來迎。道由南陽，後將軍袁術聞其狀，遂質和，使報虞遣兵俱西。虞乃使數千騎就和奉迎天子，而術竟不遣之。

〔一〕時獻帝年十歲。

〔二〕左傳曰，周襄王出奔于鄭，魯臧文仲曰：「天子蒙塵于外。」

〔三〕說文曰：「勠力，并力也。」左傳曰：「勠力同心。」音力凋反，又音六。

〔四〕魏志曰：「疇字子春，右北平無終人。好讀書，善擊劍。劉虞署爲從事。太祖北征烏桓，令疇將衆（止）〔上〕徐無，出盧龍，歷平剛，登白狼堆。去柳城二百餘里，虜乃驚，太祖與戰，大斬獲，論功封疇。疇上疏自陳，太祖令夏侯惇喻之。疇曰：『豈可賣盧龍塞以易賞祿哉？』」

初，公孫瓚知術詐，固止虞遣兵，虞不從，瓚乃陰勸術執和，使奪其兵，自是與瓚仇怨益深。和尋得逃術還北，復爲袁紹所留。瓚既累爲紹所敗，而猶攻之不已，虞患其黷武，〔一〕且慮得志不可復制，固不許行，而稍節其稟假。瓚怒，屢違節度，又復侵犯百姓。虞所賚賞典當胡夷，〔二〕瓚數抄奪之。積不能禁，乃遣驛使奉章陳其暴掠之罪，瓚亦上虞稟糧不周，二奏交馳，互相非毀，朝廷依違而已。瓚乃築京於薊城以備虞。〔三〕虞數請瓚，輒稱病不應。虞乃密謀討之，以告東曹掾右北平魏攸。攸曰：「今天下引領，以公爲歸，謀臣爪牙，不可無也。瓚文武才力足恃，雖有小惡，固宜容忍。」虞乃止。

〔一〕黷猶慢也，數也。尚書曰「黷于祭祀」也。

〔二〕當音丁浪反。

〔三〕京，高丘也，言高築丘壘以備虞焉。解見獻帝紀。

頃之攸卒，而積忿不已。四年冬，遂自率諸屯兵衆合十萬人以攻瓚。將行，從事代郡程緒免胄而前曰：「公孫瓚雖有過惡，而罪名未正。明公不先告曉使得改行，而兵起蕭牆，非國之利。加勝敗難保，不如駐兵，以武臨之，瓚必悔禍謝罪，所謂不戰而服人者也。」虞以緒臨事沮議，遂斬之以徇。戒軍士曰：「無傷餘人，殺一伯珪而已。」時州從事公孫紀者，瓚以同姓厚待遇之。紀知虞謀而夜告瓚。瓚時部曲放散在外，倉卒自懼不免，乃掘東城欲走。虞兵不習戰，又愛人廬舍，勑不聽焚燒，急攻圍不下。瓚乃簡募銳士數百人，因風縱火，直衝突之。虞遂大敗，與官屬北奔居庸縣。〔一〕瓚追攻之，三日城陷，遂執虞幷妻子還薊，猶使領州文書。會天子遣使者段訓增虞封邑，督六州事；拜瓚前將軍，封易侯，假節督幽、幷、（司）〔青〕、冀。瓚乃誣虞前與袁紹等欲稱尊號，脅訓斬虞於薊市。先坐而呪曰：「若虞應爲天子者，天當風雨以相救。」時旱埶炎盛，遂斬焉。傳首京師，故吏尾敦於路劫虞首歸葬之。〔二〕瓚乃上訓爲幽州刺史。虞以恩厚得衆，懷被北州，百姓流舊，莫不痛惜焉。

〔一〕居庸縣屬上谷郡，有關。

〔二〕尾敦，姓名。

初，虞以儉素爲操，冠敝不改，乃就補其穿。及遇害，瓚兵搜其內，而妻妾服羅紈，盛綺飾，時人以此疑之。和後從袁紹報瓚云。

公孫瓚字伯珪，遼西令支人也。〔一〕家世二千石。瓚以母賤，遂爲郡小吏。爲人美姿貌，大音聲，言事辯慧。〔二〕太守奇其才，以女妻之。〔三〕後從涿郡盧植學於緱氏山中，略見書傳。舉上計吏。太守劉君坐事檻車徵，官法不聽吏下親近，瓚乃改容服，詐稱侍卒，身執徒養，御車到洛陽。太守當徙日南，瓚具豚酒於北芒上，祭辭先人，酹觴祝曰：「昔爲人子，今爲人臣，當詣日南。日南多瘴氣，恐或不還，便當長辭墳塋。」慷慨悲泣，再拜而去，觀者莫不歎息。既行，於道得赦。

〔一〕令音力定反。支音巨移反。

〔二〕典略曰：「瓚性辯慧，每白事，常兼數曹，無有忘誤。」

〔三〕魏志曰：「侯太守妻之以女。」

瓚還郡，舉孝廉，除遼東屬國長史。嘗從數十騎出行塞下，卒逢鮮卑數百騎。瓚乃退入空亭，約其從者曰：「今不奔之，則死盡矣。」乃自持兩刃矛，馳出衝賊，殺傷數十人，瓚左右亦亡其半，遂得免。

中平中，以瓚督烏桓突騎，車騎將軍張溫討涼州賊。〔一〕會烏桓反畔，與賊張純等攻擊薊中，瓚率所領追討純等有功，遷騎都尉。張純復與畔胡丘力居等寇漁陽、河閒、勃海，入平原，多所殺略。瓚追擊戰於屬國石門，〔二〕虜遂大敗，弃妻子踰塞走，悉得其所略男女。瓚深入無繼，反爲丘力居等所圍於遼西管子城，二百餘日，糧盡食馬，馬盡煑弩楯，力戰不敵，乃與士卒辭訣，各分散還。時多雨雪，隊阬死者十五六，虜亦飢困，遠走柳城。詔拜瓚降虜校尉，封都亭侯，復兼領屬國長史。職統戎馬，連接邊寇。每聞有警，瓚輒厲色憤怒，如赴讎敵，望塵奔逐，或繼之以夜戰。虜識瓚聲，憚其勇，莫敢抗犯。

〔一〕賊卽邊章等。

〔二〕石門，山名，在今營州柳城縣西南。

瓚常與善射之士數十人，皆乘白馬，以爲左右翼，自號「白馬義從」。烏桓更相告語，避白馬長史。乃畫作瓚形，馳騎射之，中者咸稱萬歲。虜自此之後，遂遠竄塞外。

瓚志埽滅烏桓，而劉虞欲以恩信招降，由是與虞相忤。初平二年，青、徐黃巾三十萬衆入勃海界，欲與黑山合。瓚率步騎二萬人，逆擊於東光南，大破之，〔一〕斬首三萬餘級。賊弃其車重數萬兩，奔走度河。瓚因其半濟薄之，賊復大破，死者數萬，流血丹水，收得生口七萬餘人，車甲財物不可勝筭，威名大震。拜奮武將軍，封薊侯。

〔一〕東光，今滄州縣。

瓚旣諫劉虞遣兵就袁術，而懼術知怨之，乃使從弟越將千餘騎詣術自結。術遣越隨其將孫堅，擊袁紹將周昕，越爲流矢所中死。瓚因此怒紹，遂出軍屯槃河，將以報紹。〔一〕乃上疏曰：「臣聞皇羲已來，君臣道著，張禮以導人，設刑以禁暴。今車騎將軍袁紹，託承先軌，爵任崇厚，而性本淫亂，情行浮薄。昔爲司隸，值國多難，太后承攝，何氏輔朝。〔二〕紹不能舉直措枉，而專爲邪媚，招來不軌，疑誤社稷，至令丁原焚燒孟津，〔三〕董卓造爲亂始。紹罪一也。卓既無禮，帝主見質。紹不能開設權謀，以濟君父，而弃置節傳，〔四〕迸竄逃亡。忝辱爵命，背違人主，紹罪二也。紹爲勃海，當攻董卓，而默選戎馬，不告父兄，至使太傅一門，纍然同斃。不仁不孝，紹罪三也。〔五〕紹既興兵，涉歷二載，不恤國難，廣自封植。乃多引資糧，專爲不急，割刻無方，考責百姓，其爲痛怨，莫不咨嗟。紹罪四也。逼迫韓馥，竊奪其州，矯刻金玉，以爲印璽，每有所下，輒皁囊施檢，文稱詔書。〔六〕昔亡新僭侈，漸以即眞。〔七〕觀紹所擬，將必階亂。〔八〕紹罪五也。紹令星工伺望祥妖，〔九〕賂遺財貨，與共飲食，剋會期日，攻鈔郡縣。此豈大臣所當施爲？紹罪六也。紹與故虎牙都尉劉勳，首共造兵，勳降服張楊，累有功効，而以小忿枉加酷害。信用讒慝，濟其無道，紹罪七也。故上谷太守高焉，故甘陵相姚貢，紹以貪惏，〔一〇〕橫責其錢，錢不備畢，二人并命。紹罪八也。春秋之義，子以母貴。〔一一〕紹母親爲傳婢，地實微賤，據職高重，享福豐隆。有苟進之志，無虛退之心，紹罪九也。又長沙太守孫堅，前領豫州刺史，遂能驅走董卓，埽除陵廟，忠勤王室，其功莫大。紹遣小將盜居其位，斷絕堅糧，不得深入，使董卓久不服誅。紹罪十也。昔姬周政弱，王道陵遲，天子遷徙，諸侯背畔，故齊桓立柯（會）〔亭〕之盟，〔一二〕晉文爲踐土之會，〔一三〕伐荊楚以致菁茅，〔一四〕誅曹、衞以章無禮。〔一五〕臣雖闒茸，名非先賢，〔一六〕蒙被朝恩，負荷重任，職在鈇鉞，奉辭伐罪，〔一七〕輒與諸將州郡共討紹等。若大事克捷，罪人斯得，〔一八〕庶續桓文忠誠之効。」遂舉兵攻紹，於是冀州諸城悉畔從瓚。

〔一〕般即爾雅九河鉤槃之河也。其枯河在今滄州樂陵縣東南。

〔二〕謂何進也。

〔三〕續漢書曰：「何進欲誅中常侍趙忠等，進乃詐令武猛都尉丁原放兵數千人，爲賊於河內，稱『黑山伯』，上事以誅忠等爲辭，燒平陰、河津莫府人舍，以怖動太后。」

〔四〕傳音丁戀反。

〔五〕左傳曰：「兩釋纍囚。」杜預曰：「纍，繫也。」前書音義曰：「諸不以罪死曰纍。」斃，踣也。董卓恨紹起兵山東，乃誅紹叔父太傅隗，及宗族在京師者，盡誅滅之。

〔六〕漢官儀曰：「凡章表皆啓封，其言密事得皁囊。」說文曰：「檢，書署也。」今俗謂之排，其字從「木」。

〔七〕亡新，王莽。

〔八〕階，梯也。詩曰：「職爲亂階。」

〔九〕星工，善星者。

〔一○〕惏音力含反。

〔一一〕公羊傳曰「桓公幼而貴，隱公長而卑，子以母貴，母以子貴」也。

〔一二〕春秋：「公會齊侯盟于柯。」公羊傳曰：「齊桓公之信著于天下，自柯之盟始也。」

〔一三〕踐土，鄭地也。左傳，周襄王出居於鄭，晉文公重耳爲踐土之會，率諸侯朝天子，以成霸功。

〔一四〕菁茅，靈茅，以供祭祀也。左傳曰僖四年，齊桓伐楚，責之曰：「爾貢苞茅不入，王祭不供，無以縮酒，寡人是徵。」

〔五〕左傳僖二十八年，晉侯伐曹，假道于衞，衞人不許，還自河南濟，侵曹伐衞，責其無禮也。

〔六〕闒猶下也。茸，細也。闒音吐盍反。茸音人勇反。

〔七〕鈇音方于反。䂍，刃也。鉞，斧也。

〔八〕尚書：「周公東征，三年，罪人斯得。」

紹懼，乃以所佩勃海太守印綬授瓚從弟範，遣之郡，欲以相結。而範遂背紹，領勃海兵以助瓚。瓚乃自署其將帥爲青、冀、兗三州刺史，又悉置郡縣守令，與紹大戰於界橋。〔一〕瓚軍敗還薊。紹遣將崔巨業將兵數萬攻圍故安不下，退軍南還。瓚將步騎三萬人追擊於巨馬水，〔二〕大破其衆，死者七八千〔人〕。乘勝而南，攻下郡縣，遂至平原，乃遣其青州刺史田揩據有齊地。紹復遣兵數萬與揩連戰二年，糧食並盡，士卒疲困，互掠百姓，野無青草。〔三〕紹乃遣子譚爲青州刺史，揩與戰，敗退還。

〔一〕橋名。解見獻帝紀。

〔二〕水在幽州歸義縣界，自易州遒縣界流入。

〔三〕左傳齊侯伐魯，語展喜曰：「室如縣罄，野無青草，何恃而不恐？」

是歲，瓚破禽劉虞，盡有幽州之地，猛志益盛。前此有童謠曰：「燕南垂，趙北際，中央不合大如礪，唯有此中可避世。」瓚自以爲易地當之，遂徙鎮焉。〔一〕乃盛修營壘，樓觀數十，臨易河，通遼海。

〔一〕前書易縣屬涿郡，續漢志曰屬河閒。瓚所居易京故城在今幽州歸義縣南十八里。

劉虞從事漁陽鮮于輔等，合率州兵，欲共報瓚。輔以燕國閻柔素有恩信，推爲烏桓司馬。柔招誘胡漢數萬人，與瓚所置漁陽太守鄒丹戰于潞北，斬丹等四千餘級。烏桓峭王感虞恩德，率種人及鮮卑七千餘騎，共輔南迎虞子和，與袁紹將麴義合兵十萬，共攻瓚。興平二年，破瓚於鮑丘，〔一〕斬首二萬餘級。瓚遂保易京，開置屯田，稍得自支。相持歲餘，麴義軍糧盡，士卒飢困，餘衆數千人退走。瓚徼破之，盡得其車重。

〔一〕鮑丘，水名也，又名路水，在今幽州漁陽縣。

是時旱蝗穀貴，民相食。瓚恃其才力，不恤百姓，記過忘善，睚眦必報，州里善士名在其右者，必以法害之。常言「衣冠皆自以職分富貴，不謝人惠」。故所寵愛，類多商販庸兒。所在侵暴，百姓怨之。於是代郡、廣陽、上谷、右北平各殺瓚所置長吏，復與輔、和兵合。瓚慮有非常，乃居於高京，以鐵爲門。斥去左右，男人七歲以上不得入易門。專侍姬妾，其文簿書記皆汲而上之。令婦人習爲大言聲，使聞數百步，以傳宣教令。疏遠賓客，無所親信，故謀臣猛將，稍有乖散。自此之後，希復攻戰。或問其故。瓚曰：「我昔驅畔胡於塞表，埽黃巾於孟津，當此之時，謂天下指麾可定。〔一〕至於今日，兵革方始，觀此非我所決，不如休兵力耕，以救凶年。兵法百樓不攻。今吾諸營樓櫓千里，〔二〕積穀三百萬斛，食此足以待天下之變。」

〔一〕九州春秋曰：「瓚曰：『始天下兵起，我謂唾掌而決。』」

〔二〕「櫓」即「樐」字，見說文。釋名曰：「樐，露也。上無覆屋。」

建安三年，袁紹復大攻瓚。瓚遣子續請救於黑山諸帥，而欲自將突騎直出，傍西山以斷紹後。長史關靖諫曰：「今將軍將士，莫不懷瓦解之心，所以猶能相守者，顧戀其老小，而恃將軍爲主故耳。堅守曠日，或可使紹自退。若舍之而出，後無鎭重，易京之危，可立待也。」瓚乃止。紹漸相攻逼，瓚衆日蹙，乃却，築三重營以自固。

四年春，黑山賊帥張燕與續率兵十萬，三道來救瓚。未及至，瓚乃密使行人齎書告續曰：「昔周末喪亂，僵屍蔽地，以意而推，猶爲否也。不圖今日親當其鋒。袁氏之攻，狀若鬼神，梯衝舞吾樓上，鼓角鳴於地中，日窮月急，不遑啓處。鳥厄歸人，滀水陵高，〔一〕汝當碎首於張燕，馳騾以告急。父子天性，不言而動。〔二〕且厲五千鐵騎於北隰之中，〔三〕起火爲應，吾當自內出，奮揚威武，決命於斯。不然，吾亡之後，天下雖廣，不容汝足矣。」紹候得其書，〔四〕如期舉火，瓚以爲救至，遂便出戰。紹設伏，瓚遂大敗，復還保中小城。自計必無全，乃悉縊其姊妹妻子，然後引火自焚。紹兵趣登臺斬之。

〔一〕滀音丑六反，喻急也。
〔二〕言相感也。
〔三〕下溼曰隰。
〔四〕獻帝春秋「候者得書，紹使陳琳易其詞」，即此書。

關靖見瓚敗，歎恨曰：「前若不止將軍自行，未必不濟。吾聞君子陷人於危，必同其難，豈可以獨生乎！」乃策馬赴紹軍而死。續爲屠各所殺。〔一〕田楷與袁紹戰死。

〔一〕屠各，胡號。

鮮于輔將其衆歸曹操，操以輔爲度遼將軍，封都亭侯。閻柔將部曲從曹操擊烏桓，拜護烏桓校尉，封關內侯。

張燕既爲紹所敗，人衆稍散。曹操將定冀州，乃率衆詣鄴降，拜平北將軍，封安國亭侯。

論曰：自帝室王公之胄，皆生長脂腴，不知稼穡，其能厲行飭身，卓然不羣者，或未聞焉。〔一〕劉虞守道慕名，以忠厚自牧。〔二〕美哉乎，季漢之名宗子也！若虞瓚無閒，同情共力，糾人完聚，稸保燕、薊之饒，〔三〕繕兵昭武，〔四〕以臨羣雄之隙，舍諸天運，徵乎人文，則古

之休烈，何遠之有！〔五〕

〔一〕前書班固曰：「夫唯大雅，卓爾不羣者，河閒獻王之謂與？」故論引焉。

〔二〕牧，養也。易曰：「卑以自牧。」

〔三〕糾，收也。

〔四〕繕，修也。左傳曰：「繕甲兵。」

〔五〕天運猶天命也。人文猶人事也。易曰「觀乎人文，以化成天下」。

陶謙字恭祖，丹陽人也。〔一〕少爲諸生，仕州郡，〔二〕四遷爲車騎將軍張溫司馬，西討邊章。會徐州黃巾起，以謙爲徐州刺史，擊黃巾，大破走之，境內晏然。

〔一〕丹陽郡丹陽縣人也。吳書曰：「陶謙父，故餘姚長。謙少孤，始以不羈聞於縣中。年十四，猶綴帛爲幡，乘竹馬而戲，邑中兒童皆隨之。故倉梧太守同縣甘公出遇之，見其容貌，異而呼之，與語甚悅，許妻以女。甘夫人怒曰：『陶家兒遨戲無度，於何以女許之？』甘公曰：『彼有奇表，長必大成。』遂與之。」

〔二〕吳書曰：「陶謙察孝廉，拜尚書郎，除舒令。郡太守張磐，同郡先輩，與謙父友，謙恥爲之屈。嘗〔以〕舞屬謙，謙不爲起，固強之乃舞，舞又不轉。磐曰：『不當轉邪？』曰：『不可轉，轉則勝人。』」

時董卓雖誅，而李傕、郭汜作亂關中。是時四方斷絕，謙每遣使閒行，奉貢西京。詔遷爲徐州牧，加安東將軍，封溧陽侯。〔一〕是時徐方百姓殷盛，穀實甚豐，流民多歸之。而謙信用非所，刑政不理。別駕從事趙昱，知名士也，而以忠直見疎，出爲廣陵太守。〔二〕曹宏等讒慝小人，謙甚親任之，良善多被其害。由斯漸亂。下邳(闇)〔闕〕宣自稱「天子」，謙始與合從，後遂殺之而并其衆。

〔一〕溧陽今宣州縣也。溧音栗。

〔二〕謝承書曰：「謙奏昱茂才，遷爲太守。」

初，曹操父嵩避難琅邪，時謙別將守陰平，〔一〕士卒利嵩財寶，遂襲殺之。初平四年，曹操擊謙，破彭城傅陽。〔二〕謙退保郯，操攻之不能克，乃還。過拔取慮、睢陵、夏丘，皆屠之。〔三〕凡殺男女數十萬人，雞犬無餘，泗水爲之不流，自是五縣城保，無復行迹。初三輔遭李傕亂，百姓流移依謙者皆殲。〔四〕

〔一〕縣名，屬東海國，故城在沂州承縣西南。

〔二〕縣名，屬彭城國，本春秋時偪陽也。楚宣王滅宋，改曰傅陽，故城在今沂州承縣南。

〔三〕取慮音秋閭，縣名，屬下邳郡，故城在今泗州下邳縣西南。睢陵，縣，在下邳縣東南。夏丘，縣，屬沛郡，故城今泗州虹縣是。

〔四〕殲，盡也。左傳曰：「門官殲焉。」

興平元年，曹操復擊謙，略定琅邪、東海諸縣，謙懼不免，欲走歸丹陽。會張邈迎呂布據兗州，操還擊布。是歲，謙病死。

初，同郡人笮融，〔一〕聚衆數百，往依於謙，謙使督廣陵、下邳、彭城運糧。遂斷三郡委輸，大起浮屠寺。〔二〕上累金盤，下爲重樓，又堂閣周回，可容三千許人，作黄金塗像，衣以錦綵。每浴佛，輒多設飲飯，布席於路，其有就食及觀者且萬餘人。〔三〕及曹操擊謙，徐方不安，融乃將男女萬口、馬三千匹走廣陵。廣陵太守趙昱待以賓禮。融利廣陵資貨，遂乘酒酣殺昱，放兵大掠，因以過江，南奔豫章，殺郡守朱皓，入據其城。後爲楊州刺史劉繇所破，走入山中，爲人所殺。

〔一〕笮音側格反。

〔二〕浮屠，佛也。解見西羌傳。

〔三〕獻帝春秋曰：「融敷席方四五里，費以巨萬。」

昱字元達，琅邪人。清己疾惡，潛志好學，雖親友希得見之。爲人耳不邪聽，目不妄視。太僕种拂舉爲方正。

贊曰：襄賁勵德，維城燕北。〔一〕仁能洽下，忠以衛國。伯珪疎獷，武才趫猛。〔二〕虞好無終，紹埶難並。徐方殲耗，實謙爲梗。

〔一〕勵，勉也。

〔二〕趫音去驕反。

校勘記

二三五三頁六行　東海(王)恭〔王〕之後　刊誤謂「王恭」當作「恭王」。按：魏志公孫瓚傳裴注引吳書亦作「東海恭王」，今據改。

二三五三頁七行　前中山相張純　集解引錢大昕說，謂南匈奴、烏桓傳俱作「前中山太守」。按：張森楷校勘記謂中山是國，兩漢初未爲郡，不應有太守，作「相」是也，兩傳自誤耳。

二三五五頁一三行　嚋字子春　按：魏志「春」作「泰」，袁紀同。

二三五五頁一三行　令嚋將衆(止)〔上〕徐無　據殿本改。按：王先謙謂作「上」是。

二三五五頁一四行　歷平剛　按：魏志「剛」作「岡」。

二三五七頁三行　使者段訓　「段」原譌「叚」，逕改正。按：校補引柳從辰說，謂袁紀「段」作「殷」。

二三五七頁三行　假節督幽并(司)〔青〕冀　據汲本、殿本改。

二三五八頁一〇行　以瓚督烏桓突騎車騎將軍張溫討涼州賊　按：沈家本謂「突騎」下疑有奪字，或是「從」

字，或是「屬」字。

二三五八頁一四行　遠走柳城　按：刊誤謂「遠」當作「還」。

二三五九頁四行　善射之士數十人　按：集解引惠棟說，謂依英雄記「十」當作「千」，數十人安能爲左右翼也？

二三五九頁一三行　擊袁紹將周昕　按：殿本考證謂「昕」魏志作「昂」。

二三五九頁一三行　遂出軍屯槃河　魏志「槃」作「磐」。按：槃磐通作。

二三六〇頁一三行　故齊桓立柯(會)〔亭〕之盟　集解引錢大昕說，謂「會」當作「亭」。按：魏志裴注引典略作「亭」，今據改。

二三六一頁二行　般即爾雅九河鉤槃之河也　汲本、殿本「槃」作「般」。按：般、槃、磐三字通作。趙一清謂磐河即般河，水經河水注所謂「東入般縣爲般河」也。

二三六二頁八行　死者七八千〔人〕　據汲本、殿本補。

二三六三頁八行　乃遣其青州刺史田揩　按：校補謂「揩」魏志作「楷」，通鑑從之。

二三六四頁三行　我謂唾掌而決　按：汲本、殿本「掌」作「手」。

二三六五頁一四行　糾人完聚稸保燕薊之饒　刊誤謂「人」下當有一「衆」字。集解引周壽昌說，謂以「糾人完聚」爲句，「稸」字屬下讀亦可，稸即畜字。校補謂「人」下蓋本有「民」字，乃「糾人民」

句，「完聚稸」句，「保燕、薊之饒」句，唐本避諱，省去「民」字，遂乖文法耳。按：諸說皆言之成理，今依周說，以「稸」字屬下讀爲句。

二三六五頁一四行　舍諸天運　按：殿本考證王會汾謂案文義「舍」當作「合」。

二三六六頁七行　爲車騎將軍張溫司馬　按：集解引惠棟說，謂魏志云參車騎將軍張溫軍事也。

二三六六頁一三行　嘗〔以〕舞屬謙　沈家本謂「嘗」下奪「以」字，當據魏志注補。今據補。

二三六七頁三行　下邳（闓）〔闕〕宣自稱天子　刊誤謂案紀作「闕宣」，仍云闕黨童子之後，此作「闓」，誤。又集解引惠棟說，謂魏志作「闕」。今據改。

二三六七頁八行　謙退保郯　按：「郯」原譌「剡」，逕據汲本、殿本改正。

二三六八頁七行　殺郡守朱皓　按：集解本「皓」作「晧」，引惠棟說，謂晧字文淵，見獻帝春秋，俗作「皓」。